NOTAS SOBRE A EFICÁCIA NORMATIVA DAS CONVENÇÕES COLECTIVAS

LUÍS GONÇALVES DA SILVA

Mestre em Direito
Assistente da Faculdade de Direito de Lisboa
Membro do Instituto de Direito do Trabalho
da Faculdade de Direito de Lisboa

NOTAS SOBRE A EFICÁCIA NORMATIVA DAS CONVENÇÕES COLECTIVAS

ALMEDINA

TÍTULO:	NOTAS SOBRE A EFICÁCIA NORMATIVA DAS CONVENÇÕES COLECTIVAS
AUTOR	LUÍS GONÇALVES DA SILVA
EDITOR:	LIVRARIA ALMEDINA – COIMBRA www.almedina.net
LIVRARIAS:	LIVRARIA ALMEDINA ARCO DE ALMEDINA, 15 TELEF. 239 851900 FAX 239 851901 3004-509 COIMBRA – PORTUGAL livraria@almedina.net LIVRARIA ALMEDINA – PORTO R. DE CEUTA, 79 TELEF. 22 2059773 FAX 22 2039497 4050-191 PORTO – PORTUGAL porto@almedina.net EDIÇÕES GLOBO, LDA. R. S. FILIPE NERY, 37-A (AO RATO) TELEF. 21 3857619 FAX 21 3844661 1250-225 LISBOA – PORTUGAL globo@almedina.net LIVRARIA ALMEDINA ATRIUM SALDANHA LOJA 71 A 74 PRAÇA DUQUE DE SALDANHA, 1 TELEF. 21 3712690 atrium@almedina.net LIVRARIA ALMEDINA – BRAGA CAMPOS DE GUALTAR UNIVERSIDADE DO MINHO 4700-320 BRAGA TELEF. 25 3678822 braga@almedina.net
EXECUÇÃO GRÁFICA:	G.C. – GRÁFICA DE COIMBRA, LDA. PALHEIRA – ASSAFARGE 3001-453 COIMBRA E-mail: producao@graficadecoimbra.pt FEVEREIRO, 2002
DEPÓSITO LEGAL:	173176/01
	Toda a reprodução desta obra, por fotocópia ou outro qualquer processo, sem prévia autorização escrita do Editor, é ilícita e passível de procedimento judicial contra o infractor.

*Ao Instituto de Direito do Trabalho
da Faculdade de Direito de Lisboa*

À Ana e aos meus sobrinhos

SUMÁRIO: § 1.º INTRODUÇÃO 1.1. CONSIDERAÇÕES PRÉVIAS 1.2. DELIMITAÇÃO DO OBJECTO § 2.º BREVE RESENHA HISTÓRICA 2.1. ANTES DO PERÍODO CORPORATIVO 2.2. DO PERÍODO CORPORATIVO A 1974 2.3. PERÍODO PÓS-REVOLUÇÃO § 3.º EFICÁCIA NORMATIVA DAS CLÁUSULAS CONVENCIONAIS NOS CONTRATOS INDIVIDUAIS DE TRABALHO § 4.º EFICÁCIA ESPACIAL § 5.º EFICÁCIA PESSOAL § 6.º EFICÁCIA TEMPORAL

§ 1.º INTRODUÇÃO[*]

1.1. CONSIDERAÇÕES PRÉVIAS

I. Compulsando a Constituição portuguesa facilmente se constata que o Estado não detém o monopólio da elaboração normativa (*v.g.*,

---

[*] O presente texto corresponde, com algum desenvolvimento, à exposição feita, no dia 14 de Junho de 2000, no I Curso de Pós-Graduação em Direito do Trabalho, cuja organização esteve a cargo do Instituto de Direito do Trabalho, realizada na Faculdade de Direito de Lisboa, no ano lectivo 1999/2000, sob a coordenação do Senhor Professor Doutor ROMANO MARTINEZ, a quem agradecemos o convite para participar.
Este texto foi previamente publicado, sob o mesmo título, AAVV, *Estudos do Instituto do Direito do Trabalho*, coordenação de ROMANO MARTINEZ, volume I, Almedina, Coimbra, 2000, pp. 597-667. Aproveitámos a ocasião desta publicação para rever e, consequentemente, corrigir algumas gralhas, bem como compilar (em anexo) os principais diplomas sobre as convenções colectivas desde o seu aparecimento até à actualidade.

[1] Principais abreviaturas utilizadas: *a)* CC — Código Civil; *b)* CRP — Constituição da República Portuguesa (de 1976); *c)* LAP — Lei das Associações Patronais (Decreto-Lei n.º 215-C/75, de 39 de Abril); *d)* LCT — Lei do Contrato de Trabalho (Decreto-Lei n.º 49 408, de 24 de Novembro de 1969); *e)* LS — Lei Sindical (Decreto-Lei n.º 215-B/75, de 30 de Abril); *f)* LRCT — Lei de Regulamentação Colectiva (Decreto-Lei n.º 519-C1/79, de 29 de Dezembro).

arts. 56.º, n.º 3, 227.º e 241.º). De facto, o nosso ordenamento, como realça JORGE LEITE, apresenta uma concepção pluralista da produção jurídica e, em especial, no que respeita às condições de trabalho, o que demonstra que o Estado não detém o exclusivo da produção normativa[2]. A autonomia normativa conferida a determinadas entidades intermédias, nomeadamente aos trabalhadores e às entidades patronais, é "(...) uma verdadeira *potestas normandi*, ou seja, um poder de criação de autênticas regras de conduta, de atribuição de direitos e deveres relacionados com a sua situação de assalariados (art. 56.º/3)"[3].

II. A autonomia colectiva[4], mais exactamente o direito de contratação colectiva[5], corolário natural da liberdade sindical, encontra, como decorre do exposto, arrimo na Constituição portuguesa (art. 56.º, n.º 3),

---

[2] JORGE LEITE, *Direito do Trabalho*, volume I, Serviços de Acção Social da Universidade de Coimbra, 1998, p. 79.

[3] JORGE LEITE, *Direito do Trabalho*, cit., pp. 79-80. Conforme salienta este Autor, *op. cit.*, p. 233, o fundamento da convenção colectiva, no nosso ordenamento, é a Constituição, cujo art. 56.º, n.º 3, concede às associações sindicais a competência para exercer o direito de contratação colectiva.

[4] Sobre o conceito de *autonomia* e as suas diferentes concepções, *vd.*, por todos, BIGOTTE CHORÃO, "Autonomia", *Temas Fundamentais de Direito*, Almedina, Coimbra, 1991, pp. 251-264 (previamente publicado no *Dicionário Jurídico da Administração Pública*, volume I, s.e., Coimbra, 1965, pp. 606-613); MENEZES CORDEIRO, *Direito das Obrigações*, 1.º volume, Associação Académica da Faculdade de Direito de Lisboa, reimpressão, 1994, pp. 49-113, para quem, p. 90, os contratos colectivos têm como fonte, no que respeita à sua técnica normativa, o Direito das Obrigações; MONTEIRO FERNANDES, *Direito do Trabalho*, 11.ª edição, Almedina, Coimbra, 1999, pp. 622-631; BAPTISTA MACHADO, *Participação e Descentralização, Democratização e Neutralidade na Constituição de 76*, Almedina, Coimbra, 1982, p. 8; e, em especial, ALARCÓN CARACUEL, "La Autonomia: Concepto, Legitimacion para Negociar y Eficacia de los Acuerdos", AAVV, *La Reforma de la Negociacion Colectiva*, coordinadores Manuel R. Alarcon — Salvador Del Rey, Marcial Pons, Madrid, 1995, pp. 51-72; SANTORO-PASSARELLI, "Autonomia", *Enciclopedia del Diritto*, volume IV (Atto-Bana), Giuffrè, Varese, 1959, pp. 349-375.

[5] Sobre o conteúdo do direito de contratação colectiva, *vd.*, entre outros, GOMES CANOTILHO — VITAL MOREIRA, *Constituição da República Portuguesa Anotada*, 3.ª edição, Coimbra Editora, 1993, pp. 307-308 (VIII a XI); JOÃO CAUPERS, *Os Direitos Fundamentais dos Trabalhadores e a Constituição*, Almedina, Coimbra, 1985, pp. 105-106; "Direitos dos Trabalhadores em Geral e Direito de Contratação Colectiva em Especial", AAVV, *Nos Dez Anos da Constituição*, organização de Jorge Miranda, Imprensa Nacional Casa da Moeda, Lisboa, 1986, pp. 50-51; RIBEIRO LOPES, "Contratação Colectiva", AAVV, *I Congresso Nacional de Direito do Trabalho*

tal como em diversos documentos internacionais[6] [7]. Prescreve a Lei Fundamental, no preceito referido, que "*compete às associações sindi-*

— *Memórias*, coordenação de António Moreira, Almedina, Coimbra, 1998, pp. 49-50; MÁRIO PINTO, *Direito do Trabalho — Introdução, Relações Colectivas de Trabalho*, Universidade Católica Editora, pp. 287-300; L. GONÇALVES DA SILVA, *Contributo para o Estudo da Portaria de Extensão*, Dissertação de Mestrado, policopiado, Lisboa, 1999, pp. 319-332.

[6] Entre os diversos textos internacionais, saliente-se da Organização Internacional do Trabalho: a) Convenção n.º 87, datada de 1948, aprovada pelo Decreto-Lei n.º 45/77, de 19 de Abril; b) a Convenção n.º 98, de 1949, aprovada pelo Decreto-Lei n.º 45 758, de 12 de Junho de 1964; c) a Recomendação n.º 91, de 1951. No âmbito do Conselho da Europa, realce para a Carta Social Europeia, assinada em Turim, em 1961, aprovada pela Resolução da Assembleia da República n.º 21/91, de 6 de Agosto e ratificada pelo Decreto do Presidente da República n.º 38/91, de 6 de Agosto. Também merece destaque, no espaço comunitário, a Carta Comunitária dos Direitos Sociais Fundamentais dos Trabalhadores, aprovada no âmbito da Comunidade Europeia (hoje União Europeia), no Conselho Europeu de Estrasburgo, de 8 e 9 de Dezembro de 1989, por onze Estados membros, com exclusão do Reino Unido.

Refira-se que no âmbito do Tratado da União Europeia foi celebrado o Protocolo Relativo à Política Social, apenas por onze Estados-membros, uma vez que o Reino Unido se auto-excluiu. Neste Protocolo, anexo ao Tratado, estabeleceu-se, nos termos do art. 2.º, n.º 6, que é da exclusiva competência dos Estados membros a matéria do direito sindical, bem como as remunerações, a greve e o «lock-out». Saliente-se igualmente o art. 4.º, do Protocolo, que se refere às convenções colectivas europeias, i.e., contratos colectivos celebrados por associações sindicais e patronais de âmbito europeu. Para mais desenvolvimentos sobre o Protocolo, *vd.* BARROS MOURA, "Direito do Trabalho e Integração Económica", *Questões Laborais*, ano II, n.º 5, 1995, pp. 99-103. Sobre a convenção colectiva europeia, *vd.* DIAS COIMBRA, "A Convenção Colectiva de Âmbito Europeu: Eficácia Jurídica", *Questões Laborais*, ano I, n.º 3, 1994, pp. 144-153, e "A Negociação Colectiva Europeia: o Trabalho a Tempo Parcial", *Questões Laborais*, ano VI, n.º 13, 1999, *maxime*, pp. 72-77.

[7] Como observa RIBEIRO LOPES, "Contratação Colectiva", cit., p. 50, existe uma diferente abordagem dos instrumentos internacionais ratificados por Portugal e a que é apresentada pela nossa Lei Fundamental. Com efeito, enquanto as convenções n.ºs 87 — versa a liberdade sindical e a protecção do direito sindical — e 98 — incide sobre o direito de organização e de negociação colectiva — revelam uma igualdade, no que respeita à sua matéria, de tratamento entre trabalhadores e empregadores, a nossa Lei Fundamental não consagrou explicitamente o direito de os empregadores se associarem através de associações patronais para defesa dos seus direitos e, consequentemente, o direito de contratação colectiva, bem como qualquer referência à participação na elaboração da legislação do trabalho.

Dizemos que a Constituição não consagrou explicitamente, pois, pelo menos no que respeita ao direito de contratação colectiva, somos da opinião que tal faz parte do conteúdo do direito de iniciativa económica privada (art. 61.º, da CRP) —

cais exercer o direito de contratação colectiva, o qual é garantido nos termos da lei"[8]. Pode, então, inferir-se que o poder normativo das associações sindicais e patronais se alicerça directamente na Constituição,

---

na sua vertente de direito de contratação —, que é considerado pela doutrina como um direito fundamental de natureza análoga aos direitos, liberdades e garantias (neste sentido, VIEIRA DE ANDRADE, *Os Direitos Fundamentais na Constituição Portuguesa de 1976*, Almedina, Coimbra, reimpressão, 1987, p. 211, GOMES CANOTILHO — VITAL MOREIRA, *Constituição da República Portuguesa Anotada*, cit., p. 326 (I); JORGE MIRANDA, *Manual de Direito Constitucional — Direitos Fundamentais*, Tomo IV, 2.ª edição, Coimbra Editora, 1993, pp. 141 e 454; AFONSO VAZ, *Direito Económico — A Ordem Económica Portuguesa*, 4.ª edição, Coimbra Editora, 1998, p. 150). Sobre o direito de iniciativa económica privada, *vd.* COUTINHO DE ABREU, "Limites Constitucionais à Iniciativa Económica Privada", *Estudos em Homenagem ao Prof. Doutor Ferrer Correia*, Boletim da Faculdade de Direito da Universidade de Coimbra, número especial, volume III, Coimbra, 1991, pp. 411-425 (previamente publicado, com o mesmo título, em *Temas de Direito do Trabalho — Direito do Trabalho na Crise, Poder Empresarial, Greves Atípicas*, AAVV, IV Jornadas Luso-Hispano-Brasileiras de Direito do Trabalho, Coimbra Editora, 1990, pp. 423-434); GOMES CANOTILHO — VITAL MOREIRA, *op. cit.*, pp. 326-327 (I-IV); JORGE MIRANDA, *op. cit.*, pp. 454-457; AFONSO VAZ, *op. cit.*, pp. 164-171. Na jurisprudência constitucional, *vd.*, por exemplo, aresto n.º 76/85, de 6 de Maio, *Boletim do Ministério da Justiça* n.º 360 (Novembro), suplemento, 1986, pp. 296 e ss.

[8] Foi discutida entre nós a questão de saber se o "direito de contratação colectiva" é um direito ou uma garantia institucional (sobre a diferença entre direito e garantia, *vd.* VIEIRA DE ANDRADE, *Os Direitos Fundamentais na Constituição Portuguesa de 1976*, cit., pp. 76, 95-97; JORGE MIRANDA, *Manual de Direito Constitucional — Direitos Fundamentais*, cit., pp. 68-71).

Sobre o debate, sem esquecer a data em que o mesmo decorre, *vd.*, defendendo não ser propriamente um direito (incluído no art. 17.º da CRP), *Parecer da Comissão Constitucional* n.º 18/78, de 27 de Julho, 6.º volume, Imprensa Nacional da Casa da Moeda, Lisboa, 1979, *maxime*, p. 23, e voto de vencido NUNES DE ALMEIDA, pp. 51-53; VIEIRA DE ANDRADE, *op. cit.*, pp. 92-93, e ainda nota 30, se bem o interpretamos.

Ao invés defendem estarmos perante um direito fundamental, GOMES CANOTILHO e VITAL MOREIRA, *Constituição da República Portuguesa Anotada*, cit., p. 307 (VIII), FERNANDA PALMA, no voto de vencida do aresto n.º 966/96, de 11 de Julho, publicado na *Revista de Direito e de Estudos Sociais*, ano XXXIX (XII da 2.º série), 1997, n.ºˢ 1-2-3, p. 144, que se refere à versão originária da Constituição; e ainda o Tribunal Constitucional no acórdão n.º 996/96, publicado na *Revista de Direito e de Estudos Sociais*, ano XXXIX (XII da 2.º série), 1997, n.ºs 1-2-3, p. 138.

Finalmente, refira-se a posição de JORGE MIRANDA, *op. cit.*, p. 70, que, não obstante expressar algumas dúvidas qualificativas face à contratação colectiva, defende um igual regime jurídico para os direitos fundamentais e garantias institucionais, quanto à salvaguarda do conteúdo essencial perante o legislador ordinário, quanto aos destinatários das normas e quanto aos órgãos competentes para a sua regulamentação

sendo assegurado pela lei. Ou seja: com base no preceito constitucional, o direito de contratação colectiva não necessita do posterior reconhecimento de qualquer acto infra-constitucional, cabendo apenas à lei garanti-lo, conforme prescrição constitucional[9].

III. Celebradas por associações de direito privado, como são consideradas as associações patronais e os sindicatos[10] [11], as convenções colectivas[12] depois de uma fase de negociação, e para que possam produzir os efeitos legalmente previstos, têm de ser depositadas nos serviços do Ministério do Trabalho e da Solidariedade (art. 24.º, da LRCT)[13].

Não ocorrendo nenhum dos casos taxativamente previstos para a recusa do depósito[14], segue-se, nos 15 dias imediatos, a publicação da

---

legislativa. Em escrito posterior, "A Actividade do Tribunal Constitucional em 1994", *O Direito*, ano 127.º, 1995, III-IV, p. 427, o Professor considera a contratação colectiva uma garantia institucional.

[9] Neste sentido, JORGE LEITE, *Direito do Trabalho*, volume I, cit., p. 91.

[10] Neste sentido, em relação aos sindicatos e às associações patronais, por exemplo, MENEZES CORDEIRO, *Manual de Direito do Trabalho*, Almedina, Coimbra, reimpressão, 1994, pp. 119-121 e 121-122, respectivamente; ROMANO MARTINEZ, *Direito do Trabalho — Parte Geral*, volume I, 3.ª edição, Pedro Ferreira Editor, Lisboa, 1998, pp. 179-181 e 185; MÁRIO PINTO, *Direito do Trabalho*, cit., p. 197.

[11] Apesar de qualquer modalidade de associação sindical — i.e., sindicato, federação, união ou confederação geral — possuir capacidade para outorgar convenções colectivas, na pratica apenas os sindicatos e as federações sindicais usam tal faculdade (arts. 2.º, alínea c) e 4.º, alínea a), da LS). Para mais desenvolvimentos, *vd.* RIBEIRO LOPES, "A Contratação Colectiva", cit. pp. 51-52.

[12] Como se sabe a expressão "convenção colectiva" abrange, quer os "contratos colectivos", quer os "acordos colectivos", quer ainda os "acordos de empresa" (art. 2.º, n.º 2, da LRCT).

[13] Sobre o depósito, *vd.* BARROS MOURA, *Compilação de Direito do Trabalho — Sistematizada e Anotada*, Almedina, Coimbra, 1980, p. 604 (I)

[14] No sentido da taxatividade também se pronuncia, por exemplo, MENEZES CORDEIRO, *Manual de Direito do Trabalho*, cit., p. 273.

O controlo feito pelos serviços do Ministério do Trabalho e da Solidariedade é de mera conformidade formal, estando, assim, vedada qualquer apreciação respeitante ao conteúdo da convenção colectiva. Neste sentido, MENEZES CORDEIRO, *op. cit.*, p. 273; MONTEIRO FERNANDES, *Direito do Trabalho*, 11.ª edição, Almedina, Coimbra, 1999, p. 739; JORGE LEITE — COUTINHO DE ALMEIDA, *Colectânea de Leis do Trabalho*, Coimbra Editora, 1985, pp. 429-430 (II e III); ROMANO MARTINEZ, *Direito do Trabalho*, volume II, s.e., Lisboa, 1994/1995, p. 89. Por sua vez, BARROS MOURA, *A Convenção Colectiva entre as Fontes de Direito do Trabalho*, Almedina, Coimbra, 1984, p. 119, nota 41, e *Compilação de Direito do Trabalho — Sistematizada e*

convenção no Boletim do Trabalho e Emprego (art. 26.º, n.ᵒˢ 1 e 2, da LRCT). Uma vez publicada, a convenção entra em vigor nos mesmos termos das leis (art. 10.º, n.º 1, da LRCT).

V. Completado o ciclo final de procedimento da convenção — i.e., depósito, publicação e entrada em vigor —, esta produz os efeitos legalmente previstos; o facto de esses efeitos serem, em regra, gerais e abstractos[15], leva a que a doutrina[16] considere estarmos, situação

---

Anotada, cit., pp. 605-606 (I), defende, face à redacção originária do preceito, que o controlo é não só formal mas também substancial.

No caso de a Direcção Geral das Condições de Trabalho — a quem compete, nos termos da alínea f) do n.º 1 do art. 2.º, do Decreto-Lei n.º 215/93, de 16 de Junho, promover o depósito e a publicação das convenções colectivas de trabalho — não recusar o depósito nos 15 dias seguintes ao da recepção da convenção, este considera-se realizado, ou seja, temos um deferimento tácito (arts. 108.º, n.ᵒˢ 1 e 2, do Código de Procedimento Administrativo, e 24.º, 2, da LRCT). No caso de haver recusa de depósito (art. 24.º, n.ᵒˢ 3 e 5, da LRCT) o particular tem a faculdade de impugnar o acto administrativo (de conteúdo negativo) perante o Tribunal Administrativo de Círculo, nos termos do art. 51.º, alíneas a) e l), do Estatuto dos Tribunais Administrativos e Fiscais (Decreto-Lei n.º 129/84, de 27 de Abril). Sobre a impugnação dos actos administrativos, *vd.*, entre outros, VIEIRA DE ANDRADE, *A Justiça Administrativa (Lições)*, 2.ª edição, Almedina, 1999, pp. 118-124; e, em especial, VASCO PEREIRA DA SILVA, *Para um Contencioso Administrativo dos Particulares — Esboço de uma Teoria Subjectivista do Recurso Directo de Anulação*, Almedina, Coimbra, 1989, *maxime*, pp. 58-283; e quanto à suspensão de eficácia de actos administrativos de conteúdo negativo, *vd.*, por todos, CLÁUDIO MONTEIRO, *Suspensão da Eficácia de Actos Administrativos de Conteúdo Negativo*, AAFDL, 1990, em particular, pp. 85-151.

[15] Neste sentido, BARROS MOURA, *A Convenção Colectiva entre as Fontes de Direito do Trabalho*, cit., por exemplo, pp. 125, 129-130. Não ignoramos, contudo, a possibilidade de uma convenção ter uma cláusula normativa individual e concreta, mas será uma excepção e não a regra, sob pena de descaracterização do interesse colectivo. Sobre a questão, *vd.* NIKITAS ALIPRANTIS, — *La Place de la Convention Collective dans la Hierarchie des Normes*, «Bibliothèque d'Ouvrages de Droit Social», Tome XXII, Libraire Generale de Droit et de Jurisprudence, Paris, 1980, pp. 78-79; ROMANO MARTINEZ, *Direito do Trabalho*, volume II, 1994/95, cit., p. 103.

[16] Neste sentido, entre outros, MENEZES CORDEIRO, *Manual de Direito do Trabalho*, cit., pp. 172-173, 322, que a considera uma fonte mediata; MONTEIRO FERNANDES, *Direito do Trabalho*, cit., pp. 86, 106-108, 727, 734; ROMANO MARTINEZ, *Direito do Trabalho — Parte Geral*, volume I, cit., pp. 238, 240, e ainda, *Direito do Trabalho*, volume II, 1994/1995, cit., pp. 79-80; JORGE MIRANDA, *Funções, Órgãos e Actos do Estado*, s.e., Lisboa, 1990, pp. 345-346; BARROS MOURA, *A Convenção Colectiva entre as Fontes de Direito do Trabalho*, cit., pp. 117, 125; GOMES CANOTILHO — VITAL MOREIRA, *Constituição da República Portuguesa Anotada*, cit., p. 308 (XI).

que também já decorria do anteriormente exposto, ante uma fonte específica de Direito do Trabalho, posição que tem, como decorre do

---

Contra, RAúL VENTURA, *Teoria da Relação Jurídica do Trabalho — Estudo de Direito Privado*, volume I, Imprensa Portuguesa, Pôrto, 1944, em especial, pp. 187-189.

Não cabe na economia deste texto a análise e a discussão sobre a natureza jurídica da convenção colectiva, debate que, como assinala GINO GIUGNI, "Direito do Trabalho", *Revista de Direito e de Estudos Sociais*, ano XXVIII (I da 2.ª série), 1986, n.º 3, p. 343 (tradução de João Cortez, revista por Mário Pinto, *Diritto del Lavoro — Voce per una Enclipedia —*, Instituto dell`Enciclopedia Italiana, Treccani), não obstante durar há mais de cinquenta anos, ainda não logrou obter um resultado seguro. E para isso parece contribuir, como salienta GINO GIUGNI, *op. cit.*, p. 344, o facto de o Direito Colectivo do Trabalho ter características irredutíveis quer às fontes de direito privado (essencialmente no que respeita ao contrato), quer às fontes de direito público, uma vez que os juristas tem uma natural tendência para reconduzir as figuras jurídicas a institutos já existentes.

Entre nós, defendem a natureza dual, i.e., contratual e regulamentar, CARLOS ALBERTO AMORIM, *Direito do Trabalho — Da Convenção Colectiva de Trabalho*, policopiado, Coimbra, 1978, pp. 261-267. A restante doutrina preconiza: MENEZES CORDEIRO, *Manual de Direito do Trabalho*, cit., pp. 321-322, natureza negocial, referindo a *representação laboral*, bem como *Convenções Colectivas de Trabalho e Alteração de Circunstâncias*, Lex, Lisboa, 1995, pp. 62-65; JORGE LEITE, *Direito do Trabalho*, volume I, cit., p. 232, para quem a convenção é uma síntese de lei, regulamento e contrato; ROMANO MARTINEZ, *Direito do Trabalho*, volume II, cit., pp. 105-109, natureza negocial; BARROS MOURA, *A Convenção Colectiva entre as Fontes de Direito do Trabalho*, cit., p. 124, deixa em aberto a questão.

No âmbito do regime corporativo, MARCELLO CAETANO, *Tratado Elementar de Direito Administrativo — Introdução — Teoria Geral da Relação Jurídico-Administrativa*, volume I, Coimbra Editora, 1943, pp. 296-297, escrevia que "(...) o contrato colectivo de trabalho é um regulamento a que nos regimes corporativos nem falta o sêlo da autoridade pública".

Sobre a elaboração e o confronto das diversas teorias, *vd.*, entre nós, COELHO DO AMARAL, "O Contrato Colectivo de Trabalho no Direito Corporativo Português", *Boletim da Faculdade de Direito da Universidade de Coimbra*, suplemento XI, 1953, pp. 353-396; CARLOS ALBERTO AMORIM, *op. cit.*, pp. 239-274; N. CABRAL BASTO, "A Natureza da Convenção Colectiva de Trabalho: Supostos Epistemológicos da sua Indagação", *Estudos Sociais e Corporativos*, ano VIII, n.º 30, 1969, pp. 60-87; MENEZES CORDEIRO, *op. cit.*, pp. 313-322; ROMANO MARTINEZ, *Direito do trabalho*, volume II, 1994/1995, cit., pp. 102-109; BARROS MOURA, *op. cit.*, pp. 93-124; LOBO XAVIER, *Curso de Direito do Trabalho*, Verbo, Lisboa, 2.ª edição, 1993, p. 251; e ainda com interesse para a questão, ROMANO MARTINEZ, *Direito do Trabalho — Relatório sobre o Programa, o Conteúdo e os Métodos do Ensino Teórico e Prático da Cadeira de Direito do Trabalho*, Separata da Revista da Faculdade de Direito da Universidade de Lisboa, Coimbra Editora, 1999, pp. 34-35.

arts. 56.º, n.º 4, *in fine*, da CRP, e do 12.º, n.º 1, da LCT, acolhimento no direito positivo[17].

---

[17] Também no sentido de a convenção colectiva ser fonte de Direito do Trabalho, vd. Acórdão da Relação do Porto, de 8 de Outubro de 1984, *Colectânea de Jurisprudência*, 1984, n.º 4, pp. 277 e ss; Acórdão do Supremo Tribunal de Justiça, de 21 de Outubro de 1998, *Boletim do Ministério da Justiça* n.º 480 (Novembro), 1998, pp. 205 e ss.

Tem sido controversa a resposta a dar à questão de saber se as convenções colectivas são susceptíveis de ser objecto de fiscalização (sucessiva) por parte do Tribunal Constitucional. A 2.ª secção tem entendido que não. Com efeito, no aresto n.º 172/93, de 10 de Fevereiro, p. 230 — publicado no *Boletim do Ministério da Justiça* n.º 424 (Março), 1993, pp. 226 e ss. —, o Tribunal Constitucional defendeu, em síntese, que "a lei regulamenta a eficácia específica das convenções colectivas impondo a sua obrigatoriedade unicamente quanto àqueles que devem considerar-se representados pelas entidades que as subscrevem, à luz dos princípios do direito do trabalho. As organizações profissionais que as celebram não têm poderes de autoridade mas apenas poderes de representação, isto é, de defesa e de promoção da defesa dos direitos e interesses dos respectivos filiados (cfr. art. 56.º, n.º 1, da Constituição). E, assim, o clausulado que elas incorporam não contém normas, entendidas como padrões de conduta emitidos por entidades investidas em poderes de autoridade".

Diversa é a posição de SOUSA E BRITO, que em voto de vencido ao aresto do Tribunal Constitucional n.º 172/93, preconizou que a convenção colectiva deve ser objecto de fiscalização por parte do Tribunal Constitucional, não obstante no acórdão n.º 209/93, de 16 de Março (publicado no *Boletim do Ministério da Justiça* n.º 425 (Abril), 1993, pp. 150 e ss.), do qual foi relator, ter seguido a doutrina acima referida.

Com base no voto de vencido de SOUSA E BRITO, a 1.ª secção defendeu a doutrina oposta à da 2.ª secção — i.e., a convenção deve ser objecto de fiscalização —, no aresto n.º 214/94, de 2 de Março, publicado no *Boletim do Ministério da Justiça* n.º 435 (Abril), 1994, pp. 178 e ss.

A posição de rejeição de apreciação da convenção foi seguida noutros arestos pela mesma secção do Tribunal Constitucional (v.g., n.º 209/93, de 16 de Março, *Boletim do Ministério da Justiça* n.º 425 (Abril), 1993, pp. 150 e ss), e mereceu o apoio de JORGE MIRANDA. Escreve o Professor, "A Actividade do Tribunal Constitucional em 1994", cit., p. 427, que há um argumento essencial que nos faz "(...) pender nessa direcção: a própria natureza da contratação colectiva como garantia institucional, incindível do sistema de direitos, liberdades e garantias (artigo 56.º, n.ºs 3 e 4, da Constituição), desconhecida tanto num regime liberal clássico como num regime de direcção central total da economia".

Diferente é a doutrina sufragada por GOMES CANOTILHO e VITAL MOREIRA, *Constituição da República Portuguesa Anotada*, cit., p. 985 (III), para quem estão sujeitos a fiscalização da constitucionalidade "os *contratos e acordos colectivos de trabalho*, pois embora a Constituição remeta para a lei a determinação da sua eficácia (art. 56.º, n.º 4), é entendimento corrente de que eles possuem natureza normativa (é a própria Constituição que na disposição mencionada fala em «normas»), com

Donde, poder afirmar-se que sendo elaboradas por entidades privadas correspondem a um exemplo de criação descentralizada de Direito, com o intuito de conseguir "(...) uma melhor adequação das suas normas aos interesses dos corpos sociais em presença"[18].

IV. Na análise do conteúdo e consequentemente dos efeitos da convenção colectiva é comummente apontada uma dupla vertente: *obrigacional* e *normativa* (ou regulativa)[19]. A primeira, consiste nos efeitos

valor pelo menos idêntico ao das portarias de regulamentação de trabalho (que, como regulamentos que são, estão indubitavelmente sujeitos a fiscalização da constitucionalidade)".

[18] AGOSTINHO ROSA, "A Negociação das Convenções Colectivas do Trabalho", *1.º Colóquio Nacional do Trabalho da Organização Corporativa e da Previdência Social*, Comunicações, volume II, s.e., Lisboa, 1961, p. 31.

[19] O destaque desta dupla faceta é na doutrina regra sem excepção, vd., por exemplo, MENEZES CORDEIRO, *Convenções Colectivas de Trabalho e Alterações de Circunstâncias*, cit., pp. 45-49; MONTEIRO FERNANDES, *Direito do Trabalho*, cit., pp. 107 e 749-765; ROMANO MARTINEZ, *Direito do Trabalho — Parte Geral*, volume I, cit., p. 242, Direito do Trabalho, volume II, 1994/1995, cit., pp. 90-96; BARROS MOURA, *A Convenção Colectiva entre as Fontes de Direito do Trabalho*, cit., pp. 111-118, 135-137; LOBO XAVIER, *Curso de Direito do Trabalho*, cit., pp. 246-247; e na doutrina estrangeira, por exemplo, WOLFGANG DÄUBLER, *Derecho del Trabajo*, Ministerio de Trabajo y Seguridad Social, Madrid, 1994 (tradução castelhana de Mª Paz Acero Serna e Pío Acero Lópes, *Das Arbeitsrecht*, "rororo aktuell", 1 e 2, Rowohlt Taschenbuch Verlag GmbH, Hamburg, 1990), pp. 142-143; MATTIA PERSIANI, *Diritto Sindicale*, quarta edizione, Cedam, Padova, 1994, pp. 91-94, com indicação de diversa bibliografia.

A bipartição do conteúdo da convenção encontra apoio no art. 5.º, alíneas a) e b), da LRCT, que correspondem, respectivamente, à parte obrigacional e regulamentar. Deve, contudo, salientar-se que a divisão do conteúdo e consequentemente dos efeitos da convenção em obrigacional e normativo (ou regulativo) tem sido objecto, e bem, de críticas, uma vez que existem cláusulas que não são plenamente reconduzíveis a nenhuma das tipologias. Como escreve GINO GIUGNI, "Direito do Trabalho", cit., p. 338, "(...) a distinção é importante e, ainda hoje, muito actual; pode, todavia, (...) resultar desadaptada em relação a uma cognição funcional do instituto e adapta-se mal às cláusulas ou partes processuais e institucionais (por exemplo, comissões mistas, procedimentos arbitrais e de conciliação, fundos de previdência) que são frequentes na experiência contratual" (tal parece ser também a posição de CARLOS ALBERTO AMORIM, *Direito do Trabalho — Da Convenção Colectiva de Trabalho*, cit., pp. 265-266, que, além das duas facetas fundamentais, obrigacional e normativa, se refere a cláusulas instrumentais e cláusulas eventuais ou acessórias).

De facto, as cláusulas que não produzam efeitos imediatos nos contratos individuais de trabalho, mas que, por outro lado, não se confinam à esfera das partes outor-

que se verificam na esfera jurídica das entidades outorgantes; enquanto a *eficácia normativa* se reporta aos efeitos produzidos nos contratos individuais de trabalho.

Dentro desta, é ainda necessário distinguir as *cláusulas de eficácia diferida* das de *eficácia imediata*, pois enquanto as primeiras necessitam, para que os seus efeitos se percutam nos contratos individuais de trabalho, de actos posteriores de execução, em regra, a cargo dos empregadores, as *cláusulas de eficácia imediata* produzem os seus efeitos pela mera entrada em vigor[20].

---

gantes, não são facilmente subsumíveis na alternativa obrigacional — normativa. É o caso, por exemplo, de disposições que se refiram à organização de cursos profissionais. Se a selecção dos trabalhadores beneficiados, bem como a organização estiver a cargo da entidade patronal, então, os efeitos não se repercutem nos contratos individuais de trabalho, enquanto o empregador não praticar os actos necessários, mas, por outro lado, tais disposições transcendem o mero acordo inter-partes dos outorgantes. *Vd.* sobre a questão, MENEZES CORDEIRO, *Manual de Direito do Trabalho*, cit., pp. 281-282, 321; LOBO VAXIER, *op. cit.*, p. 247. Utilizamos, contudo, esta bipartição por evidentes vantagens expositivas e delimitativas para o presente trabalho.

Sobre a distinção entre cláusulas obrigacionais e normativas, *vd.*, entre outros, MENEZES CORDEIRO, *Convenções Colectivas e Alterações de Circunstâncias*, cit., pp. 45-51, com diversos desdobramentos; ROMANO MARTINEZ, *Direito do Trabalho*, volume II, 1994/1995, cit., pp. 90-95; BARROS MOURA, *A Convenção Colectiva entre as Fontes de Direito do Trabalho*, cit., pp. 114-117 e 125-146. Na doutrina estrangeira *vd.*, entre outros, ALONSO OLEA — CASAS BAAMONDE, *Derecho del Trabajo*, decimoquinta edicion, Civitas, Madrid, 1997, pp. 835-863; WOLFGANG DÄUBLER, *Derecho del Trabajo*, cit., pp. 142-147.

A propósito da classificação das cláusulas obrigacionais, *vd.* VALDÉS DAL RÉ, "La Adhesion y la Extensión de los Convenios Colectivos", *Revista Española de Derecho del Trabajo*, n.º 36, 1988, p. 542.

[20] É exemplo daquele tipo de cláusulas, a estipulação segundo a qual os trabalhadores que tenham maior mobilidade geográfica terão um horário mais reduzido, cabendo a entidade patronal designar os trabalhadores abrangidos. ROMANO MARTINEZ, *Direito do Trabalho*, volume II, 1994/1995, cit., p. 93, dá como exemplos a construção de uma cantina ou de uma creche, bem como o fornecimento de transportes, para os quais seriam necessários actos de concretização. Também neste sentido, MENEZES CORDEIRO, *Convenções Colectivas de Trabalho e Alterações de Circunstâncias*, cit., p. 49.

Enquanto não houver concretização da cláusula, os trabalhadores não possuem qualquer direito a usufruir do regime, mas deve salientar-se que a não execução das mesmas configura incumprimento da convenção, o que pode ter como consequência, a aplicação das sanções previstas no art. 44.º, da LRCT, e na Lei n.º 166/99, de 4 de Agosto, em especial arts. 5.º a 16.º. ROMANO MATINEZ, *Direito do Trabalho*, volume II, 1994/1995, cit., p. 93, refere ainda, além das consequências apontadas, a obrigação de o empregador indemnizar os trabalhadores. É preciso notar que tal consequên-

Deve, no entanto, salientar-se que, atendendo ao conteúdo das convenções colectivas — onde os temas mais regulados são, em primeiro lugar, a retribuição, depois, a redução da duração do trabalho, a adaptabilidade dos horários, a definição de funções, as carreiras profissionais e as férias[21] —, em regra, as cláusulas são de eficácia imediata.

V. No nosso ordenamento as convenções colectivas têm somente *eficácia inter-partes*, pois como prescreve o art. 7.º, n.º 1, da LRCT, *"as convenções colectivas de trabalho obrigam as entidades patronais que as subscrevem e as inscritas nas associações patronais signatárias, bem como os trabalhadores ao seu serviço que sejam membros quer das associações celebrantes, quer das associações sindicais representadas pelas associações sindicais celebrantes"*[22] [23]. O mesmo se verifica

---

cia apenas poderá ocorrer se os trabalhadores, destinatários da cláusula não concretizada, forem individualizáveis, ou seja, se a própria delimitação do âmbito do regime em causa não estiver a cargo, por exemplo, da entidade patronal, pois caso contrário não será possível descortinar os trabalhadores afectados, faltando, assim, a identificação dos trabalhadores que sofreram dano. Porém, isto não quer dizer que a entidade patronal não indemnize o sindicato outorgante, caso se verifiquem os pressupostos da responsabilidade civil contratual.

[21] *Vd.* RIBEIRO LOPES, "Contratação Colectiva", cit., pp. 58-59, que inclui, p. 58, um quadro sobre os temas mais regulados quanto ao conteúdo normativo das convenções colectivas. Também se pronuncia neste sentido, i.e., de que a maioria das cláusulas têm eficácia imediata, ROMANO MARTINEZ, *Direito do Trabalho*, volume II, 1994/1995, cit., pp. 92-93.

[22] Esta afirmação não invalida a possibilidade de aplicar a convenção a sujeitos que não sejam membros das entidades signatárias, desde que, por um lado, e por razões de mera lógica, a situação individual se subsuma no âmbito da convenção e, por outro, o trabalhador e entidade patronal estejam de acordo. A entidade empregadora pode, repita-se, caso o trabalhador esteja de acordo, aplicar cláusulas da convenção a trabalhadores não sindicalizados. Tal pode acontecer, desde logo, em matéria retributiva, pois a disparidade de regimes contratuais pode causar, por um lado, dificuldades na organização da empresa e, por outro, conflitos internos quando os trabalhadores se encontrem em igualdade funcional.

A jurisprudência tem, contudo, ido mais longe (*vd.*, por exemplo, Ac. do Supremo Tribunal de Justiça, de 26 Maio de 1988, *Boletim do Trabalho e Emprego*, 2.ª série, n.ºˢ 4-5-6, p. 396; Acórdão do Supremo Tribunal de Justiça, de 14 de Novembro de 1990, *Acs. Doutrinais do Supremo Tribunal Administrativo*, n.º 350, pp. 268 e ss; Acórdão do Supremo Tribunal de Justiça, de 17 de Fevereiro de 1993, *Acs. Doutrinais do Supremo Tribunal Administrativo*, n.º 378, pp. 709 e ss) e defendido que o

se estivermos perante convenções outorgadas por uniões, federações ou confederações (art. 7.º, n.º 2).

"princípio do trabalho igual salário igual" impõe que os trabalhadores sindicalizados e não sindicalizados possuam o mesmo regime remuneratório.

Não nos parece a melhor solução, pois tal entendimento aniquila o princípio da filiação sindical, ou seja, neutraliza a filiação sindical e, deste modo, todas as consequências inerentes à sindicalização (*v.g.*, pagamento da quota, acção sindical); além de que ao aplicar apenas a disposiçao convencional referente à remuneração ignora as contrapartidas fixadas aquando da negociação, essas só aplicáveis aos sindicalizados e, note-se, dificilmente identificáveis. É certo que se pode argumentar que apenas se trata de uma parte da convenção, além de que tal injunção tem base constitucional; só que a filiação sindical tem igualmente consagração na Lei Fundamental (art. 55.º, n.º 2, alínea b)). Sobre a questão, e divergindo da posição jurisprudencial, MENEZES CORDEIRO, *Manual de Direito do Trabalho*, cit., pp. 147, 736-737; MONTEIRO FERNANDES, *Direito do Trabalho*, cit., pp. 765-766, nota 2; LOBO XAVIER, *Curso de Direito do Trabalho*, pp. 371-373, 401-402; LOBO XAVIER — NUNES CARVALHO — "Princípio da Igualdade: a Trabalho Igual, Salário Igual", *Revista de Direito e de Estudos Sociais*, ano XXXIX (XII da 2.ª série), 1997, n.º 4, pp. 401-450. A favor da posição da jurisprudência, RIBEIRO LOPES, "A Contratação Colectiva", cit., pp. 61-64. Com especial interesse para o debate, sem esquecer as particularidades, *vd*. a doutrina italiana, EDOARDO GHERA, *Diritto del Lavoro*, Cacucci Editore, Bari, 1995, pp. 164-172; MATTIA PERSIANI, *Diritto Sindicale*, cit., pp. 79-81, com indicação de diversa fontes.

No que respeita à aplicação da convenção colectiva ao trabalhador temporário na empresa utilizadora, *vd*. FURTADO MARTINS, "Aplicação ao Trabalhador Temporário da Convenção Colectiva de Trabalho em Vigor na Empresa Utilizadora", *Revista de Direito e de Estudos Sociais*, ano XXXVII (X da 2.ª série), 1995, n.ºs 1-2-3, pp. 251-263, que inclui um Ac. da Relação de Lisboa, de 3 de Novembro de 1994, e respectiva anotação.

[23] Os efeitos da convenção colectiva nos ordenamentos jurídicos estrangeiros não são idênticos. Na Alemanha, por exemplo, a convenção colectiva tem apenas efeitos inter-partes i.e., só os sujeitos outorgantes estão vinculados. Existe, contudo, uma excepção importante à regra de a convenção apenas abranger os filiados: se o empresário estiver vinculado à convenção, ainda que os trabalhadores não estejam, aquele tem de cumprir o estipulado na convenção no que respeita às normas de empresa e de organização social — art. 3.º, § 1 e 2, da Lei das Convenções Colectivas (TVG — *Tarifvertragsgesetz*). Sobre os efeitos pessoais da convenção, vd. WOLFGANG DÄUBLER, *Derecho del Trabajo*, cit., pp. 149-150; HUECK-NIPPERDEY, *Compendio de Derecho del Trabajo*, Editorial Revista de Derecho Privado, Madrid, 1963 (tradução castelhana de Miguel Rodriguéz Piñero e Luis Enrique de la Villa, *Grundriss des Arbeitsrecht*, s.e., 1962), pp. 342-343; ALFRED SÖLLNER, *Grundrib des Arbeitsrechts*, Verlag Vahlen, Munchen, 1994, p. 150.

Já em Espanha, a convenção colectiva produz efeitos gerais — sem esquecer a destrinça, feita, em regra, pela doutrina e jurisprudência entre convenções colectivas estatutárias e extra-estatutárias (sobre a questão, entre muitos outros, ALONSO OLEA--CASAS BAAMONDE, *Derecho del Trabajo*, cit., entre outras, pp. 778-779, 863-873) —

Ressalta então do exposto a necessidade de existir concomitantemente filiação do empregador (caso não a celebre directamente) e do

---

ou seja, abrange todos os trabalhadores e entidades patronais incluídas no âmbito funcional e territorial da convenção, independentemente da existência de inscrição sindical ou patronal — artigo 82.º, n.º 3, do Estatuto do Trabalhador (*Estatuto de los Trabajadores*) — *vd.*, por todos, ALONSO OLEA-CASAS BAAMONDE, *op. cit.*, pp. 786-788, 823-826; SALA FRANCO — ALBIOL MONTESINOS, *Derecho Sindical*, 5.ª edición, Tirant lo Blanch, Valencia, 1998, pp. 342-345. *Vd.* também RIVERO LAMAS, "Estructura y Funciones de la Negociación Colectiva tras la Reforma Laboral de 1997", *Revista Española de Derecho del Trabajo*, n.º 89, 1998, pp. 381-410.

Em França distingue-se (arts. L 133-1 ss, e R. 133-1 ss, do Código do Trabalho (*Code du Travail*) entre *convenções colectivas ordinárias* e *convenções susceptíveis de extensão*, estando estas sujeitas a um regime mais exigente do que aquelas. De qualquer modo, os efeitos são semelhantes, uma vez que o elemento de conexão relevante é o *empregador*. Ou seja: é necessário que a entidade patronal esteja filiada na associação outorgante, pois caso tal se não verifique, ainda que o trabalhador esteja inscrito na associação signatária, a convenção não pode obrigar aquela a seguir o regime acordado (art. L.135-1 e 2, Código do Trabalho). Nestes termos, a vinculação da entidade patronal a uma convenção colectiva é elemento suficiente para que os efeitos desta se produzam na empresa e abranjam quer os trabalhadores filiados, quer os não filiados. Sobre a questão, *vd.*, entre outros, JEAN-CLAUDE JAVILLIER, *Manuel Droit du Travail*, 5.ª édition, LGDJ, Paris, 1996, em especial, pp. 566-569, 571-580, 582-594; LYON-CAEN-JEAN PÉLISSIER — ALAIN SUPIOT, *Droit du Travail*, 18.ª édition, Dalloz, Paris, 1996, *maxime*, pp. 663-668, 711-714, 718-719.

Finalmente, em Itália existem quatro tipos de convenções colectivas:
a) as *corporativas*, que foram celebradas pelas organizações sociais fascistas, durante o regime corporativo, que lhes atribuía eficácia geral — os contratos colectivos de direito corporativo viram os seus efeitos serem mantidos, não obstante o fim do regime, pelo Decreto-Lei «Luogotenenziale», n.º 369, de 23 de Novembro de 1944. *Vd.* sobre o assunto, GINO GIUGNI, *Diritto Sindicale*, IX edizione, Cacucci Editore, Bari, 1992, pp. 133-35; GIULIANO MAZZONI, *Manuale di Diritto del Lavoro*, volume I, Giuffrè, Milano, 1988, p. 190; RENATO SCOGNAMIGLIO, *Diritto del Lavoro*, terza edizione, Jovene Editore, Napoli, 1994, p. 7;
b) as de *direito comum*, que se regem pelas regras previstas para o direito comum dos contratos, e que têm o seu âmbito de aplicação definido pelo próprio contrato, *Vd.* GIULIANO MAZZONI, *op. cit.*, pp. 188-190; G. ZAGREBELSKY, *Manuale di Diritto Costituzionale*, volume primo, Utet, Torino, 1988, p. 252.;
c) as que possuem *eficácia erga omnes*, que, segundo a Constituição (art. 39.º, 3.º par.), são celebradas pelas associações reconhecidas e têm eficácia obrigatória para todos os membros da categoria; no entanto, este preceito constitucional tem tido problemas de concretização face aos obstáculos políti-

trabalhador nas associações outorgantes[24]. A isto se chama *princípio da filiação* ou, talvez mais correctamente, *princípio da dupla filiação*[25].

---

cos e técnicos que têm sido colocados, *vd.* GINO GIUGNI, *op. cit.*, 135; M. ZAGREBELSKY, *op. cit.*, pp. 247-248.

d) e, por último, as que foram objecto da Lei n.º 741, de 14 de Julho de 1959, ou seja, têm um efeito idêntico ao que, noutros ordenamentos, se atinge através da portaria de extensão e que este país não consagra. *Vd.* GINO GIUGNI, *op. cit.*, pp. 136-138, e L. GONÇALVES DA SILVA, *Contributo para o Estudo da Portaria de Extensão*, cit., pp. 56-58.

Sobre o debate dos efeitos da convenção colectiva e a representatividade sindical, *vd.*, por exemplo, GIUSEPPE PERA, "VERSO il Contratto Collettivo Generalmente Obbligatorio?", *Rivista Italiana di Diritto del Lavoro*, anno XIX, 2000, n.º 1, pp. 97-107.

Para uma visão geral, ainda que sucinta, do estado da negociação colectiva na União Europeia, *vd.* TIMO KAUPPINEN, "La Negociación Colectiva en las Relaciones Industriales de la Europa de la Union Monetaria", AAVV, *La Negaciación Colectiva en el Escenario del Año 2000 — XII Jornadas de Estudio sobre la Negociación Colectiva*, «Coleccion Informes y Estudios», serie Relaciones Laborales, número 27, Ministerio de Trabajo y Asuntos Sociales, Madrid, 1999, pp. 19-65; ALESSANDRO GARILLI, "La Negociación Colectiva en las Relaciones Industriales de la Europa de la Union Monetaria", AAVV, *La Negaciación Colectiva en el Escenario del Año 2000 — XII Jornadas de Estudio sobre la Negociación Colectiva*, «Coleccion Informes y Estudios», serie Relaciones Laborales, número 27, Ministerio de Trabajo y Asuntos Sociales, Madrid, 1999, pp. 67-90.

[24] Evidentemente que se estivermos perante um acordo de empresa ou colectivo as entidades patronais não farão parte de uma associação patronal, antes negociarão directamente (*vd.* art. 2.º, n.º 3, da LRCT).

Sobre os efeitos (subjectivos) da convenção, *vd.* Acórdão do Supremo Tribunal de Justiça, de 1 de Junho de 1984, *Acórdãos Doutrinais do Supremo Tribunal Administrativo*, n.º 274, pp. 1199 e ss; Sentença do Tribunal do Trabalho de Lisboa, de 26 de Junho de 1986, *Colectânea de Jurisprudência*, 1986, n.º 4, pp. 329 e ss; Acórdão do Supremo Tribunal de Justiça, de 2 de Outubro de 1996, *Acórdãos Doutrinais do Supremo Tribunal Administrativo*, n.º 423, pp. 380 e ss.

[25] O ónus da prova da filiação do trabalhador recai, nos termos do art. 342.º, n.º 1, do CC, sobre o trabalhador. Neste sentido, Acórdão do Supremo Tribunal de Justiça, de 20 de Janeiro de 1993, *Colectânea de jurisprudência*, 1993, n.º 1, p. 238 e ss; Acórdão do Supremo Tribunal de Justiça, de 12 de Janeiro de 1994, *Acórdãos Doutrinais do Supremo Tribunal Administrativo*, n.º 389, pp. 613 e ss.

Note-se que, de acordo com o art. 7.º, n.º 1, da Lei n.º 67/98, de 26 de Outubro, é proibido o tratamento de dados pessoais respeitantes à filiação sindical. O titular dos dados pode, contudo, autorizar tal tratamento, conforme preceitua o art. 7.º, n.ºs 2 e 3 alínea b), da Lei n.º 67/98. Sobre a questão, *vd.* ROMANO MARTINEZ, "Relações Empregador — Empregado", AAVV, *Direito da Sociedade da Informação*, volume I, Coimbra Editora, 1999, pp. 198-199; e a Deliberação n.º 15/95, de 1 de Setembro, da Comissão Nacional de Protecção de Dados.

Acresce ao *âmbito pessoal*, na delimitação dos efeitos das convenções, o *âmbito temporal*, que é, no essencial, coincidente com o regime aplicável às leis (art. 10.º, da LRCT)[26], bem como a *área geográfica*[27].

1.2. DELIMITAÇÃO DO OBJECTO

I. Feita esta breve apresentação, necessariamente genérica, do modo como surge a convenção, cabe agora estabelecer o "roteiro" do presente trabalho.

Uma vez que a compreensão de um instituto jurídico é fortemente condicionada pelo conhecimento dos seus antecedentes históricos, importa, por isso, começar por elaborar uma sucinta *resenha histórica da contratação colectiva no direito português* (§ 2.º)[28]. Posteriormente, analisaremos a *eficácia normativa da convenção nos contratos individuais de trabalho* (§ 3.º), para a seguir apreciar a *eficácia espacial* (§ 4.º), a *eficácia pessoal* (§ 5.º) e a *eficácia temporal* (§ 6.º). Deve, contudo, realçar-se que esta divisão não tem mais do que objectivos sistemáticos e expositivos, pois naturalmente os efeitos estão intrinsecamente ligados.

---

[26] O regime do art. 10.º, da LRCT, não é totalmente coincidente com o previsto, nos termos gerais, para as leis (*vd.* art. 2.º, da Lei n.º 74/98, de 11 de Novembro), uma vez que o n.º 2 daquele preceito refere que a data da publicação é a da distribuição.

[27] A *área* e o *âmbito de aplicação* fazem parte do conteúdo obrigatório da convenção (art. 23.º, n.º 1, alínea b), da LRCT). A ausência destas cláusulas legitima a recusa do depósito (art. 24.º, n.º 3, da LRCT), por parte dos serviços do Ministério do Trabalho.

[28] Como bem salientam MENEZES CORDEIRO, *Manual de Direito do Trabalho*, cit., p. 33, e MONTEIRO FERNANDES, *Direito do Trabalho*, cit., p. 28, nota 1, a investigação histórica atinente ao Direito do Trabalho tem sido insuficiente. Sobre a evolução histórica do Direito Colectivo do Trabalho, *vd.* L. GONÇALVES DA SILVA, *Contributo para o Estudo da Portaria de Extensão*, cit., pp. 61-151, bem como as diversas fontes aí citadas.

§ 2.º BREVE RESENHA HISTÓRICA

2.1. ANTES DO PERÍODO CORPORATIVO

I. O movimento operário existe em Portugal desde a origem do reino. Tendo presente que a sociedade portuguesa é uma parte da peninsular e, por outro lado, que foi fortemente influenciada na sua civilização e nas suas leis pelas sociedades romana e góticas, é correcto afirmar, como faz CUNHA GONÇALVES, que "(...) o nosso movimento operário, que as nossas corporações dos mistéres foram, como as de toda a Europa latina, uma derivação dos *collegia* romanos e das *ghilde* germanicas"[29].

II. Mais tarde, na idade média, existiu a corporação medieval[30] que abrangia três classes: aprendizes, companheiros e mestres. Fortemente hierarquizada, competia à classe dos mestres regular o funcionamento das corporações, o que fazia de tal modo pormenorizado que aos operários não restava a mínima iniciativa[31].

Fechada sobre si mesma, a corporação, com o liberalismo político-económico e a evolução técnica, seria extinta[32], tendo sido dado com a Revolução Francesa o golpe fatal na sua existência.

---

[29] CUNHA GONÇALVES, *A Evolução do Movimento Operario em Portugal*, Adolpho de Mendonça, Lisboa, 1905, p. 15. Recorde-se que D. João I mandou remodelar as corporações operárias, bem como atribuir-lhes novos privilégios, criando em cada cidade a *Caza dos Vinte e Quatro*, retribuindo, assim, o auxílio dado na conquista do trono aquando da luta com Leonor Telles, vd. CUNHA GONÇALVES, *op. cit.*, p. 26. A denominação Casa dos Vinte e Quatro surge "(...) porque cada uma das 12 corporações então estabelecidas elegia dois deputados ou *homens bons* para a mesma casa, que era presidida por um *Juiz do povo*, o qual decidia as contendas entre os oficiaes e os mestres, ou entre os oficios ou corporações, enquanto taes contendas não tomavam proporções que exigissem a intervenção do municipio, seu fiscal nato, ou do proprio monarca", CUNHA GONÇALVES, *op. cit.*, p. 26.

[30] Note-se que as classes superiores — clero e nobreza —, também na Idade Média consideram o trabalho como actividade própria das classes baixas, vd. RUY ULRICH, *Legislação Operaria Portugueza (Exposição e Critica)*, «Estudos de Economia Nacional», França Amado — Editor, Coimbra, 1906, p. 8.

[31] Neste sentido, RUY ULRICH, *Legislação Operaria Portugueza (Exposição e Critica)*, cit., p. 9. Para mais desenvolvimentos, vd. ROMANO MARTINEZ, *Direito do Trabalho — Parte Geral*, volume I, cit., pp. 93-99, com indicação de diversa bibliografia.

[32] Para mais desenvolvimentos, vd. Parecer da Câmara Corporativa n.º 26/IX,

III. De facto, ao acreditar na omnipotência da liberdade individual e ao preconizar os princípios da liberdade e da igualdade, a Assembleia Constituinte Francesa "(...) não se limitou a affirmar na *Declaração dos direitos do homem*, que todos os homens nascem e permanecem livres e eguaes em direito, mas cuidou de applicar esse principio ao trabalho, libertando o seu exercicio de todo e qualquer estorvo ou obstaculo"[33].

Em síntese, como diz FREITAS DO AMARAL, "a ideologia liberal, sobretudo na versão influenciada por ROUSSEAU, era contrária aos escopos intermédios: entre o indivíduo e o Estado não havia lugar para outros centros de poder"[34].

IV. No nosso país a evolução foi mais paulatina. Quer em termos doutrinários, quer na prática, no período anterior à época liberal eram predominantes os valores do absolutismo em matéria da organização operária, que tinham acolhimento no regime das corporações rígidas e obrigatórias[35]. Tais ideais encontraram, desde logo, apoio nos Decretos de 18 de Abril de 1761 e 20 de Março de 1793[36].

---

publicado em NASCIMENTO RODRIGUES, *Regime Jurídico das Relações Colectivas de Trabalho — Anotado*, Atlântida Editora, Coimbra, 1971, p. 124.

[33] RUY ULRICH, *Legislação Operaria Portugueza (Exposição e Critica)*, cit., p. 10, itálico no original. Sobre as consequências do individualismo no âmbito laboral, vd., entre outros, CUNHA GONÇALVES, *A Evolução do Movimento Operario em Portugal*, cit., pp. 39-43.

Posteriormente, foi promulgada por aquela Assembleia francesa a *Lei D´Allarde*, de 17 de Março de 1791, que consagrou a liberdade de escolha da profissão e deixou de reconhecer hierarquias e qualificações, ou seja, prescrevia, no seu art. 7.º que: "«todo o indivíduo é livre de empreender qualquer actividade económica ou de exercer qualquer profissão, arte ou ofício, como bem lhe aprouver, e não necessita de qualquer qualificação ou autorização ou de ter subido a hierarquia profissional»", apud MÁRIO PINTO, "Relações Colectivas de Trabalho", *Revista do Gabinete de Estudos Corporativos*, ano XII, n.º 46, 1961, p. 209.

À Lei D´Allarde seguiu-se a *Lei Le Chapelier*, de 14 de Junho do mesmo ano, que proibiu os trabalhadores de se associarem. Para mais desenvolvimentos, vd. CUNHA GONÇALVES, *A Evolução do Movimento Operario em Portugal*, cit., pp. 33-34; VITAL MOREIRA, *Auto-Regulação Profissional e Administração Pública*, Almedina, Coimbra, 1997, p. 11, MÁRIO PINTO, "Relações Colectivas de Trabalho", cit., p. 210, e RUY ULRICH, *Legislação Operaria Portugueza (Exposição e Critica)*, cit., p. 10; LOBO XAVIER, *Curso de Direito do Trabalho*, cit., pp. 23-24.

[34] FREITAS DO AMARAL, *História das Ideias Políticas — Apontamentos*, volume II, Pedro Ferreira Editor, Lisboa, 1998, p. 247.

[35] Vd. RUY ULRICH, *Legislação Operaria Portugueza (Exposição e Critica)*, cit., p. 10.

No entanto, os efeitos revolucionários verificados em França não demoraram a propagar-se até cá, pelo que proclamada a liberdade na revolução de 1820 e consagrada na Constituição de 1822, neste mesmo ano foi publicada a Lei de 31 de Outubro[36]. Através desta Lei, os liberais tentaram degolar os abusos existentes, reorganizando e conservando as antigas corporações[38], uma vez que, como salienta CUNHA GONÇALVES, "as doutrinas extremamente individualistas não tinham ainda medrado em Portugal, e os nossos primeiros legisladores liberaes, se notavam defeitos nas corporações, reconheciam apenas a necessidade duma reforma, aproveitando o que taes tinham de vantajoso (...)"[39].

Em 1834, porém, algo mudaria. Neste ano, com o Decreto de 7 de Maio, foram extintas as corporações[40]. Com este diploma visou-se,

---

[36] Vd. CUNHA GONÇALVES, *A Evolução do Movimento Operario em Portugal*, cit., p. 34.

O Decreto de 18 de Abril de 1761, sujeitava a uma licença régia o exercício de qualquer espécie de trabalho, enquanto o Decreto de 20 de Março de 1793, proibia a mudança de ofícios, vd. CUNHA GONÇALVES, *op. cit.*, pp. 30-31.

[37] Vd. CUNHA GONÇALVES, *A Evolução do Movimento Operario em Portugal*, cit., p. 35.

[38] Vd. RUY ULRICH, *Legislação Operaria Portugueza (Exposição e Critica)*, cit., p. 10.

Como assinala CUNHA GONÇALVES, *A Evolução do Movimento Operario em Portugal*, cit., p. 36, a Carta Constitucional que, como se sabe, data de 1826, dispunha no art. 145.º § 23 que *"nenhum género de trabalho, cultura, indústria ou comércio pode ser proibido, uma vez que não se oponha aos costumes públicos, à segurança e saúde dos Cidadãos"*, mas, por outro lado, não reconhecia o direito de associação, que apenas foi plasmado no art. 14.º da Constituição de 1838. No entanto, como refere este Autor, *ibidem*, "(...) o illustre Mousinho da Silveira, no seu memoravel relatorio aos famosos decretos n.ᵒˢ 22, 23 e 24 de 16 de maio de 1832, dizia: «por direito natural e politico podem os cidadãos que se dedicam ás sciencias e artes, ou aos conhecimentos agronomicos ou industraes, formar do seu motu proprio sociedades, ocupando-se em comum dos progressos dos conhecimentos humanos, das artes, da agricultura, da industria. Estas sociedades, naturalmente livres e independentes das leis, quanto ao seu estabelecimento e regulamento, podem admitir cidadãos de outras localidades e extrangeiros sabios ... Nenhum cidadão tem mais direito do que outro ás vantagens comuns; todos gosam das mesmas prerogativas e suportam os mesmos encargos. Na egualdade comum não ha distinção, que não provenha das faculdades pessoaes ou dos serviços prestados»".

[39] CUNHA GONÇALVES, *A Evolução do Movimento Operario em Portugal*, cit., p. 35.

[40] Vd. sobre a questão, entre outros, ROMANO MARTINEZ, *Direito do Trabalho — Parte Geral*, I volume, pp. 93-99, RUY ULRICH, *Legislação Operaria Portugueza*

segundo AFONSO QUEIRÓ, apenas "(...) eliminar os tradicionais obstáculos corporativos à liberdade industrial e de comércio"[41]; contudo, tal não impediu que o Decreto de 7 de Maio de 1834 fosse também invocado com o intuito de vedar a formação de associações de natureza sindical[42]. É, então, neste enquadramento social e jurídico que surge mais tarde, de acordo com AFONSO QUEIRÓ, a "(...) primeira fase do crescimento da nossa legislação operária, com termo em 1933"[43].

V. Nesta primeira fase cumpre, desde logo, e depois de atenuado o rigor proibicionista e autorizados alguns agrupamentos[44], referir o *direito de associação dos trabalhadores, consagrado no Decreto de 9 de Maio de 1891*[45]. Este diploma veio permitir[46] "(...) *sociedades com-*

(Exposição e Crítica), cit., pp. 10-11; e o Parecer da Câmara Corporativa n.º 26/IX, publicado em NASCIMENTO RODRIGUES, *Regime Jurídico das Relações Colectivas de Trabalho — Anotado*, cit., p. 128.

O Decreto de 7 de Maio de 1834 está publicado na *Collecção de Decretos e Regulamentos Mandados Publicar por Sua Magestade Imperial — O Regente do Reino desde a sua Entrada em Lisboa até á Instalação das Camaras Legislativas*, terceira serie, Imprensa Nacional, Lisboa, 1840, p. 115, e pode ser compulsado em L. GONÇALVES DA SILVA, *Contributo para o Estudo da Portaria de Extensão*, cit., p. 67, nota 197.

[41] AFONSO QUEIRÓ, "O Estatuto do Trabalho Nacional antes de 1933", *1.º Colóquio Nacional do Trabalho da Organização Corporativa e da Previdência Social*, Sessões Plenárias, s.e., Lisboa, 1961, p. 41.

[42] *Vd.* AFONSO QUEIRÓ, "O Estatuto do Trabalho Nacional antes de 1933", cit., p. 41.

[43] AFONSO QUEIRÓ, "O Estatuto do Trabalho Nacional antes de 1933", cit., p. 40.

[44] Para mais desenvolvimentos, *vd.* Parecer da Câmara Corporativa n.º 26/IX, publicado em NASCIMENTO RODRIGUES, *Regime Jurídico das Relações Colectivas de Trabalho — Anotado*, cit., pp. 127-128.

[45] Publicado na *Collecção Official de Legislação Portugueza*, anno de 1891, Imprensa Nacional, Lisboa, 1892, pp. 207-209.

Como escreve CUNHA GONÇALVES, *A Evolução do Movimento Operario em Portugal*, cit., p. 43: "Com a plena expansão do individualismo e do consequente capitalismo egoísta e feroz, o fôsso que, já nos fins do século 18.º, se abrira entre o Capital e o trabalho, tornou-se abismo!

(...)

Não tardou a reacção. O remedio mais proficuo e de immediata aplicação para taes males estava na associação. A união faz a força!".

[46] Recorde-se que nos termos do art. 282.º, do Código Penal de 1852, eram proibidas, e punidas, as associações de mais de vinte pessoas que não tivessem sido autorizadas pelo Governo.

Vd. o 2.º par., do preâmbulo do Decreto de 9 de Maio de 1891.

postas de mais de vinte individuos exercendo a mesma profissão ou profissões correlativas, tendo por fim o estudo e a defeza dos interesses economicos, industriaes, commerciaes ou agricolas que lhes são comuns" (art. 1.º)[47].

Surge assim a legitimidade da criação de associações sindicais, quer de trabalhadores, quer de patrões, quer de natureza mista[48].

VI. A *contratação colectiva*[49] aparece, naturalmente, em momento posterior.

---

[47] Não queremos com isto dizer que não existissem, de facto, associações de classe. Realmente, a partir de 1864, data em que surgiu legislação que permitiu a constituição de associações de socorros mútuos, os trabalhadores utilizaram estas associações para defenderem os seus interesses profissionais, podendo mesmo afirmar-se que "(...) em grande número, tais associações foram, até 1891, verdadeiros sindicatos operários disfarçados", AFONSO QUEIRÓ, "O Estatuto do Trabalho Nacional antes de 1933", cit., p. 41. No mesmo sentido, CUNHA GONÇALVES, *A Evolução do Movimento Operario em Portugal*, cit., pp. 86-91, *maxime* pp. 86-87.

Note-se, aliás, que o diploma de 9 de Maio 1891 reconhece expressamente a situação, ao regular, nos arts. 15.º e 16.º, respectivamente, as associações de classe existentes e aprovadas pelo Ministério das Obras Públicas, Comércio e Indústria ou pelos Governadores Civis. Vd. também os 3.º e 4.º pars. da parte preambular do Decreto de 9 de Maio de 1891.

[48] *Vd.* AFONSO QUEIRÓ, "O Estatuto do Trabalho Nacional antes de 1933", cit., p. 42. Sobre a admissibilidade de as associações serem somente constituídas por patrões ou apenas por empregados ou mistas, *vd.* par. único do art. 1.º do Decreto de 9 de Maio de 1891.

Considerações sobre o Decreto de 9 de Maio de 1891, podem ser encontradas em AFONSO QUEIRÓ, "O Estatuto do Trabalho Nacional antes de 1933", cit., pp. 42-43, onde mais uma vez se pode constatar a diferença existente entre o direito legislado e a prática ocorrida, e, de um modo mais genérico, em JOSÉ BARRETO, "Sobre a Implantação da Contratação Colectiva na Europa e em Portugal", *Análise Social*, volume XVI, n.º 64, 2.ª série, 1980, 4.º, p. 708.

Deve ainda salientar-se que não demorou muito tempo para que se constituíssem, não obstante não estarem previstas no diploma de 1891, uniões ou federações de associações de classe. Sobre o reconhecimento expresso das uniões e federações, que ocorreu pela primeira vez no nosso ordenamento com o Decreto n.º 10 415, de 27 de Dezembro de 1924, *vd. infra* texto e nota.

[49] Elementos históricos sobre a contratação colectiva noutras ordens jurídicas podem consultar-se em, em textos portugueses, JOSÉ BARRETO, "Sobre a Implantação da Contratação Colectiva na Europa e em Portugal", cit., pp. 699-705; MENEZES CORDEIRO, *Convenções Colectivas de Trabalho e Alteração de Circunstâncias*, cit., pp. 13-21; MOTTA VEIGA, *A Regulamentação do Salário*, Imprensa da Universidade, Pôrto, pp. 149-162. Da leitura dos diferentes textos parece poder concluir-se que há

Em 1906, RUY ULRICH defendia, de forma peremptória que, perante o Decreto de 9 de Maio de 1891, as associações de classe têm capacidade para celebrar contratos colectivos de trabalho[50]. Porém, como se lê no Parecer n.º 26/IX da Câmara Corporativa, "se, de facto, a interpretação [de RUY ULRICH] é exacta, da prerrogativa não se fez uso. Os primeiros instrumentos que se firmaram são posteriores ao diploma de 1910, aliás sem reflexo na vida portuguesa"[51].

VII. Posteriormente, foi publicado o *Decreto n.º 10 415, de 27 de Dezembro de 1924*, que constitui o primeiro diploma que expressamente se referiu aos contratos colectivos de trabalho[52]. Este Decreto determinou:

a) que "a*s associações de classe ou sindicatos profissionais, cons-*

---

unanimidade quanto ao facto de ter sido na Inglaterra que a negociação colectiva foi introduzida e que, consequentemente, surgiu a elaboração das primeiras convenções colectivas.

[50] RUY ULRICH, *Legislação Operaria Portugueza (Exposição e Critica)*, cit., p. 465. Para mais desenvolvimentos sobre a posição do Autor, vd. op. cit., pp. 465-466. Também MARNOUCO E SOUZA, "Caracteres da Legislação Operária", *Boletim da Faculdade de Direito da Universidade de Coimbra,* ano I, 1914, n.º 3, pp. 105-106, parece defender a faculdade de os sindicatos celebrarem contratos colectivos antes de 1924.

[51] O Parecer está transcrito em NASCIMENTO RODRIGUES, *Regime Jurídico das Relações Colectivas de Trabalho — Anotado*, cit., pp. 123-175, encontrando-se a citação na p. 129. Esta mesma ideia está expressa no preâmbulo do *Decreto n.º 10 415, de 27 de Dezembro de 1924* — publicado no Diário do Govêrno, I série, n.º 287, de 27 de Dezembro de 1924, p. 1893 (autorizou a constituição das federações e das uniões de classe) – onde se afirma que no Decreto de 9 de Maio de 1891 "(...) se não faz referência alguma aos contratos colectivos de trabalho, naquela época quasi desconhecidos".

Sobre as primeiras convenções colectivas celebradas, vd. CUNHA GONÇALVES, *A Evolução do Movimento Operario em Portugal*, cit., p. 95; COELHO DO AMARAL, "O Contrato Colectivo de Trabalho no Direito Corporativo Português", cit., p. 342, e LOBO XAVIER, "Convenção Colectiva de Trabalho", *Polis — Enciclopédia Verbo da Sociedade e do Estado*, volume I, Verbo, Viseu, 1983, p. 1305, que situam a celebração dos primeiros contratos colectivos após o Decreto de 6 de Dezembro de 1910, diploma que reconheceu o direito à greve. Por sua vez, JOSÉ BARRETO, "Sobre a Implantação da Contratação Colectiva na Europa e em Portugal", cit., p. 699, refere que o primeiro contrato colectivo celebrado entre nós foi levado a cabo, em 1904, pelos trabalhadores e patrões da indústria tipográfica de Lisboa.

[52] Neste sentido, por exemplo, JOSÉ BARRETO, "Sobre a Implantação da Contratação Colectiva na Europa e em Portugal", cit., p. 708; AFONSO QUEIRÓ, "O Estatuto do Trabalho Nacional antes de 1933", cit., p. 45.

tituídos legalmente, podem reunir-se em federações ou uniões[53], de harmonia com o que se estabelece nos artigos seguintes" (art. 1.º);

b) bem como a dispensa de aprovação do Governo para a constituição das federações ou uniões[54], impondo apenas a apresentação de dois exemplares dos respectivos estatutos no Ministério do Trabalho (art. 2.º);

c) e, ainda, que "as *federações ou uniões, desde que estejam devidamente registadas, têm individualidade jurídica para todos os efeitos legais, designadamente para celebrar contratos colectivos de trabalho*" (art. 3.º).

Sobre a contratação colectiva nada mais se dizia, tendo o legislador deixado às partes a faculdade de estipularem o que lhes aprouvesse[55].

VIII. Com este quadro jurídico, e até ao período corporativo, a celebração de convenções colectivas foi diminuta[56] e as poucas que

---

[53] A existência de federações e uniões é, como dissemos, anterior à sua previsão legal e, desde os anos noventa, foram-se constituindo à margem da lei. Aliás, aponta neste sentido o preâmbulo do Decreto n.º 10 415, onde se lê: "no mesmo diploma [Decreto de 9 de Maio de 1891] — já um pouco antiquado e deficiente – não se faz referência a federações ou uniões dos grémios associados, encontrando-se, por isso, fora da lei estes organismos, que hoje representam a feição preponderante da organização profissional e aos quais é de toda a justiça reconhecer-se personalidade jurídica". Da mesma opinião são COELHO DO AMARAL, "O Contrato Colectivo de Trabalho no Direito Corporativo Português", cit., p. 342; e M. C. TAVARES DA SILVA, *Direito do Trabalho*, Instituto de Estudos Sociais, policopiado, Lisboa, 1964-65, pp. 359-360, bem como nota 3.

[54] A Lei de 14 de Fevereiro de 1907, no seu art. 1.º, estabelece que "*todos os cidadãos no gozo dos seus direitos civis podem constituir-se em associações para fins conformes às leis do reino, sem dependência de licença ou aprovação dos seus estatutos pela autoridade pública, sempre que essa aprovação não seja exigida por lei, uma vez que prèviamente participem ao governador civil a sede, o fim e o regime interno da sua associação*". De qualquer modo, segundo M. DA C. TAVARES DA SILVA, *Direito do Trabalho*, cit., pp. 378-379, nota 1, a autorização prévia para regular a constituição das associações de classe continuou a ser exigida de acordo com o Decreto de 9 de Maio de 1891.

[55] *Vd.* JOSÉ BARRETO, "Sobre a Implantação da Contratação Colectiva na Europa e em Portugal", cit., p. 708.

[56] *Vd.* MENEZES CORDEIRO, *Convenções Colectivas de Trabalho e Alteração de Circunstâncias*, cit., p. 22.

foram elaboradas tiveram, essencialmente, uma função de resolução de litígios, a que AFONSO QUEIRÓ chamou de "(...) contratos colectivos *avant la lettre* (...)"[57] [58].

Em síntese, pode afirmar-se, na esteira de MENEZES CORDEIRO, que até ao período corporativo, coube à doutrina universitária o principal impulso no que respeita às convenções colectivas; "não havendo regulação legal, elas poderiam ter-se desenvolvido livremente, tal como sucedeu noutros espaços jurídicos, dentro dos esquemas da autonomia privada, o que não terá sucedido por insuficiências económicas e culturais gerais; no final do período, chegou-se a uma pequena referência legislativa"[59].

2.2. DO PERÍODO CORPORATIVO A 1974

I. Derrubada a I República, pelo movimento de 28 de Maio de 1926, e instituído o sistema corporativo[60], em 1933 surgiram os seus

---

[57] AFONSO QUEIRÓ, "O Estatuto do Trabalho Nacional antes de 1933", cit., p. 45.

[58] JOSÉ BARRETO, "Sobre a Implantação da Contratação Colectiva na Europa e em Portugal", cit., p. 701, referindo-se a algumas ordens jurídicas europeias, reconhece que "(...) as primeiras vagas de contratos colectivos continentais estavam ainda demasiado ligadas à resolução pontual de greves, o que influía restritivamente sobre o número de assuntos acordados e lhes retirava, evidentemente, bastante autoridade na fase de efectiva aplicação (ou seja, o velho problema de o poder negocial dos trabalhadores se distribuir muito desigualmente no tempo, concentrando-se no período da greve e esbatendo-se em seguida na fase não menos importante de *cumprimento do acordado*)", itálico no original.

[59] MENEZES CORDEIRO, *Convenções Colectivas de Trabalho e Alteração de Circunstâncias*, cit., p. 23. Sobre as diversas causas que levaram ao surgimento da negociação colectiva, vd. JOSÉ BARRETO, "Sobre a Implantação da Contratação Colectiva na Europa e em Portugal", cit., p. 700.

[60] Sobre a organização corporativa, vd., entre outros, MARCELLO CAETANO, *O Sistema Corporativo*, s.e., Lisboa, 1938, pp. 65-99; VITAL MOREIRA, *Direito Corporativo* — (Tópicos das Lições do Ano Lectivo de 1971-72 na Faculdade de Direito da Universidade de Coimbra), Unitas, Coimbra, 1972, pp. 181-222, em especial, pp. 182-191; FÈZAS VITAL, *Curso de Direito Corporativo*, s.e., Lisboa, 1940, pp. 140-259, mais a diversa bibliografia referida nestas obras. Saliente-se, ainda, o Parecer da Câmara Corporativa n.º 42/VI, de 6 de Junho de 1956 (versa sobre a proposta de lei n.º 37 — Corporações), que teve como relator JOSÉ CARDOSO PIRES, publicado no Diário das Sessões da Assembleia Nacional, VI legislatura, n.º 150, de 14 de Junho de 1956, pp. 1052-1126, onde se faz uma pormenorizada análise do corporativismo; *vd.*, em especial, no que respeita à concepção portuguesa, pp. 1061-1104.

pilares jurídicos: a Constituição (de 1933)[61] e o Estatuto do Trabalho Nacional, aprovado pelo Decreto-Lei n.º 23 048, de 23 de Setembro de 1933[62] [63].

Como bem salienta MONTEIRO FERNANDES, a constituição do ordenamento laboral corporativo foi feita sob duas ideias base: a) a da solidariedade entre a propriedade, o capital e o trabalho — consagrada no art. 11.º, do Estatuto do Trabalho Nacional; b) "e outra apenas implícita nele, mas largamente evidenciada na produção legislativa e na prática administrativa subsequentes: a do primado da protecção legal da situação *individual* do trabalhador, em contraponto com o condicionamento e a contenção das formas de acção colectiva laboral (controlo administrativo das convenções colectivas, proibição da greve e *lock-out*)"[64].

II. Tanto a Constituição de 1933[65], como o Estatuto do Trabalho Nacional, importante complemento da lei fundamental, contêm normas

---

[61] Sobre as fontes da Constituição de 1933, bem como alguns elementos históricos relevantes, *vd.* MARCELLO CAETANO, *A Constituição de 1933 — Estudos de Direito Político*, Coimbra Editora, 1956, p. 8.

[62] Este diploma foi inspirado na Carta Italiana do Trabalho (*Carta del Lavoro*), datada de 21 de Abril de 1927, conforme se reconhece, por exemplo, no Parecer da Câmara Corporativa, n.º 42/VI, de 6 de Junho de 1956, cujo relator foi, como dissemos, JOSÉ CARDOSO PIRES, publicado no *Diário das Sessões da Assembleia Nacional*, VI legislatura, n.º 150, de 14 de Junho de 1956, p. 1062.

[63] Nesta mesma data, — 23 de Setembro de 1933 — além do Estatuto do Trabalho Nacional, foram publicados outros diplomas com o objectivo de estruturar a organização corporativa, com especial destaque para: a) Decreto-Lei n.º 23 049, de 23 de Setembro de 1933 (estabelece as bases a que devem obedecer os grémios, organismos corporativos das entidades patronais), *Diário do Govêrno*, de 23 de Setembro, I série, número 217, pp. 1658-1659; b) Decreto-Lei n.º 23 050, de 23 de Setembro de 1933 (reorganiza os sindicatos nacionais), *Diário do Govêrno*, de 23 de Setembro, I série, número 217, pp. 1659-1662 (*vd. infra* texto); c) Decreto-Lei n.º 23 053, de 23 de Setembro de 1933 (cria no Sub-Secretariado das Corporações e Previdência Social o Instituto Nacional do Trabalho e Previdência e extingue o Instituto de Seguros Sociais Obrigatório e de Previdência Geral e os tribunais dos desastres no trabalho, de árbitros avindores e arbitrais de previdência social), *Diário do Govêrno*, de 23 de Setembro, I série, número 217, pp. 1671-1674.

[64] MONTEIRO FERNANDES, *Direito do Trabalho*, cit., p. 36, itálico no original.

[65] De acordo com COELHO DO AMARAL, "O Contrato Colectivo de Trabalho no Direito Corporativo Português", cit., p. 343, com a nova Constituição Política "o Estado abandona o abstencionismo, assumindo o direito e a obrigação de coordenar e regular superiormente a vida económica e social da Nação (art. 31.º) e, na falta de uma tradição sindical anterior, e dado que renuncia à direcção económica directa, encarrega-se de promover e auxiliar a formação dos organismos corporativos".

sobre a contratação colectiva, o que é bem demonstrativo da relevância dada pela nova ordem à fonte laboral[66].

O primeiro diploma — Constituição —, no Título VIII, Da Ordem Económica e Social, inserido na Parte I denominada Das Garantias Fundamentais, prescreve, no art. 37.º, que *"as corporações económicas reconhecidas pelo Estado podem celebrar contratos colectivos de trabalho sendo nulos os que forem celebrados sem a sua intervenção"*[67]. Por sua vez, o Estatuto estabelece, entre outras, as seguintes regras[68]:

---

[66] Note-se, como repara MOTTA VEIGA, *A Regulamentação do Salário*, cit., pp. 161-162, que "na técnica do direito corporativo português, as convenções colectivas de trabalho podem ser de dois tipos: *contratos colectivos*, quando celebrados entre dois ou mais organismos corporativos, e *acordos colectivos*, quando negociados entre um ou mais organismos corporativos e uma ou mais emprêsas ou entidades não organizadas corporativamente". O Autor, é, aliás, responsável, enquanto titular de cargo público, por um Despacho, de 5 de Fevereiro de 1942, sobre as "Bases para uma classificação dos actos jurídicos através dos quais se realiza a regulamentação corporativa das relações económico-sociais e a sua disciplina unitária", publicado no Boletim do Instituto Nacional do Trabalho e Previdência, ano IX, n.º 3, de 14 de Fevereiro de 1942, pp. 51-52, onde se escreve (p. 51): "I *Actos Plurilaterais*:

a) *Convenções colectivas de trabalho* – Os actos jurídicos celebrados entre dois ou mais organismos corporativos (*contratos colectivos*), ou entre um ou mais organismos corporativos e uma ou várias emprêsas ou entidades (*acordos colectivos*), e destinados a regular os termos a que devem obedecer os contratos singulares de trabalho entre as respectivas categorias de patrões e de trabalhadores. Só os contratos colectivos devem conter obrigatòriamente as normas estabelecidas no art. 34.º do Estatuto do Trabalho Nacional (...)", itálico no original.

Segundo NASCIMENTO RODRIGUES, *Regime Jurídico das Relações Colectivas de Trabalho — Anotado*, cit., p. 36, "o reconhecimento de que o acordo colectivo constitui modalidade diferente do contrato colectivo opera-se com a Lei n.º 1952 [, de 10 de Março de 1937] (artigo 2.º), mas já antes da sua entrada em vigor, e independentemente pois da sua consagração legal, a prática revelara a existência, nas relações colectivas, de um e outro tipo de convenção".

[67] Este preceito foi modificado pela Lei n.º 1885, de 23 de Março de 1935, tendo ficado com a seguinte redacção: *"só os organismos corporativos de natureza económica autorizados pelo Estado podem, nos termos de lei, celebrar contratos colectivos de trabalho, os quais serão nulos sem a sua intervenção"*. Segundo M. DA C. TAVARES DA SILVA, *Direito do Trabalho*, cit., pp. 422-423, nota 1, "a expressão «contratos colectivos» é utilizada neste preceito constitucional com o sentido de «convenções colectivas». Ao contrário do que poderia concluir-se duma 1ª. leitura, não há qualquer contradição entre o princípio aí definido e a figura do «acordo colectivo de trabalho». O legislador constituinte não quis afastar da contratação colectiva as entidades patronais isoladas, mas sim toda e qualquer organização profissional (lato sensu) que não seja um organismo corporativo, de natureza económica, autorizada pelo Estado".

[68] *Vd.*, por exemplo, o art. 42.º do Estatuto do Trabalho Nacional.

a) que o contrato colectivo de trabalho está subordinado aos superiores interesses da economia nacional (art. 32.º);
b) que os contratos colectivos de trabalho têm eficácia *erga omnes*, i.e., após serem sancionados pelos organismos corporativos superiores e aprovados pelo Governo, vinculam os patrões e os trabalhadores da mesma indústria, comércio ou profissão, independentemente de estarem filiados nas entidades outorgantes (art. 33.º);
c) que os sindicatos nacionais e os grémios representam toda a categoria (art. 42.º, 2.º item).

Por outro lado, deve também ter-se presente o Decreto-Lei n.º 23 050, igualmente de 23 de Setembro de 1933, que veio reorganizar os sindicatos nacionais e, consequentemente, regular situações relevantes para a contratação colectiva[69]. Entre as suas normas são de destacar:

a) por um lado, a existência de sindicatos únicos (por categoria profissional), que são considerados entidades de direito público (art. 3.º);
b) por outro, o facto de só se considerarem os sindicatos constituídos e com existência legal após a aprovação dos estatutos pelo Sub-Secretariado das Corporações e Previdência Social, bem como de estarem dependentes do Instituto Nacional de Trabalho e Previdência (art. 8.º);
c) a atribuição de personalidade jurídica, o que lhes dá a faculdade de exercerem os direitos inerentes ao seu instituto, nomeadamente elaborar contratos colectivos de trabalho (art. 13.º, n.ºˢ 1.º e 5.º);

---

[69] Este diploma revogou (art. 25.º) o Decreto de 9 de Maio de 1891 e o Decreto n.º 10 415, de 27 de Dezembro de 1924 — *Diário do Governo*, de 14 de Junho de 1969, I série, número 138, pp. 669-674 —, tendo sido objecto de alteração em 1969, pelo Decreto-Lei n.º 49 058, de 14 de Junho, que concedeu, no âmbito da assunção de poder por parte de Marcello Caetano, uma maior liberdade aos sindicatos. Com elementos históricos sobre o sindicalismo em Portugal, *vd.*, entre outros, COUTINHO DE ALMEIDA, "Funções dos Sindicatos", *Questões Laborais*, ano III, n.º 7, 1996, pp. 31-38; LOBO XAVIER, "O Papel dos Sindicatos nos Países em Desenvolvimento — Monopólio e Pluralismo Sindicais", *Revista de Direito e de Estudos Sociais*, ano XXV, 1978, n.ºˢ 3-4, pp. 296-303; e M. DA CONCEIÇÃO CERDEIRA, *A Evolução da Sindicalização Portuguesa de 1974 a 1995*, «colecção estudos», Ministério para a Qualificação e o Emprego, Lisboa, 1997.

d) a necessidade de ser sancionada a eleição da direcção dos sindicatos pelo Sub-Secretariado de Estado das Corporações e Previdência Social (art. 5.º, § 5.º);

e) apesar de ser livre a inscrição nos sindicatos, os contratos e os regulamentos por eles elaborados, após serem sancionados pelos órgãos corporativos superiores e aprovados pelo Sub-Secretariado das Corporações e Previdência Social, vinculam os inscritos e os não inscritos (art. 22.º).

III. Foi, então, nesta fase e com estas regras que os contratos colectivos foram celebrados em número relevante e, consequentemente, passaram a ter um efeito efectivo no desenvolvimento das condições da prestação do trabalho[70][71]. Deste modo, os contratos colectivos passam

---

[70] Neste sentido, LOBO XAVIER, "Convenção Colectiva de Trabalho", cit., p. 1305. JOSÉ BARRETO, "Sobre a Implantação da Contratação Colectiva na Europa e em Portugal", cit., p. 706, nota 16, situa em 1934 os primeiros contratos colectivos corporativos. Saliente-se que "de 1934 a 1968, inclusive, não referindo as frequentes alterações e revisões introduzidas, se firmaram 774 convenções (546 contratos e 228 acordos) e proferiram-se 286 despachos normativos. Estima-se em 1 200 000 o número de trabalhadores abrangidos por tal regulamentação. Se se observar que esta se não aplica ao sector público e, muito pouco ao agrícola, concluir-se-á que está por ela coberta uma altíssima percentagem da restante população activa da metrópole", Parecer da Câmara Corporativa n.º 26/IX, NASCIMENTO RODRIGUES, *Regime Jurídico das Relações Colectivas de Trabalho — Anotado*, cit., p. 133.

Deste modo, não parece terem razão, pelo menos no que ao nosso país diz respeito, ORLANDO GOMES e ELSON GOTTSCHALK, *Curso de Direito do Trabalho*, 14.ª edição, Editora Forense, Rio de Janeiro, 1995 p. 612, quando afirmam que "na Espanha franquista e [no] Portugal salazarista, pelas características políticas desses países, não era praticada a convenção colectiva, substituída que estava pelas regulamentações oficiais (...)".

[71] Os contratos colectivos têm durante o Estado Novo um relevante desempenho face à proibição das coalizações, ou seja, aqueles diluem, segundo a opinião do Estado, eventuais necessidades destas. Como se pode ler no preâmbulo do Decreto-Lei n.º 23 870, de 18 de Maio de 1934 (estabelece as penas a que ficam sujeitos os que praticarem os delitos de *lock-out* ou de greve), *Diário do Governo*, de 18 de Maio de 1934, I série, número 115, p. 634, "os princípios da economia corporativa dão uma solução mais racional, mais justa e mais útil aos conflitos de trabalho. O Estado intervém para impor justiça, que será sempre feita, quer se trate de patrões quer de operários, de modo que nada justifica a greve ou o *lock-out*". Assim, continua o preâmbulo (p. 635), "a satisfação das necessidades associativas dentro do Estado; a existência dos sindicatos nacionais e dos grémios; a nova concepção corporativa do Estado; a disciplina jurídica das relações do capital e do trabalho por meio dos

a ser um instituto de progresso relevante no desenvolvimento das condições da relação laboral, deixando de estar circunscritos a simples meio de solução de conflitos[72].

Em suma, como diz FERNANDO DE SEABRA, "êle [o contrato colectivo] significa que os empresários são agora obrigados a aceitar ou recusar um trabalho oferecido em bloco, em condições mínimas uniformes. Já não é o operário isolado que se encontra à mercê do empresário; são grupos que se debatem contra grupos, o que faz com que o contrato colectivo contribua para eliminar a desigualdade de fôrça económica entre os patrões e os empresários"[73].

IV. Em 1937, surge o primeiro regime específico do contrato individual de trabalho — Lei n.º 1952, de 10 de Março[74] — que continha duas regras sobre contratos e acordos colectivos. A primeira refere que *"as cláusulas e condições do contrato de trabalho podem constar de*

---

contratos colectivos, verdadeiras leis, no sentido material, aplicáveis às respectivas categorias; a criação e o funcionamento efectivo dos tribunais do trabalho, justiça pública legal e regular como competência para a resolução dos litígios que se refiram às relações colectivas do trabalho — a organização nacionalista do Estado Novo, numa palavra, exige que se proíba e se puna com rigor a coligação patronal — *lock--out* — e a coligação operária — greve —, em qualquer das suas formas".

A ideia da prejudicialidade da greve para a economia dum Estado está também expressa no Parecer n.º 26/IX, publicado em NASCIMENTO RODRIGUES, *Regime Jurídico das Relações Colectivas de Trabalho — Anotado*, cit., pp. 125-126.

[72] Nota JOSÉ BARRETO, "Sobre a Implantação da Contratação Colectiva na Europa e em Portugal", cit., p. 701, referindo-se à contratação colectiva em geral, que "a primeira grande evolução da contratação colectiva, conduzindo a uma das suas actuais características básicas, residiu precisamente na ultrapassagem de, pelo menos, uma parte deste problema [i.e., o poder negocial que os trabalhadores têm durante a greve e a falta dele durante o cumprimento do acordado], à medida que se foi salientando e tornando prioritário o aspecto *preventivo dos conflitos* sobre o aspecto *solucionador dos conflitos* das convenções. Ou seja, à medida que a negociação foi começando a surgir ainda antes da existência de situações propriamente conflituosas, por conseguinte evitando-as ou, em caso de desacordo, enquadrando-as desde o início", itálico no original.

Com interesse para a compreensão das convenções colectivas no regime corporativo, *vd*. MARTINS DE CARVALHO, "O Que São e o Que Deveriam Ser as Convenções Colectivas de Trabalho para Empregados e Operários", *O Direito*, ano 126.º, 1994, n.º I-II, pp. 341-380.

[73] FERNANDO DE SEABRA, "O Corporativismo e o Problema do Salário", *Boletim da Faculdade de Direito da Universidade de Coimbra*, suplemento V, 1945, p. 12.

[74] *Diário do Governo*, de 10 de Março de 1937, I série, número 57, pp. 203-205.

contratos individuais e de acordos ou contratos colectivos" (art 2.º, 1.ª parte); e a outra prescreve que "*os contratos e acordos colectivos de trabalho acompanhados do despacho da sua aprovação pelo Sub--Secretário de Estado das Corporações e Previdência Social, serão publicados no Boletim do Instituto Nacional do Trabalho e Previdência, que servirá de prova autêntica dos mesmos, mediante a apresentação do respectivo exemplar, sempre que se não exibam os próprios contratos ou acordos*".

V. Decorria o ano de 1947, quando o Decreto-Lei n.º 36 173, de 6 de Março, consagrou o primeiro regime geral das convenções colectivas[75]. Foi, então, aprovada a primeira regulamentação pormenorizada do instituto, que assentou, entre outros, nos seguintes pontos:

a) por um lado, na manutenção da eficácia *erga omnes* da convenção (arts. 3.º do Decreto-Lei cit. e 42.º do Estatuto do Trabalho Nacional);

b) por outro, na delimitação do âmbito das convenções colectivas (arts. 5.º, 6.º, 7.º e 8.º);

c) no reconhecimento do tratamento mais favorável (art. 6.º);

d) bem como, na continuação da regra segundo a qual as convenções estão sujeitas à homologação governamental, daí dependendo a sua eficácia (art. 29.º)[76].

Face ao quadro jurídico traçado pelo diploma de 1947, podemos dizer que, não obstante o aspecto positivo da existência de um diploma geral sobre às convenções colectivas, o mesmo deixava em aberto, como assinala LOBO XAVIER, os obstáculos criados pelo desinteresse patronal em negociar, somente contornados por pressões administrativas e ameaça de resolução governamental dos litígios[77].

---

[75] *Vd.* MENEZES CORDEIRO, *Convenções Colectivas de Trabalho e Alteração de Circunstâncias*, cit., p. 27. Este Decreto-Lei, somente revogado em 1969, é um exemplo da longevidade que tiveram diversos diplomas publicados durante o Estado Novo. Sobre a questão, *vd.* MONTEIRO FERNANDES, *Direito do Trabalho*, cit., pp. 37-38.

[76] Como afirma LOBO XAVIER, "Convenção Colectiva de Trabalho", cit., p. 1385, o novo diploma continha um amplo controlo da legalidade e mérito das convenções colectivas de trabalho. De acordo com NASCIMENTO RODRIGUES, *Regime Jurídico das Relações Colectivas de Trabalho — Anotado*, cit., p. 101 (VII), a publicação do despacho homologatório — a que estavam sujeitas as convenções — não é condição indispensável para se considerar em vigor uma convenção colectiva.

[77] LOBO XAVIER, "Convenção Colectiva de Trabalho", cit., p. 1305.

VI. Em 1969, foi publicado o Decreto-Lei n.º 49 212, de 28 de Agosto[78], que, fruto do desenvolvimento dogmático da década de sessenta, apresentava uma melhor técnica na redacção, tendo estabelecido um sistema de convenção colectiva de onde perpassava a existência de interesses contrapostos[79]. A sistematização adoptada assentou, em linhas gerais, como se lê no preâmbulo do citado diploma, na "(...) determinação do conceito de convenção colectiva, modalidades que pode revestir e limites; sujeitos que nela podem participar; modo e prazos de negociação; ausência de acordo, conciliação e arbitragem; adesão às convenções celebradas; portarias de regulamentação das condições de trabalho; penalidades e sanções pelo seu não cumprimento; publicação e entrada em vigor"[80].

Com este diploma as relações colectivas de trabalho tiveram, em traços gerais, o seguinte regime:

a) manutenção das restrições ao âmbito das convenções colectivas, ainda que inferiores às previstas em 1947 (arts. 2.º e 3.º);

b) manutenção de referências ao tratamento mais favorável do trabalhador (*v.g.*, arts. 2.º e 5.º, n.º 1, *in fine*),

c) manutenção da eficácia *erga omnes* da convenção (arts. 8.º do Decreto-Lei cit. e 42.º do Estatuto do Trabalho Nacional);

d) e, ainda, uma relevante inovação, em que se determinou uma obrigação de as entidades negociarem (art. 12.º, n.º 1);

e) manutenção da necessidade de homologação governamental, para a eficácia dos instrumentos colectivos (art. 24.º, n.º 3)[81];

---

[78] A numeração dos preceitos refere-se à versão originária do Decreto-Lei, visto que as alterações surgiram com o Decreto-Lei n.º 492/70, de 22 de Outubro, que será objecto de análise, *vd. infra* nota 84.

[79] *Vd.* MENEZES CORDEIRO, *Convenções Colectivas de Trabalho e Alteração de Circunstâncias*, cit., p. 29.

[80] Nos termos do art. 6.º, n.º 2, do Decreto-Lei n.º 49 212, "*a convenção designa-se «contrato colectivo de trabalho» se celebrada entre organismos corporativos, e «acordo colectivo de trabalho», se celebrada entre organismos corporativos e empresas*".

[81] Em anotação ao art. 24.º, do Decreto-Lei n.º 49 212, NASCIMENTO RODRIGUES, (1971) p. 87 (VIII), revela algumas dúvidas sobre a compatibilização dos princípios básicos sobre o direito de organização e de negociação colectiva plasmados na Convenção n.º 98 da Organização Internacional do Trabalho — ratificada por Portugal mediante o Decreto-Lei n.º 45 578, de 12 de Junho de 1964 — com os constantes daquele diploma.

f) nos termos do art. 33.º, n.º 1, "as convenções colectivas de trabalho, os pedidos de adesão, as revisões e as decisões arbitrais, bem como as portarias de regulamentação de trabalho, serão publicados no Diário do Governo ou no Boletim do Instituto Nacional do Trabalho e Previdência"[82]. O n.º 3 do art. em análise, estabelece que *as cláusulas referentes à retribuição do trabalho e a outros benefícios de natureza pecuniária poderão ser acordadas ou determinadas para produzir efeitos a partir de data anterior à do início da vigência das restantes condições*"[83]. Ou seja: admite-se que determinadas cláusulas produzam efeitos retroactivos[84].

Em síntese, como escreve MENEZES CORDEIRO, "correspondendo a um período de expansão económica, no qual o movimento sindical foi

---

[82] A equiparação da publicação das convenções colectivas de trabalho no *Diário do Governo*, 2.ª série, à publicação no *Boletim do Instituto Nacional do Trabalho e Previdência* foi feita pelo Decreto-Lei n.º 44 784, de 7 de Dezembro de 1962, *Diário do Governo*, de 7 de Dezembro de 1962, I série, número 281, p. 1675.

[83] Pode ler-se no preâmbulo do Decreto-Lei n.º 49 212: "Merece, finalmente, também uma referência a orientação consagrada no novo diploma com vista à determinação da data da entrada em vigor das convenções, decisões arbitrais e portarias de regulamentação do trabalho, que em princípio dependerá da data do Diário do Governo ou Boletim do instituto Nacional do Trabalho e Previdência onde primeiro forem publicadas. *Nada impede, porém, que outra data seja estabelecida, reportando essa entrada em vigor a um momento ulterior ou, se se tratar de salários e outros benefícios de natureza pecuniária, a um momento anterior*", itálico nosso. Parece-nos haver uma imprecisão, pois são conceptualmente distintas as situações de entrada em vigor e de eficácia de um diploma.

[84] O regime jurídico do Decreto-Lei n.º 49 212 foi objecto de alteração através do Decreto-Lei n.º 492/70, de 22 de Outubro. Foram modificados o n.º 2 do art. 1.º; o n.º 1 do art. 5.º; os arts. 7.º e 9.º; o n.º 2 do art. 10.º; os arts. 12.º, 14.º, 15.º e 16.º; o n.º 2 do art. 17.º; o n.º 2 do art. 18.º; o n.º 1 do art. 19.º; e os arts. 24.º, 26.º e 33.º, do Decreto-Lei n.º 49 212, de 28 de Agosto de 1969; o mesmo diploma aditou ao art. 6.º os n.ºs 3, 4 e 5 e ao art. 13.º os n.ºs 3, 4, 5, 6 e 7. Saliente-se que n.º 2 do art. 7.º veio estabelecer que *"as uniões e federações poderão negociar e celebrar, nos termos do respectivo regime jurídico, as convenções colectivas de trabalho"*, ou seja, foi atribuída capacidade para contratar aos organismos corporativos intermédios; outro novidade relevante foi a omissão, no art. 33.º, n.º 1, da publicação dos instrumentos de regulamentação colectiva de trabalho no Diário do Governo, que passam a ser publicados, exclusivamente, no Boletim do Instituto do Trabalho Nacional; em relação ainda ao art. 33.º, realce para o n.º 6 que determinou a renovação automática, acolhendo o que acontecia na prática convencional, dos prazos inicialmente acordados, salvo se as partes tomarem, até 90 dias antes do termo do prazo, a iniciativa de revisão.

grandemente reforçado, por vezes mesmo em oposição ao Regime, o Decreto-Lei n.º 49 212 veio dar abrigo a melhorias importantes na vida dos trabalhadores. Saudado na altura como «mudança radical» — por certo com optimismo — ele acabaria por se mostrar, por ironia histórica, dado o Regime que o aprovou, mais benéfico para os trabalhadores do que para os empregadores: aqueles ganharam em experiência e combatividade; estes, dependentes, de modo estrito, do apoio do Estado, ficariam totalmente desamparados com o seu desmoronar, em 1974"[85].

2.3. PERÍODO PÓS-REVOLUÇÃO

I. Com a mudança do 25 de Abril de 1974, inicia-se uma nova fase política com acentuados reflexos jurídicos, económicos e sociais[86]. Entre as diversas preocupações políticas sobressai a da área laboral, como se comprova compulsando as medidas preconizadas no Programa do Movimento das Forças Armadas[87], o que não impediu que os diplomas vigentes tal como as convenções celebradas pelos sindicatos corporativos mantivessem a sua aplicação.

Esta situação de ruptura e de consequente mudança de regime originou alguma crise na efectividade das leis existentes, não obstante,

---

[85] MENEZES CORDEIRO, *Convenções Colectivas de Trabalho e Alterações de Circunstâncias*, cit., p. 31.

[86] Vd. sobre esta fase MONTEIRO FERNANDES, "A Recente Evolução do Direito do Trabalho em Portugal. Tendências e Perspectivas", *Revista Jurídica*, n.º 3, 1984, pp. 11-20, também com referências ao direito individual; M. DE F. RODRIGUES PRAZERES, "Enquadramento Legal do Sistema de Negociação Colectiva de Trabalho em Portugal desde 1974", *Sociedade e Trabalho*, 1999, n.º 4, pp. 21-28, sendo de salientar um quadro (p. 28) sobre a evolução da principal legislação.

[87] O Programa do Movimento das Forças Armadas está publicado em anexo à Lei n.º 3/74, de 14 de Maio de 1974, sendo parte integrante do diploma. Também demonstrativo do que afirmámos é o Decreto-Lei n.º 203/74, de 15 de Maio (definiu o programa do Governo Provisório), onde se pode ler que "(...) *compete ao Governo Provisório: (...) Adoptar uma nova política social que, em todos os domínios, tenha como objectivo a defesa dos interesses das classes trabalhadoras e o aumento progressivo, mas acelerado, da qualidade de vida de todos os portugueses*" (2.º § do Programa do Governo Provisório); tal como "(...) *dentro das grandes linhas de orientação da actuação do Governo (...)*", e que respeita à "(...) *Organização do Estado (...)*", a "*Revogação do Estatuto do Trabalho Nacional; regulamentação em ordem a garantir a liberdade sindical dos trabalhadores e do patronato; estabelecimento de novos mecanismos de conciliação nos conflitos do trabalho*" (ponto 1, alínea h).

como dissemos, a manutenção das mesmas. Tal levou, como salientam JOÃO CAUPERS e PEDRO MAGALHÃES, a que normas respeitantes à contratação colectiva, com especial relevo para regras atinentes à capacidade, à vigência e à publicidade das convenções, fossem desrespeitadas[88].

II. Consequência do exposto foi o aparecimento da denominada *negociação colectiva informal* (também chamada atípica ou imprópria), ou seja, de acordos ou protocolos celebrados, por exemplo, por comissões sindicais, comissões de trabalhadores ou comissões "ad hoc" com as entidades patronais ou seus representantes que, ao invés de respeitarem os trâmites previstos no Decreto-Lei n.º 49 212, seguiam a mera vontade das partes, sendo certo que muitos deles não foram sequer publicados ou arquivados, apesar de se terem sobreposto aos instrumentos existentes[89].

Foi neste quadro, e com os empresários em graves dificuldades, desde logo, por falta do habitual apoio do Estado, bem como com o país em graves dificuldades financeiras, que o primeiro diploma laboral colectivo foi elaborado, pelo que não é de estranhar que o mesmo contivesse uma perspectiva restritiva[90]. Surge, deste modo, o Decreto-Lei n.º 292/75, de 16 de Junho[91], que entre outras medidas, determinou:

a) um salário mínimo de 4000$00, bem como o "congelamento" das remunerações iguais ou superiores a 12000$00, e ainda

---

[88] JOÃO CAUPERS — PEDRO MAGALHÃES, *Relações Colectivas de Trabalho*, Empresa Literária Pluminense, s.l., 1979, p. 16.

[89] Para mais desenvolvimentos sobre a negociação colectiva informal, *vd.*, entre outros, NUNES CARVALHO, "Primeiras Notas sobre a Contratação Colectiva Atípica", *Revista de Direito e de Estudos Sociais*, ano XXXX (XIII da 2.ª série), 1999, n.º 4, pp. 353-404, onde o Autor trata, pp. 355-364, do problema da designação; JOÃO CAUPERS — PEDRO MAGALHÃES, *Relações Colectivas de Trabalho*, cit., p. 16; MONTEIRO FERNANDES, *Direito do Trabalho*, cit., pp. 605-606; JOÃO LOBO, "A Negociação Colectiva Informal na Ordem Jurídica Portuguesa", *Questões Laborais*, ano II, n.º 4, 1995, pp. 14-34. Com interesse para a questão, MICHEL DESPAX, *vd.* "La Mesure de l´Application de la Loi sur les Conventions Collectives à la Négociation d´Entreprise: les Accordes en Marge de la Loi", *Droit Social*, 1982, n.º 11, pp. 672-674.

[90] *Vd.* MENEZES CORDEIRO, *Convenções Colectivas de Trabalho e Alteração de Circunstâncias*, cit., p. 32.

[91] No preâmbulo do Decreto-Lei n.º 292/75 (1.º par.) preconiza-se que "a caminho de um socialismo português, há que repensar e reestruturar a dinâmica das relações de trabalho. Em ordem, antes de mais, à valorização do próprio trabalho, como factor político de crescente projecção e influência", *Diário da Governo*, de 16 de Junho de 1975, I série, número 136, p. 819.

fixou como salário máximo nacional o valor de 48 900$00 (arts. 1.º, 3.º e 4.º);
b) que as negociações das convenções devem, em qualquer situação, dar preferência aos montantes retributivos, tendo presente a capacidade económica da empresa e o aumento do custo de vida (art. 14.º, n.º 2);
c) que a vigência mínima das convenções será de um ano, não podendo ter eficácia retroactiva "(...) *para data anterior à da apresentação da proposta de convenção* (...)" (art. 15.º, n.ºs 1 e 3, respectivamente);
d) que a eficácia e a validade dos acordos ao nível da empresa estará dependente "(...) *da prévia publicação no Boletim do Ministério do Trabalho*" (art. 16.º, n.º 4).

III. A estas medidas, que não tiveram a eficácia pretendida e face à falta de autoridade do Estado, sucedeu-se uma *Resolução do Conselho da Revolução, de 27 de Dezembro de 1975*, que determinou a suspensão das "(...) *negociações pendentes dentro do regime de contratação colectiva até 31 de Dezembro de 1975, a fim de, entretanto, ser definida pelo Governo uma política salarial e de rendimentos que vise reduzir as desigualdades existentes e as diferenciações salariais excessivas, proteja os salários mais baixos e tenha em conta as possibilidades reais da economia e a progressão do custo de vida*"[92].

O prazo previsto na Resolução não seria cumprido, e a 31 de Dezembro de 1975, através do *Decreto-Lei n.º 783*, o Governo decretou que "*até 29 de Fevereiro de 1976 não pode iniciar-se ou prosseguir qualquer processo de negociação colectiva de trabalho, quer por via convencional, quer por via administrativa*" (art. 1.º)[93].

Face às debilidades do Decreto-Lei n.º 292/75, o mesmo daria lugar a um diploma geral sobre a contratação colectiva, o que aconteceu com o Decreto-Lei n.º 164-A/76. Este diploma, apesar de surgir no âmbito de um novo regime, foi, ainda, influenciado pelo Decreto-Lei n.º 49 212, não somente na sua sistematização, como ainda quanto aos instrumentos consagrados, embora, como salienta MONTEIRO

---

[92] *Diário do Governo*, de 27 de Novembro de 1975, I série, número 275, 2.º suplemento, p. 1912(3)

[93] O art. 2.º, do citado diploma prescreveu que, até 29 de Fevereiro de 1976, "(...) *será publicado o diploma regulador das relações colectivas de trabalho*".

FERNANDES, a matriz intervencionista tenha dado lugar a uma matriz mais liberal[94].

Do seu regime sobressaem, entre outros, os seguintes pontos:
a) a imposição de limites expressos aos instrumentos de regulamentação colectiva, v.g., é proibido "(...) *incluir qualquer disposição que importe para os trabalhadores tratamento menos favorável do que o legalmente estabelecido*" (art. 4.º, alínea c));
b) o termo do controlo administrativo por motivos de legalidade substancial e de equidade, o qual passou a estar a cargo dos tribunais (arts. 19.º e 24.º);
c) a consagração do princípio da filiação, i.e., as convenções colectivas só obrigam os trabalhadores e as entidades patronais filiados nos sindicatos e associações patronais outorgantes (e as entidades patronais directamente celebrantes) (art. 9.º);
d) a estipulação do prazo mínimo de um ano para a vigência das convenções colectivas e decisões arbitrais, bem como a prescrição de que estes instrumentos se mantêm em vigor até ocorrer a sua substituição por novos instrumentos de regulamentação colectiva (art. 23.º, n.os 1, 2 e 3);
e) a indicação de que "*os instrumentos de regulamentação colectiva serão publicados no Boletim do Ministério do Trabalho nos quinze dias seguintes ao depósito (...)*", nos casos em que tal se verifica, e "*(...) entrarão em vigor após a sua publicação, nos mesmos termos das leis*"[95] (art. 22.º, n.os 1 e 2, respectivamente)[96].

---

[94] MONTEIRO FERNANDES, *Direito do Trabalho*, cit., p. 614.
O Decreto-Lei n.º 49 212 foi expressamente revogado pelo art. 26.º do Decreto-Lei n.º 164-A/76, que fez o mesmo ao Capítulo II do Decreto-Lei n.º 292/75.

[95] Sobre a *vacatio legis*, vd. o art. 1.º, do Decreto-Lei n.º 22 470, de 11 de Abril de 1933, que prescreve: "*as leis começarão a vigorar, salvo declaração especial, nos prazos seguintes: 1.º No continente cinco dias, na Madeira e Acôres quinze dias, com excepção das Ilhas do Corvo e Flores em que o prazo será de quarenta dias, depois de publicadas no Diário do Govêrno (...). 3.º Nos países estrangeiros sessenta dias depois da sua publicação no Diário do Govêrno*".

[96] Em virtude de alteração pelo Decreto-Lei n.º 887/76, de 29 de Dezembro, o art. 22.º, do Decreto-Lei n.º 164-A/76, passou a determinar que "*os instrumentos de regulamentação colectiva de trabalho serão publicados no Boletim do Ministério do Trabalho nos quinze dias seguintes ao depósito a que se refere o artigo anterior, sendo caso disso*". Ora, o artigo anterior trata das portarias de regulamentação. O artigo que trata (e tratava) do depósito é (e era) o art. 19.º, para onde a redacção inicial do art. 22.º remetia.

IV. A aplicação do Decreto-Lei n.º 176-A/76 demonstrou também as suas debilidades, com especial incidência na ausência de regras sobre a fase negocial[97]. Em resposta a estas e outras deficiências, em 29 de Dezembro de 1976, foi publicado o Decreto-Lei n.º 887/76, que modificou o Decreto-Lei n.º 164-A/76[98], sendo de salientar:

a) o aumento das matérias vedadas aos instrumentos de regulamentação colectiva, consubstanciado, nomeadamente, na proibição de estes regularem "(...) *benefícios complementares dos assegurados pelas instituições de previdência (...)*"; tal como de "*conferir a qualquer das suas cláusulas eficácia retroactiva (...)* (alínea e) e f), respectivamente, do art. 4.º);

b) a prescrição de que "*as condições de trabalho (...) só podem ser reduzidas por novo instrumento de cujo texto conste, em termos expressos, o seu carácter globalmente mais favorável (...)*" (art. 4.º, n.º 4);

c) e, por fim, o alargamento do prazo mínimo de vigência das convenções colectivas e das decisões arbitrais para dezoito meses (art. 23.º, n.º 1).

V. Entretanto, a 25 de Abril de 1976, entrou em vigor a nova Constituição (art. 299.º, n.º 2), que consagrou um amplo catálogo de direitos atinentes aos trabalhadores (arts. 51.º a 59.º, numeração originária). Entre eles merecem especial relevo o direito de contratação colectiva (58.º, n.º 3, redacção de 1976) e o direito à greve (art. 59.º, numeração de 1976)[99]. Também se deve salientar, não obstante não

---

[97] *Vd.* JOÃO CAUPERS — PEDRO MAGALHÃES, *Relações Colectivas de Trabalho,* cit., p. 25.

[98] *Vd.* JOÃO CAUPERS — PEDRO MAGALHÃES, *Relações Colectivas de Trabalho,* cit., p. 25. *Vd.* os pontos 2 e 3 do preâmbulo do Decreto-Lei n.º 887/76, que se referem, respectivamente, à situação do Decreto-Lei n.º 176-A/76 e aos propósitos da revisão do diploma.

Novas alterações surgiram através do *Decreto-Lei n.º 353-G/77, de 29 de Agosto de 1977,* tendo estas sido pouco relevantes, com excepção do aumento do controlo administrativo da legalidade da convenção e da consequente faculdade de recusa de depósito (art. 19.º).

[99] Sobre os direitos fundamentais dos trabalhadores, *vd.* MENEZES CORDEIRO, *Manual de Direito do Trabalho,* cit., pp. 137-160; ROMANO MARTINEZ, *Direito do Trabalho — Parte Geral,* I volume, cit., pp. 206-221; e em especial, NUNES ABRANTES, *O Direito do Trabalho e a Constituição,* AAFDL, 1990; JOÃO CAUPERS, *Os Direitos*

serem direitos dos trabalhadores enquanto tais, a consagração dos direitos de iniciativa económica privada e da propriedade privada (arts. 62.º e 85.º, n.º 1, respectivamente, numeração originária).

VI. Foi neste novo quadro constitucional, e sob a eminência do caos económico, que a 12 de Fevereiro de 1977, o Governo publicou o Decreto-Lei n.º 49-A/77[100]. Este diploma, face à sua natural natureza transitória, previa o termo da sua vigência no dia 31 de Dezembro de 1977 (art. 1.º).

Com a publicação deste Decreto-Lei houve uma tentativa de abranger o maior número possível de trabalhadores com os instrumentos de regulamentação colectiva, bem como de conter o crescimento dos salários[101]. Assim, o Decreto-Lei n.º 49-A/77[102] determinou, nomeadamente:

a) que o *"Ministério do Trabalho promoverá as diligências necessárias a que todos os trabalhadores por conta de outrem fiquem abrangidos por instrumentos de regulamentação colectiva de trabalho"*, (art. 8.º, n.º 1);

b) que, além de estabelecer como consequência a nulidade, *"os serviços competentes poderão recusar o depósito de qualquer convenção colectiva ou decisão arbitral que não se conforme (…)"* com os quantitativos remuneratórios (art. 9.º, n.º 2)[103].

Fundamentais dos Trabalhadores e a Constituição, Almedina, Coimbra, 1985; BARROS MOURA, "A Constituição Portuguesa e os Trabalhadores — Da Revolução à Integração na CEE", AAVV, *Portugal e o Sistema Político e Constitucional, 1974/1987*, coordenação de Mário Baptista Coelho, Instituto de Ciências Sociais da Universidade de Lisboa, Lisboa, 1989, pp. 813-860; e ainda, ALONSO OLEA, *Las Fuentes del Derecho — En Especial del Derecho del Trabajo segun la Constitucion*, segunda edicion, Civitas, Madrid, 1990, pp. 19-54.

[100] *Vd.* JOÃO CAUPERS — PEDRO MAGALHÃES, *Relações Colectivas de Trabalho*, cit., p. 26. A ideia económica domina, desde logo, o preâmbulo, em especial, nos pontos 1 e 2, do Decreto-Lei citado.

[101] *Vd.* JOÃO CAUPERS — PEDRO MAGALHÃES, *Relações Colectivas de Trabalho*, cit., p. 26. Para mais desenvolvimentos sobre as medidas preconizadas no diploma, *vd.* os Autores e obra citada, pp. 26-27.

[102] Este Decreto-Lei foi alterado pelo Decreto-Lei n.º 288-A/77, de 16 de Julho, que lhe aditou dois artigos, com o objectivo de subtrair à aplicação daquele situações anteriores à sua entrada em vigor.

[103] Como escrevem JOÃO CAUPERS e PEDRO MAGALHÃES, *Relações Colectivas de Trabalho*, cit., p. 27, com tal faculdade "(…) possibilitava-se o controle administrativo da legalidade substancial da convenção colectiva. Tratava-se, sem dúvida, de

VII. O Decreto-Lei n.º 49-A/77, cuja vigência prevista, como vimos, era de um ano, foi, no entanto, mantido em vigor através do *Decreto-Lei n.º 565/77, de 31 de Dezembro* "(...) *até que novo regime jurídico o revogue expressamente*" (art. 1.º)[104]. Esta revogação ocorreu com o art. 17.º do *Decreto-Lei n.º 121/78, de 2 de Junho*, diploma que manteve algumas regras da lei revogada, adoptou outras e introduziu alguns preceitos novos, sem esquecer a difícil situação económica do país[105]. Das normas consagradas saliente-se[106]:

a) por um lado, a prescrição de que "*o prazo de vigência dos instrumentos de regulamentação colectiva, no que respeita às*

---

um retrocesso, quase um regresso ao passado, colocando o depósito da convenção num plano muito semelhante ao da homologação corporativista".

[104] De acordo com o preâmbulo do novo diploma, Decreto-Lei n.º 565/77, de 31 de Dezembro, não obstante o Decreto-Lei n.º 49-A/77 ter definido "(...) um regime excepcional e transitório condicionador das condições de trabalho (...) exigido por razões e circunstâncias conjunturais (...) verifica-se que se mantêm as referidas circunstâncias estruturais".

[105] Pode ler-se nos pontos 1, 2 e 3, respectivamente, do preâmbulo do Decreto-Lei n.º 121/78: "na caracterização da situação da economia nacional mantêm-se os factores e as circunstâncias conjunturais que exigiram, no ano transacto, a definição do regime jurídico excepcional e condicionador das condições de trabalho de natureza pecuniária a estabelecer em instrumentos de regulamentação colectiva ou através de contratos individuais de trabalho (Decreto-Lei n.º 49-A/77, de 12 de Fevereiro)". Contudo, e não obstante o reconhecimento que "(...) é indispensável que se instaure entre nós o clima de concertação social necessário para que, de futuro, embora com a assistência do Governo, compita primordial e mesmo exclusivamente aos representantes legítimos dos empresários e dos trabalhadores acordar os princípios de actuação e as soluções que, com o mínimo de custos sociais, dêem satisfação às exigências resultantes das conjunturas", "(...) o regime agora definido deve ser entendido, na parte em que disciplina as condições pecuniárias da prestação do trabalho, como supletivo de uma falta de acordo social, que se espera possa ser alcançado".

[106] O Decreto-Lei n.º 121/78 foi alterado pelo Decreto-Lei n.º 409/78, de 19 de Dezembro, que modificou regras atinentes aos acréscimos remuneratórios e adoptou soluções para o depósito e a publicação das convenções colectivas; pelo Decreto-Lei n.º 34/79, de 28 de Fevereiro, cujo principal objectivo foi o da actualização dos valores pecuniários constantes daquele diploma, que foi objecto de recusa de ratificação mediante a Resolução n.º 100/79, de 14 de Abril; e pelo Decreto-Lei n.º 490/79, de 19 de Dezembro, que, conforme se lê no seu preâmbulo, "(...) se limitou à alteração dos artigos directamente relacionados com o tecto salarial, tendo-se porém, aproveitado a oportunidade para integrar no presente diploma as disposições do Decreto-Lei n.º 409/78, de 19 de Dezembro, evitando-se, assim, a sempre criticável proliferação de legislação". Para mais desenvolvimentos, *vd.* JOÃO CAUPERS — PEDRO MAGALHÃES, *Relações Colectivas de Trabalho*, cit., pp. 28-29.

tabelas salariais e às cláusulas com expressão pecuniária, será de doze meses" (art. 7.º, n.º 1);
b) por outro, a imposição de novas limitações (expressas) ao conteúdo dos instrumentos de regulamentação colectiva, *v.g.*, proibição de "*estabelecer quaisquer diferenciações entre homens e mulheres, na fixação de remunerações mínimas para profissões idênticas*" (art. 8.º, n.º 1, alínea a));
c) e, ainda, a manutenção do objectivo de "(...) *que todos os trabalhadores por conta de outrem fiquem abrangidos por instrumentos de regulamentação colectiva de trabalho*" (art. 13.º, n.º 1).

VIII. Posteriormente, surge o Decreto-Lei n.º 519-C1/79, de 29 de Dezembro[107], que revogou o Decreto-Lei n.º 164-A/76, tendo vindo regular uma parte do Direito Colectivo[108], não obstante não possuir grandes inovações face aos diplomas anteriores[109] [110].

---

[107] O Decreto-Lei n.º 519-C1/79, de 29 de Dezembro, revogou, de acordo com o art. 45.º n.º 3, o Decreto-Lei n.º 164-A/76, de 28 de Fevereiro, com as alterações introduzidas pelos Decretos-Lei n.ºˢ 887/76, de 29 de Dezembro, e 353-G/77, de 29 de Agosto.

[108] Dizemos "uma parte" pois existe matéria que respeita ao Direito Colectivo (*v.g.*, associações sindicais — Decreto-Lei n.º 215-B/75, de 30 de Abril) que não encontra regulação no Decreto-Lei n.º 519-C1/79.

[109] Apesar de no preâmbulo se poder ler que mediante o diploma em questão se visa estabelecer "(...) um sistema inovador e coerente de relações colectivas de trabalho (...)".

Este diploma foi objecto de alterações pelos Decretos-Lei n.ºˢ 87/89, de 23 de Março, e 209/92, de 2 de Outubro.

[110] O aresto do Tribunal Constitucional n.º 517/98, de 15 de Julho de 1998, publicado na *Revista de Direito e de Estudos Sociais*, ano XXXX (XII da 2.ª série), 1999, n.º 4, pp. 419-424, julgou inconstitucional, em fiscalização concreta, a alínea e) do n.º 1, do art. 6.º, da LRCT, por violação da reserva relativa da Assembleia da República (art. 167.º, alínea c), versão original (actual, art. 165.º, n.º 1, alínea b)). *Vd.* sobre a questão, LOBO XAVIER, "Ainda o Problema da Constitucionalidade das Prestações Complementares de Segurança Social Estabelecidas em Convenção Colectiva", *Revista de Direito e de Estudos Sociais*, ano XXXX (XIII da 2.ª série), 1999, n.º 4, pp. 441-443.

§ 3.º EFICÁCIA NORMATIVA DAS CLÁUSULAS CONVENCIONAIS NOS CONTRATOS INDIVIDUAIS DE TRABALHO

I. O modo como se repercutem os efeitos normativos (imediatos) no contrato individual de trabalho tem causado alguma controvérsia. Importa, por isso, fazer uma breve alusão à questão[111].

II. Duas posições merecem especial atenção: a *teoria da recepção automática* e a *teoria da eficácia invalidante*, também chamada do condicionamento externo[112]. De acordo com a *teoria da recepção automática*, as cláusulas convencionais incorporar-se-iam nos diversos contratos individuais de trabalho abrangidos, conforme a amplitude da convenção[113]; segundo a *teoria da eficácia invalidante*, as cláusulas convencionais apenas impossibilitariam a eficácia das cláusulas contratuais que as contrariassem.

III. Como bem refere MENEZES CORDEIRO, as doutrinas, confrontadas nos termos expostos, não têm actualmente razão de ser, uma vez que tal como "as normas legais aplicáveis no âmbito dos contratos actuam directamente no seu conteúdo, sem necessidade de qualquer ficção de recepção pelas partes"[114], também no que respeita às conven-

---

[111] Sobre o significado da intervenção legal e a eficácia normativa da convenção colectiva, *vd.* CORREA CARRASCO, "La eficacia Jurídica del Convenio Colectivo como Fuente (Formal) del Derecho del Trabajo", *Revista Española de Derecho del Trabajo*, n.º 88, 1998, pp. 225-252, em especial pp. 231-253.

[112] Para mais desenvolvimentos sobre as duas teorias, *vd.*, entre outros, MENEZES CORDEIRO, *Manual de Direito do Trabalho*, cit. pp. 308-310; MONTEIRO FERNANDES, *Direito do Trabalho*, cit., pp. 759-765; BARROS MOURA, *A Convenção Colectiva entre as Fontes de Direito do Trabalho*, cit., *maxime*, pp. 192-197, onde refere algumas variantes. Deve salientar-se, por um lado, que a denominação e a formulação das teorias não é totalmente unívoca na doutrina e, por outro, que existe uma tendência para fazer variar aquelas teorias consoante a natureza da convenção.

[113] Esta doutrina parece ter acolhimento na redacção do art. 2.º da Lei n.º 1952, de 10 de Março de 1937 (*Diário do Govêrno*, de 10 de Março, 1 série, número 57, pp. 203-205), diploma que, como vimos, estabeleceu o primeiro regime específico do contrato individual de trabalho, segundo o qual "*as cláusulas e condições do contrato de trabalho podem constar de contratos individuais e de acordos ou contratos colectivos (...)*". Sobre a questão, *vd.* COELHO DO AMARAL, "O Contrato Colectivo de Trabalho no Direito Corporativo Português", cit., pp. 443-444.

[114] MENEZES CORDEIRO, *Manual de Direito do Trabalho*, cit. p. 309. Também

ções colectivas, tendo presente que são verdadeiras fontes, o mesmo se verifica[115][116].

---

neste sentido, NUNES CARVALHO, "Primeiras Notas sobre a Contratação Colectiva Atípica", cit., 384-385.
Esta posição de transformação tem subjacente o objectivo de manter, após a revogação da convenção, o conteúdo desta em tudo o que fosse mais favorável, sem ter presente que esta transformação, levada às últimas consequências, aniquila a autonomia colectiva. E isto porque a haver uma efectiva alteração na natureza das cláusulas normativas, estas ao se incorporarem nos contratos ficariam, em última instância, na disponibilidade das partes individuais, não obstante os limites legais (v.g. art. 14.º, n.º 1, da LRCT).

[115] A teoria da recepção automática, com algumas especificidades, tem, entre nós, alguns defensores, como é o caso de MONTEIRO FERNANDES, Direito do Trabalho, cit., pp. 761-765, que defende, pp. 764-765, a recepção automática, mas afirma que a mesma não é plena nem definitiva. A posição de CARLOS ALBERTO AMORIM, Direito do Trabalho — Da Convenção Colectiva de Trabalho, cit., p. 265, expressa no âmbito do Decreto-Lei n.º 164-A/76, de 28 de Fevereiro, é a de que a aceitar-se a inserção automática, esta tem de ser considerada momentânea e transitória.
Contra a inadmissibilidade da doutrina da recepção automática, vd., entre outros, MENEZES CORDEIRO, Manual de Direito do Trabalho, cit., p. 309; ROMANO MARTINEZ, Direito do Trabalho — Parte Geral, volume I, cit., pp. 242, nota 1, 307-310; LOBO XAVIER, Curso de Direito do Trabalho, cit., pp. 271-277; na jurisprudência, vd., por exemplo, Ac. do STJ, de 11 de Outubro de 1995, Questões Laborais, ano III, n.º 7, 1996, p. 99.
Diferente era, em meados da década de sessenta, a posição de RAÚL VENTURA, — "Conflitos de Trabalho Conceito e Classificações, Tendo em Vista um Novo Código de Processo de Trabalho", AAVV, Curso de Direito do Trabalho, suplemento da Revista da Faculdade de Direito da Universidade de Lisboa, Lisboa, 1964, p. 61, que, ao tratar da competência dos tribunais do trabalho, defende que "a ligação entre o contrato individual de trabalho e as fontes da sua regulamentação faz-se sob um aspecto positivo e um negativo, o primeiro pela inserção no conteúdo da relação jurídica de preceitos imperativos ou dispositivos constantes dessas fontes, o segundo pela invalidação determinada por tais fontes, de preceitos individuais do contrato. Tanto num caso como noutro, a fonte última dos direitos e obrigações que podem dar lugar às questões é o contrato individual e não cada um das fontes que positiva ou negativamente contribui para a formação ou delimitação do seu conteúdo".
Na doutrina estrangeira, pode consultar-se com interesse para o debate sobre a eficácia da convenção nos contratos individuais de trabalho, ALONSO OLEA — CASAS BAAMONDE, Derecho del Trabajo, cit., pp. 824-825, e nota 74, segundo os quais é pacífico na doutrina e jurisprudência espanholas a rejeição da incorporação das cláusulas convencionais nos contratos individuais de trabalho; PIERRE OLLIER, "L´Accord d´Entreprise dans ses Rapports avec les Autres Sources de Droit dans l´ Entreprise", Droit Social, 1982, n.º 11, pp. 681-683, que rejeita a tese da incorporação; MATTIA

IV. Parece-nos, então, ser inequívoco que o facto de haver uma eficácia directa e imediata do conteúdo da convenção nos contratos individuais, não obriga a ficcionar, e muito menos a que exista, uma incorporação das cláusulas convencionais nos contratos individuais ou uma mera paralisação das regras destes que lhes sejam contrárias[117]. Deste modo, devemos assentar que pode existir uma eficácia imediata do conteúdo da convenção nos contratos sem ser necessário recorrer à transmutação da natureza das cláusulas convencionais. Aliás, uma tal formulação leva à confusão entre a fonte — convenção colectiva — e o objecto da mesma, i.e., os contratos individuais de trabalho, situação que não é metodologicamente correcta, além de não ter qualquer apoio legal[118]. O que acontece, em suma, é que a convenção afecta o

---

PERSIANI, *Diritto Sindicale*, cit. pp. 87-88, com indicação de diversa bibliografia, parece afastar-se da teoria da incorporação; VICTOR RUSSOMANO, "Tendências Actuais da Negociação Colectiva", AAVV, *Anais das I Jornadas Luso-Hispano-Brasileiras de Direito do Trabalho*, s.e., Lisboa, 1982, pp. 128-129, 132, que defende a teoria da incorporação.

Com um âmbito mais geral, mas igualmente relevante, ALAIN SUPIOT, *Crítica del Derecho del Trabajo*, «informe y estudios», número 11, Ministerio de Trabajo y Asuntos Sociales, Madrid, 1996, (tradução de José Luis Gil y Gil, *Critique du Droit du Travail*, Presses Universitaires de France, s.l., 1994), pp. 43-50.

[116] A nosso posição não invalida, evidentemente, a possibilidade de a convenção prever, no âmbito da autonomia colectiva, determinadas cláusulas que deverão fazer parte de contratos individuais de trabalho. Neste caso, o que existe é uma vinculação por parte do empregador no que respeita ao conteúdo do contrato individual de trabalho, verificando-se esta situação, não por imposição legal, mas devido ao acordo das partes. Por exemplo, uma convenção colectiva pode prever que os contratos individuais de trabalho tenham de ter uma cláusula sobre o subsídio de risco com determinado conteúdo, por exemplo, 15% do valor do salário.

[117] Recordemos, uma vez mais, que nos estamos apenas a referir às cláusulas normativas que não carecem de quaisquer actos de concretização.

[118] Note-se, aliás, que, por exemplo, o art. 15.º, da LRCT, ao regular a sucessão de convenções tem subjacente o confronto entre os instrumentos autónomos e não entre uma convenção e um contrato — neste sentido, MONTEIRO FERNANDES, *Direito do Trabalho*, cit., p. 763; e Acórdão do Supremo Tribunal de Justiça, de 6 de Janeiro de 1988, *Boletim do Ministério da Justiça*, n.º 373 (Fevereiro), 1988, pp. 423 e ss; Acórdão do Supremo Tribunal de Justiça, de 6 de Janeiro de 1988, *Boletim do Ministério da Justiça*, n.º 373 (Fevereiro), 1988, pp. 423 e ss. O que, dito de outro modo, equivale a dizer que se o legislador tivesse consagrado a conversão das cláusulas convencionais em cláusulas individuais, então, o cotejo far-se-ia entre as cláusulas da nova convenção e o contrato individual de trabalho.

Por outro lado, devemos reconhecer que quando o legislador quis proceder à inserção das cláusulas normativas nos contratos individuais, o fez expressamente. É o

contrato em termos substancialmente idênticos àqueles em que o faz a fonte legal[119].

V. Além da *eficácia imediata* das cláusulas convencionais (normativas) parece correcto fazer uma referência à *imperatividade* das mesmas ou, na terminologia de WOLFGANG DÄUBLER, ao seu *efeito coactivo*[120]. As disposições dos contratos individuais têm obrigatoriamente de respeitar o estabelecido nas convenções e caso não o façam são substituídas *ope legis*. Nisto se traduz a *substituição automática*[121].

VI. Este entendimento tem de ter, sob pena de ser considerado irrealista, apoio legal. Vejamos se é o caso:

a) a *eficácia imediata* resulta, desde logo, do prescrito no art. 12.º, n.º 1, da LCT, onde se afirma que os contratos de trabalho estão sujeitos às convenções colectivas. Donde, deixando de lado os casos em que as cláusulas pela sua própria natureza carecem

---

que acontece no caso do art. 6.º, n.º 2, da LRCT, ao referir que a proibição de as convenções regularem benefícios complementares dos assegurados pela segurança social não afecta a manutenção dos benefícios anteriormente fixados por convenção colectiva, os quais se terão por reconhecidos, nos termos do contrato individual de trabalho. Este caso, que é um exemplo da inserção — como, aliás, reconhece ROMANO MARTINEZ, *Direito do Trabalho — Parte Geral*, I volume, cit., p. 308, nota 1 — demonstra exactamente que por não ser esta a regra no nosso ordenamento, o legislador teve expressamente de o dizer.

[119] Neste sentido, entre outros, NUNES CARVALHO, "Primeiras Notas sobre a Contratação colectiva", cit., p. 385; e, como vimos, MENEZES CORDEIRO, *Manual de Direito do Trabalho*, cit., p. 309. Na doutrina estrangeira, *vd*., por exemplo, ALONSO OLEA — CASAS BAAMONDE, *Derecho del Trabajo*, cit., pp. 824-825; WOLFGANG DAÜBLER, *Derecho del Trabajo*, cit. p. 147.

[120] WOLFGANG DÄUBLER, *Derecho del Trabajo*, cit., pp. 147-148. Ainda na doutrina alemã encontramos idênticas referências em HUECK — NIPPERDEY, *Compendio de Derecho del Trabajo*, cit., pp. 348-355. Entre nós, MENEZES CORDEIRO, *Manual de Direito do Trabalho*, cit., p. 310, refere-se à eficácia imediata, à natureza imperativa, à aplicação no tempo e ao regime da nulidade; enquanto BARROS MOURA, *A Convenção Colectiva entre as Fontes de Direito do Trabalho*, cit., pp. 185-192, analisa a eficácia imediata, imperativa e automática; e LOBO XAVIER, "Sucessão no Tempo de Instrumento de Regulamentação Colectiva e Princípio Mais Favorável", *Revista de Direito e de Estudos Sociais*, ano XXIX (II da 2.ª série), 1987, n.º 4, pp. 466-467, se refere, a propósito das normas que integram o Direito do trabalho, à aplicação directa e automática.

[121] As características apontadas são apenas elementos gerais, pois pode em concreto alguma delas faltar.

de actos de concretização, o conteúdo normativo da convenção conforma o dos contratos individuais.

b) por outro, de acordo com o n.º 2 do art. 14.º, da LCT, as cláusulas contratuais que forem menos favoráveis do que as estabelecidas de modo imperativo na (lei ou) convenção dever-se-ão considerar substituídas *ope legis* por estas. Daqui se infere, desde logo, a *imperatividade* e a *substituição automática*, pois não só impede os efeitos do contrato em desconformidade com a convenção, o que demonstra a sua força jurídica, como prescreve a substituição das cláusulas contratuais pelas convencionais[122] [123];

c) cabe igualmente referir que o art. 14.º, n.º 2, da LCT, apenas admite que os contratos de trabalho estabeleçam um regime mais favorável se estivermos perante normas imperativas de conteúdo mínimo, ou seja, regras que estabelecem de modo imperativo um regime base permitindo o afastamento deste no sentido mais favorável ao trabalhador[124]. O que, dito de outro modo, equivale

---

[122] A substituição automática verifica-se noutras ordens jurídicas, como é o caso, por exemplo, da espanhola, vd. ALONSO OLEA — CASAS BAAMONDE, *Derecho del Trabajo*, cit., p. 861; e da francesa, LYON-CAEN — JEAN PÉLISSIER — ALAIN SUPIOT, *Droit du Travail*, cit., p. 683.

Deve também salientar-se que tal consequência encontra expresso acolhimento no parágrafo 3 — 1 e 2, da Recomendação n.º 91, da Organização Internacional do Trabalho.

Salienta BARROS MOURA, *A Convenção Colectiva entre as Fontes de Direito do Trabalho*, cit., pp. 187 e 189, nota 8, referindo-se à parte normativa da convenção, a eficácia imediata, imperativa e automática, embora afirme que podem inexistir efeitos automáticos. Estas características são, como dissemos, apenas gerais, sendo certo que podem, em concreto, não se fazer sentir; basta pensar que a substituição automática não opera (art. 14.º, n.º 2, da LCT) se estiver, por exemplo, em confronto uma cláusula convencional supletiva e uma cláusula individual, ainda que menos favorável. Vd. texto *infra*.

[123] Deve, contudo, especificar-se que para nós o art. 14.º, n.º 2, da LCT, quando refere "*preceitos imperativos*" indica que a substituição *ope legis* opera qualquer que seja a fonte de onde promanam os preceitos. Ou seja: a substituição automática *ex vi legis* verifica-se, quer relativamente às normas legais, quer relativamente às disposições das convenções colectivas de trabalho ou relativamente a quaisquer outras normas imperativas. Neste sentido, BARROS MOURA, *A Convenção Colectiva entre as Fontes de Direito do Trabalho*, cit., pp. 197-198; MÁRIO PINTO — FURTADO MARTINS — NUNES CARVALHO, *Comentário às Leis do Trabalho*, Volume I, LEX, Lisboa, p. 68 (3).

[124] Neste sentido, LOBO XAVIER, *Curso de Direito do Trabalho*, cit., p. 261, nota 1, onde defende que o n.º 2 do art. 14.º, da LCT, pressupõe níveis mínimos de protecção para o trabalhador.

a dizer que se estiver em causa, por parte de uma fonte superior — *in casu*, da convenção —, um regime imperativo de conteúdo fixo, i.e., que não permite derrogação em qualquer dos sentidos, as cláusulas contratuais, mesmo que sejam mais favoráveis, serão substituídas pelas da convenção. E isto, porque nesta última situação o fundamento hierárquico assim o impõe[125];

d) desta mesma interpretação deve ser objecto o art. 14.º, n.º 1, da LRCT, ao determinar que a regulamentação estabelecida pelos instrumentos de regulamentação colectiva de trabalho, entre os quais se inclui, naturalmente, a convenção colectiva, "(...) *não pode ser afastada pelos contratos individuais, salvo para estabelecer condições mais favoráveis para os trabalhadores*". Ou seja: o contrato individual, mesmo que consagre disposições mais favoráveis, não pode contrariar cláusulas convencionais imperativas[126].

VII. Do exposto, resulta que a primeira operação a realizar para aferir da amplitude das estipulações individuais é a interpretação do conteúdo das fontes conformadoras, *in casu*, da convenção colectiva, para se poder concluir qual a liberdade das estipulações individuais[127].

---

[125] Neste sentido, MONTEIRO FERNANDES, *Direito do Trab*alho, cit., pp. 761--762; MÁRIO PINTO — FURTADO MARTINS — NUNES CARVALHO, *Comentário às Leis do Trabalho*, cit., p. 69 (4). Também RAÚL VENTURA, *Teoria da Relação Jurídica de Trabalho*, cit., p. 206, se refere expressamente à possibilidade de haver inderrogabilidade da convenção colectiva, ainda que em sentido mais favorável, pelo contrato individual de trabalho. Contra, sem contudo apresentar argumentos, BARROS MOURA, *A Convenção Colectiva entre as Fontes de Direito do Trabalho*, cit. p. 198, nota 34.

[126] Neste sentido, ROMANO MARTINEZ, *Direito do Trabalho — Parte Geral*, volume I, cit., p. 337.

[127] Por isso mesmo é que ALARCÓN CARACUEL, "La Autonomia Colectiva: Concepto, Legitimacion para Negociar y Eficacia de los Acuerdos", cit., pp. 53-54, defende que a autonomia colectiva é essencialmente um fenómeno de heteronomia colectiva face à autonomia individual. Sobre a relação entre a autonomia individual e a autonomia colectiva, vd., entre outros, BORRAJO DACRUZ, "La Regulacion de las Condiciones de Trabajo en España: Poderes Normativos y Autonomia Individual", AAVV, *La Reforma del Mercado de Trabajo*, Dir. Borrajo Dacruz, Actualidad Editorial, Madrid, 1993, pp. 1063-1987, em especial, 1079-1083; ESCRIBANO GUTIÉRREZ, *Autonomia Individual y Colectiva en el Sistema de Fuentes del Derecho del Trabajo*, «colección estudios», número 84, Consejo Económico y Social, Madrid, 2000; do mesmo Autor, "Autonomia Individual y Colectiva ante el Cambio de Funciones de la Negociacion Colectiva en el Derecho Francés", *Revista Española de Derecho del Trabajo*, n.º 90, 1998, pp. 637-651.

Assim:

a) se a convenção contiver uma cláusula imperativa de conteúdo fixo, o contrato individual não pode dispor de forma diferente, ainda que mais favorável;
b) se a convenção contiver uma cláusula imperativa-permissiva, i.e., a cláusula tem uma parte imperativa (proibitiva), que proíbe situações menos favoráveis, e uma parte permissiva, que "convida" ao estabelecimento de condições mais favoráveis, a cláusula do contrato individual apenas pode incidir sobre esta parte[128];
c) se a convenção contiver uma cláusula supletiva, o contrato pode estipular em qualquer sentido, mesmo que seja menos favorável[129].

VIII. Em virtude do exposto podemos afirmar que a convenção colectiva, como escreve GINO GIUGNI, mantém o seu conteúdo heterónomo na conformação do contrato individual de trabalho, podendo mesmo dizer-se que as vicissitudes daquela se reflectem no conteúdo deste, mas jamais perde a sua natureza conformadora e condicionante do contrato individual de trabalho[130]. Por isso mesmo, ainda seguindo a

---

[128] MONTEIRO FERNANDES, *Direito do Trabalho*, cit., p. 115, designa estes preceitos como "imperativos-limitativos". Parece-nos, sem querermos cair em preciosismos desnecessários, mais correcta a expressão imperativa-permissiva, pois esta realça os dois elementos existentes, enquanto a fórmula "imperativos-limitativos" incide sobre o mesmo elemento. Ou seja: o elemento imperativo é o que, além de proibir, limita, motivo pela qual nos parece ser redundante a expressão, não obstante a sua consagração entre nós.

[129] Neste sentido, embora se refiram à relação entre a lei e a convenção, JORGE LEITE, *Direito do Trabalho*, cit., pp. 249-250; BARROS MOURA, *A Convenção Colectiva entre as Fontes de Direito do Trabalho*, cit., pp. 149-150, 154; MÁRIO PINTO — FURTADO MARTINS, *Direito do Trabalho*, volume I, capítulo III, Universidade Católica Portuguesa, policopiado, 1986/1987, pp. 47-48, que argumenta com o art. 13.º, n.º 2, da LCT.

Mutatis mutandis, o raciocínio aqui exposto é aplicável à relação da convenção colectiva com a lei.

Para uma análise mais pormenorizada do tipo de normas de Direito do Trabalho e suas consequências, vd. MONTEIRO FERNANDES, *Direito do Trabalho*, cit., pp. 114--116; JORGE LEITE, *Direito do Trabalho*, cit., pp. 248-251; ROMANO MARTINEZ, *Direito do Trabalho — Parte Geral*, volume I, cit., pp. 342-349; BARROS MOURA, *A Convenção Colectiva entre as Fontes de Direito do Trabalho*, cit., pp. 148-155.

posição de GIUGNI, se pode dizer que o contrato se encontra exposto ao efeito integrativo da convenção, donde resulta ser inevitável que qualquer alteração no âmbito da autonomia colectiva se possa reflectir no conteúdo dos contratos individuais[131]. Há, então, repita-se, que não confundir a fonte com o objecto da mesma: a convenção com o contrato.

§ 4.º EFICÁCIA ESPACIAL

I. É factor determinante para a elaboração das cláusulas convencionais o local onde as mesmas irão ser aplicadas. Com efeito, o espaço geográfico de aplicação de uma convenção é relevante, uma vez que, por exemplo, factores como a correlação salário/custo de vida são variáveis. Por isso mesmo, é elemento preponderante na formação da vontade das partes o âmbito de aplicação da convenção, ao contrário de outras situações em que assume particular acuidade a residência das partes ou o local da celebração do contrato.

De facto, na delimitação espacial da convenção atende-se ao local onde é prestada a actividade, sendo mesmo o local de trabalho um elemento de conexão relevante na determinação da aplicação da convenção[132].

II. Deve, contudo, notar-se que a delimitação espacial da convenção está algo facilitada pela exigência legal que determina que da convenção tem de constar a área de aplicação (art. 23.º, n.º 1, alínea b), 1.ª parte, da LRCT), o que atenua eventuais problemas relativos à sua eficácia geográfica.

Esta matéria é importante, podendo mesmo ser causa de recusa de depósito (art. 23.º, n.º 3, alínea a), da LRCT), uma vez que através do seu âmbito de aplicação a Administração pode aferir, por exemplo, se a

---

[130] GINO GIUGNI, *Derecho Sindical*, Ministerio de Trabajo y Seguridad Social, Madrid, 1983 (traducción — *Dirito Sindicale*, 1980 — y Estudio Preliminar de José Vida Soria — Jaime Montalvo Correa), p. 192.

[131] GINO GIUGNI, *Derecho Sindical*, cit., p. 192.

[132] Neste sentido, BARROS MOURA, *A Convenção Colectiva entre as Fontes de Direito do Trabalho*, cit., p. 226. Como é evidente, o facto de a área ser um critério de aplicação da convenção, não quer dizer que caso o trabalhador se desloque para fora daquela em serviço, o instrumento se deixa de aplicar, neste sentido, BARROS MOURA, *cit.*, p. 227.

associação patronal (arts. 8.º e 9.º, n.º 1, alínea a), da LAP) e a associação sindical (art. 14.º, alínea a), da LS) outorgantes têm legitimidade para celebrar determinada convenção[133].

§ 5.º EFICÁCIA PESSOAL

I. Referimos na parte introdutória do presente texto que as convenções colectivas de trabalho apenas se aplicam às entidades patronais outorgantes ou inscritas nas associações signatárias e aos trabalhadores que estejam ao seu serviço e que se encontrem filiados nas associações celebrantes ou inscritas nas associações sindicais celebrantes (art. 7.º, n.º 1, da LRCT). A esta situação chamámos *princípio da dupla filiação*.

II. Deve, contudo, assinalar-se que existem situações em que a convenção se aplica a sujeitos não filiados nas associações outorgantes. São verdadeiras excepções ao princípio da dupla filiação previstas na LRCT. Tal é o que acontece por determinação dos arts. 8.º (1.ª parte) e 9.º, da LRCT, regras que passamos a analisar[134].

III. De acordo com o art. 8.º (1.ª parte), da LRCT, as convenções colectivas abrangem "(...) *os trabalhadores e as entidades patronais que estivessem filiados nas associações signatárias no momento do início do processo negocial* (...)"[135]. Nesta situação o legislador estabeleceu um elemento de conexão temporal — *o momento do início do processo negocial* —, com o intuito de evitar que a manipulação da filiação associativa esvaziasse a eficácia subjectiva da convenção[136].

---

[133] Sobre a diferença entre a legitimidade e a capacidade das associações laborais, *vd.* JORGE LEITE, *Direito do Trabalho*, cit., pp. 236-237.

[134] No sentido do art. 9.º ser uma excepção ao art. 7.º, da LRCT, devendo a aplicação daquele ser conjugada com este, *vd.* Acórdão do Supremo Tribunal de Justiça, de 3 de Julho de 1991, *Acórdãos Doutrinais do Supremo Tribunal Administrativo*, n.º 362, pp. 277 e ss.

[135] Apenas a primeira parte da norma corresponde a uma excepção ao princípio da dupla filiação, uma vez que na situação prevista na segunda parte o que se verifica é que os trabalhadores e as entidades patronais se filiam nas respectivas associações durante o período de vigência das mesmas.

[136] Neste sentido, MONTEIRO FERNANDES, *Direito do Trabalho*, cit., p. 766.

Ao eleger o início do processo negocial — que corresponde, nos termos do art. 16.º, n.º 1, da LRCT, à apresentação da proposta de celebração da convenção, proposta essa que é recepienda (art. 17.º, n.º 1, da LRCT)[137] —, como momento determinante da vinculação da convenção a celebrar, a lei neutralizou, no que respeita aos trabalhadores, um dos aspectos individuais da liberdade sindical: a liberdade de inscrição negativa, i.e., a que permite a não inscrição em qualquer sindicato ou, caso o trabalhador se inscreva, a sua desfiliação[138].

Também em relação à entidade patronal que esteja filiada nas associações signatárias e posteriormente se pretenda desfiliar é indiscutivelmente afectada a eficácia desta faculdade, expressamente prevista no art. 10.º, n.º 3, da LAP, que deve ser entendida como concretização da liberdade de iniciativa económica (art. 61.º, n.º 1, da CRP)[139].

---

[137] Parece-nos que o art. 8.º remete directamente, ao utilizar o termo "início do processo negocial", para o art. 16.º, n.º 1, que se refere ao início do processo de negociação, e não para o art. 19.º, n.º 1, que trata do início das negociações. Tomamos esta posição não apenas pela utilização da mesma expressão — arts. 8.º e 16.º, n.º 1 — mas também porque a teleologia do preceito assim o impõe. Por outro lado, é preciso notar que o art. 16.º, n.º 1, considera como o início do processo negocial a apresentação da proposta — e não a mera emissão da mesma, o que aconteceria se usasse o termo início do processo negocial no sentido usual, i.e., actividade pré-contratual juridicamente relevante —, ou seja, logo que o destinatário a recebe ou a conhece (ou podia conhecer), art. 224.º, do CC.

Deve esclarecer-se, no entanto, que apesar de o art. 16.º, n.º 1, da LRCT, utilizar o termo "proposta de celebração", tal não corresponde a uma proposta contratual em sentido próprio, pois esta deve ser firme, completa e utilizar a forma requerida para o acordo, imposição que não se verifica face ao art. 16.º, n.º 1. A Lei não impõe os dois primeiros elementos, afirmando mesmo, no art. 19.º, n.º 1, que as negociações deverão ter início nos quinze dias seguintes à recepção da resposta à proposta.

Para mais desenvolvimentos sobre algumas das questões apresentadas, vd. MENEZES CORDEIRO, *Manual de Direito do Trabalho*, cit., pp. 262-266; ROMANO MARTINEZ, *Direito do Trabalho*, volume II, pp. 84-88. Com interesse para a questão, vd., na doutrina espanhola, LACOMBA PÉREZ, *La Negociación del Convenio Colectivo Estatutario*, «colección laboral», n.º 84, Tirant lo Blanch, Valencia, 1999; SÁNCHEZ TORRES, *El Deber de Negociar y la Buena Fe en la Negociacion Colectiva*, «colección estudios», número 78, Consejo Económico y Social, Madrid, 1999.

[138] Para mais desenvolvimentos sobre o conteúdo da liberdade sindical, vd., entre outros, MONTEIRO FERNANDES, *Direito do Trabalho*, cit. pp. 647-659, *maxime*, pp. 652-653.

[139] Não entramos aqui na discussão de saber se a liberdade sindical é apenas exclusiva dos trabalhadores ou também pode abranger o associativismo patronal. Pare-

IV. Poder-se-á, então, afirmar que estamos perante uma violação de valores constitucionalmente consagrados?

A resposta parece-nos dever ser negativa, uma vez que a norma, art. 8.º, 1.ª parte, da LRCT, apenas visa assegurar a efectiva eficácia da convenção colectiva, eficácia essa que seria colocada em causa se os sujeitos destinatários das cláusulas pudessem obstaculizar aos seus efeitos, o que aconteceria se pudessem furtar-se aos mesmos; por outro lado, nos termos do art. 56.º, n.º 4, *in fine*, da CRP, compete à lei estabelecer as regras respeitantes à eficácia das normas convencionais, sem, contudo, esvaziar quer a contratação colectiva, quer quaisquer direitos fundamentais, nomeadamente a liberdade de iniciativa económica. Ora, é o que o preceito em causa faz — sem colidir com o art. 18.º, n.ºˢ 2 e 3, da CRP —, razão pela qual não existe qualquer colisão com valores constitucionais.

V. Esta posição é igualmente aplicável no caso de o trabalhador ou a entidade patronal se terem desfiliado e consequentemente filiado noutra associação que tenha outorgado outro instrumento. Entendimento diferente seria, por uma lado, diferenciar entre a desfiliação e a desfiliação com consequente filiação em associação diversa, situação que nem o elemento literal, nem a teleologia do art. 8.º, 1.ª parte, permite; por outro lado, aceitar-se-ia que os sujeitos que se desfiliassem conseguissem algo que o preceito em questão não pretende: a possibilidade de os destinatários da convenção se colocarem fora do alcance da mesma[140].

---

ce-nos, contudo, que o facto de o art. 55.º, da CRP, apenas se referir aos trabalhadores é elemento bastante para apenas aplicar essa norma aos mesmos. No que concerne ao patronato tais faculdades devem ser tratadas no âmbito do direito de iniciativa económica (art. 61.º, n.º 1, da CRP), sem, contudo, esquecer que algumas das bases da liberdade sindical se encontram plasmadas na Lei das Associações Patronais: a) liberdade de constituição, b) auto-organização, auto-regulamentação e auto-governo, c) contratação colectiva, d) filiação e desfiliação, respectivamente, arts. 1.º, n.º 1, 2.º, 5.º, n.º 1, alínea a), e 10.º, n.ºˢ 2 e 3, do Decreto-Lei n.º 215-C/75, de 30 de Abril). Sobre a questão, *vd.*, entre outros, Monteiro Fernandes, *Direito do Trabalho*, cit., pp. 678-681.

[140] Logicamente que se, por exemplo, o trabalhador, mudar de profissão o problema não se coloca, ou seja, passa a ser inaplicável a convenção vigente até ali.

V. Face a esta posição, cabe, agora, indagar até quando está o trabalhador ou a entidade patronal, consoante qual deles se tenha desfiliado, vinculado à convenção outorgada[141].

Parece-nos que os efeitos apenas se verificarão até ao *prazo estipulado na convenção* ou, caso este inexista, durante *12 meses*.

A primeira situação decorre da própria duração estipulada pelas partes e, uma vez que esta está prevista, o respeito pela autonomia da vontade assim o impõe. Nenhuma razão existe para aplicar a convenção por um prazo diferente daquele que as partes estipularam.

A duração de doze meses é o prazo mínimo que o legislador estabelece, como regra, para a inalterabilidade da convenção (arts. 16.°, n.° 2, e 24.°, n.° 3, alínea c), da LRCT)[142].

Resulta, então, que independentemente da interpretação de que seja objecto o art. 11.°, n.° 2, da LRCT, que prevê a prorrogação da vigência da convenção até à sua substituição, é inaplicável aos trabalhadores ou entidades patronais que se desfiliaram das entidades outorgantes de uma convenção. O contrário seria restringir, sem qualquer motivo relevante ou atendível, quer a liberdade sindical, na sua vertente liberdade de inscrição negativa (art. 55.°, n.° 2, alínea b), da CRP), quer o direito de iniciativa económica privada (art. 61.°, n.° 1, da CRP), que são bens jurídicos com assento constitucional.

VII. A outra excepção que apontámos ao princípio da dupla filiação foi a prevista no art. 9.°, da LRCT, que preceitua que *"em caso de cessão, total ou principal, de uma empresa ou estabelecimento, a enti-*

---

[141] MÁRIO PINTO, *Direito do Trabalho*, cit., p. 326, apenas refere que a desfiliação impedirá a não aplicação das convenções posteriores.

[142] Evidentemente que se a convenção for denunciada, nos termos do art. 16.°, n.° 3, da LRCT — que permite a denúncia a todo o tempo, desde que verificadas as condições aí previstas —, a primeira deixa de se aplicar aos trabalhadores ou entidades patronais que se desfiliaram e a nova convenção não é susceptível de lhes ser aplicada. Deve, contudo, chamar-se à atenção, como faz MENEZES CORDEIRO, *Manual de Direito do Trabalho*, cit., pp. 297-298, que ao contrário do que acontece em termos técnicos e gerais — em que a denúncia é um acto discricionário, unilateral e não retroactivo, que faz cessar relações duradouras — a denúncia referida nos n.ᵒˢ 2 e 3, do art. 16.°, da LRCT, é uma declaração que significa vontade de rever ou substituir a convenção e que deve acompanhar a proposta, sob pena de esta não ter eficácia (n.° 5 do art. 16.°, da LRCT). Donde, a convenção que se pretende rever ou substituir ter eficácia até que tal aconteça.

dade empregadora cessionária ficará obrigada a observar, até ao termo do respectivo prazo de vigência, e no mínimo de 12 meses, contados da cessão, o instrumento de regulamentação colectiva que vincula a entidade empregadora cedente, salvo se tiver sido substituído por outro". Tendo presente que este preceito é um corolário do preceituado no art. 37.º, da LCT[143] — norma que investe o transmissário, no que respeita aos contratos individuais de trabalho, na posição jurídica do transmitente —, podemos afirmar que aquela norma tem um objectivo que é claro: manter estável o regime jurídico aplicável e, consequentemente, vincular a entidade cessionária a esse mesmo regime; e esta vinculação verifica-se independentemente de a cessionária estar inscrita na associação celebrante ou ser parte outorgante da convenção[144].

Nestas situações, o que se verifica é que à entidade empregadora cessionária é transmitida a situação jurídica da cedente, i.e., a entidade

---

[143] Neste sentido, MONTEIRO FERNANDES, *Direito do Trabalho*, cit. p. 767.
Sobre o art. 37.º, da LCT, *vd.*, entre outros, M. COSTA ABRANTES, "A Transmissão do Estabelecimento Comercial e a Responsabilidade pelas Dívidas Laborais", *Questões Laborais*, ano V, n.º 11, 1998, pp. 1-35; COUTINHO DE ABREU, "A Empresa e o Empregador em Direito do Trabalho", *Estudos em Homenagem ao Prof. Doutor J. J. Teixeira Ribeiro*, volume III, número especial, Boletim da Faculdade de Direito da Universidade de Coimbra, «*Iuridica*», 1983, *maxime*, pp. 297-301; MENEZES CORDEIRO, *Manual de Direito do Trabalho*, cit., pp. 773-776; LIBERAL FERNANDES, "Transmissão do Estabelecimento e Oposição do Trabalhador à Tranferência do Contrato: Uma Leitura do art. 37.º da LCT Conforme o Direito Comunitário", *Questões Laborais*, ano VI, n.º 14, 1999, pp. 213-240; ROMANO MARTINEZ, *Direito do Trabalho — Contrato de Trabalho*, volume II, 2.º tomo, 3.ª edição, Pedro Ferreira — Editor, Lisboa, 1999, pp. 109-117, e as diversas fontes indicadas; FURTADO MARTINS, "Algumas Observações sobre o Regime da Transmissão do Estabelecimento do Direito do Trabalho Português", *Revista de Direito e de Estudos Sociais*, ano XXXVI (IX da 2.ª série), 1994, n.º 4, pp. 357-366; MÁRIO PINTO — FURTADO MARTINS — NUNES CARVALHO, *Comentário às Leis do Trabalho*, cit., pp. 174-184; e ainda com interesse para a questão, LOBO XAVIER, "Substituição da Empresa Fornecedora de Refeições e Situação Jurídica do Pessoal Utilizado no Local: Inaplicabilidade do art. 37.º da LRCT", *Revista de Direito e de Estudos Sociais*, ano XXVIII (I da 2.ª série), 1986, n.º 3, pp. 443-459; LOBO XAVIER — FURTADO MARTINS, "Cessão de Posição Contratual Laboral. Relevância dos Grupos Económicos. Regras de Contagem da Antiguidade", *Revista de Direito e de Estudos Sociais*, ano XXXVI (IX da 2.ª série), 1994, n.º 4, pp. 369-427, que inclui alguns arestos; VASCO DA GAMA LOBO XAVIER — RITA LOBO XAVIER "Substituição de Empresa Fornecedora de Refeições — art. 37.º da LCT", *Revista de Direito e de Estudos Sociais*, ano XXXVII (X da 2.ª série), 1995, n.º 5, pp. 384-407.

[144] Neste sentido, MONTEIRO FERNANDES, *Direito do Trabalho*, cit., p. 766.

que celebrou a convenção. Noutros termos: a situação jurídica da entidade cedente, no que respeita à convenção colectiva, é transmitida para a esfera jurídica da entidade cessionária. Só que esta transmissão ocorre independentemente da vontade das entidades patronais, i.e., cedente e cessionária, pois verifica-se *ope legis*[145].

Mais: a vontade do cedido — sindicato que celebrou a convenção com a cessionária — não é juridicamente relevante para se operar ou não a transmissão, uma vez que, repetimos, ela decorre do art. 9.º, da LRCT.

Assim sendo, não estamos perante uma situação de cessão da posição contratual — não obstante a epígrafe do preceito —, mas sim ante uma transmissão legal da posição contratual[146], uma vez que o legislador pura e simplesmente prescindiu, face aos interesses da estabilidade e da salvaguarda da situação dos trabalhadores, do acordo do cedido[147].

Retira-se, então, do exposto que ao cessionário é expressamente transmitido, além da posição jurídica do transmitente nos contratos individuais de trabalho (art. 37.º, da LCT), o instrumento convencional aplicável a esses mesmos contratos (art. 9.º, da LRCT).

VIII. Decorre também do art. 9.º, da LRCT, que o estatuto aplicável aos trabalhadores se mantém[148] até ao termo do respectivo prazo

---

[145] A questão pode ter contornos mais complexos no caso de haver uma convenção (*v.g.*, acordo de empresa) celebrada *intuitu personae*, nesta situação será igualmente aplicável o art. 9.º, da LRCT? A resposta não cabe na economia do presente trabalho, mas não nos parece ser de todo infundada a inaplicabilidade do preceito no caso acima referido.

[146] Sobre a distinção entre transmissão legal da posição contratual (também por vezes denominada sub-rogação legal ou sucessão forçada) e cessão da posição contratual, *vd*. MENEZES CORDEIRO, *Direito das Obrigações*, 2.º volume, Associação Académica da Faculdade de Direito de Lisboa, reimpressão, 1994, pp. 77-78, pp. 126-127; PESSOA JORGE, *Direito das Obrigações*, 2.º volume, Associação Académica da Faculdade de Direito de Lisboa, 1968-1969, pp. 30-31, que dá como exemplo, da transmissão legal, o art. 37.º, da LCT; e, em especial, MOTA PINTO, *Cessão da Posição Contratual*, Atlântida Editora, Coimbra, 1970, *maxime*!, pp. 71-75, 84-85, 88-92 — onde o Autor analisa o art. 37.º, da LCT, considerando-o uma manifestação da subrogação legal.

[147] O que não acontece na cessão da posição contratual, art. 424.º, n.º 1, do CC.

[148] Concordamos com LIBERAL FERNANDES, "Transferência de Trabalhadores e Denúncia da Convenção Colectiva — O Problema da Aplicação do Art. 9.º do DL 519-C1/79, de 29-12", *Questões Laborais*, ano III, n.º 7, 1996, p. 104, quando preconiza que o estatuto inclui as condições fixadas individualmente, tal como as estabeleci-

de vigência, tendo o legislador estatuído para o efeito um prazo mínimo de 12 meses, o que pode acarretar que o prazo de vigência seja legalmente prorrogado, caso a duração dos efeitos (em falta) da convenção seja inferior, de modo a perfazer os referidos 12 meses[149]. Por outro lado, o prazo mínimo de duração legalmente imposto pode inexistir se a convenção aplicável for substituída por outra. Ou seja: salvaguarda-se o direito de contratação colectiva e a correlativa liberdade de iniciativa económica, na sub-liberdade direito de contratação.

§ 6.º EFICÁCIA TEMPORAL

I. Em relação à repercussão temporal da convenção colectiva, cabe referir os termos da sua entrada em vigor, dando especial atenção à possibilidade de os respectivos efeitos serem *diferidos* ou *retroactivos*.

II. Vimos aquando da introdução que a convenção entra em vigor nos mesmos termos das leis (art. 10.º, n.º 1, da LRCT) com a particularidade do art. 10.º, n.º 2, da LRCT, ou seja, após a publicação no Boletim do Trabalho e Emprego[150].

---

das nos instrumentos de regulamentação colectiva, onde se incluem quer as de natureza obrigacional, quer as de natureza normativa. Devemos, contudo, especificar, mais uma vez, que, em nossa opinião, a manutenção das condições fixadas individualmente não decorre do art. 9.º, da LRCT, mas do art. 37.º, da LCT.

[149] Neste sentido, MONTEIRO FERNANDES, *Direito do Trabalho*, cit., p. 767; LOBO XAVIER, "A Sobrevigência das Convenções Colectivas no Caso das Transmissões de Empresas. O Problema dos Direitos Adquiridos", *Revista de Direito e de estudos Sociais*, ano XXXVI (IX da 2.ª série), 1994, n.ºs 1-2-3, p. 125.

[150] Estamos, então, perante duas situações distintas, ainda que conexas: a *publicação* e a *entrada em vigor*. A entrada em vigor — i.e., o momento a partir do qual a convenção produz efeitos jurídicos —, é necessariamente posterior ao da sua publicação. Como vimos, o art. 10.º, n.º 1, da LRCT, refere que "*os instrumentos de regulamentação colectiva de trabalho entrarão em vigor após a sua publicação nos mesmos termos das leis*". Esta ocorre na altura indicada na convenção ou de acordo com os prazos legais supletivos, mas em caso algum entra em vigor no próprio dia da publicação (art. 2.º, n.ºs 1 e 2, da Lei n.º 74/98), de 11 de Novembro.

Existe uma aparente identidade de regimes entre o estabelecido pela LRCT e o da Lei n.º 74/98. Há, contudo, desde logo uma diferença. Com efeito, segundo o art. 2.º, n.º 4, da Lei citada, "*os prazos referidos nos números anteriores [i.e., os prazos supletivos] contam-se a partir do dia imediato ao da publicação do diploma, ou da sua*

Do exposto — tal como do art. 6.º, da LRCT — infere-se que nenhum obstáculo existe em relação aos *efeitos diferidos*, i.e., a convenção pode não entrar imediatamente em vigor após a publicação. As partes podem, então, estipular qual o momento mais adequado para que a convenção publicada produza os seus efeitos. Neste caso, a eficácia encontra-se "(...) **diferida** pela **vacatio legis**, que mais não é que um prazo dilatório ou suspensivo (termo inicial) da [sua] vigência"[151].

III. Por sua vez, a *retroactividade* apresenta problemas mais complexos, que podem ser dissecados mediante a análise das seguintes questões:

a) tem a convenção alguma limitação no que respeita à eficácia retroactiva?

b) caso a convenção possa ter, em algumas matérias, eficácia retroactiva, esta abrange os trabalhadores cuja relação laboral entretanto

---

efectiva distribuição, se esta tiver sido posterior". Por sua vez, o n.º 2 do art. 10.º, da LRCT, determina que se considere "(...) *que a data da publicação dos instrumentos de regulamentação colectiva é a da distribuição do Boletim do Trabalho e Emprego em que sejam inseridos*". Como escreve ROMANO MARTINEZ, *Direito do Trabalho*, volume II, 1994/95, cit., pp. 98-99, "o art. 10º, n.º 1 LRCT estabelece o princípio de que a convenção colectiva entra em vigor após o decurso da *vaccatio* a contar da publicação, mas o art. 10.º, n.º 2 LRCT estabelece uma norma contraditória, pois nos termos deste preceito o que conta não é a data da publicação, mas sim a da distribuição do Boletim do Trabalho e Emprego". Porém, "esta solução legislativa tem um motivo; verificou-se que o Boletim do Trabalho e Emprego era distribuído com algum atraso, sendo, por vezes, a data da publicação alguns meses anteriores à da distribuição", ROMANO MARTINEZ, *op. cit.*, p. 99.

Deve atender-se, deste modo, à data da distribuição do Boletim do Trabalho e Emprego (n.º 2 do art. 10.º, da LRCT) e não, em alternativa, à data da publicação ou à da distribuição, no caso de esta ser posterior (n.º 4 do art. 2.º, da Lei n.º 74/98). Note-se que esta solução, agora legal, encontrava-se já acolhida no Despacho Ministerial, de 18 de Janeiro de 1978, publicado no *Boletim do Trabalho e Emprego*, de 22 de Janeiro de 1978, 1.ª série, n.º 3, p. 266.

Vd. também sobre esta questão, MONTEIRO FERNANDES, *Direito do Trabalho*, cit., p. 775; JORGE LEITE — COUTINHO DE ALMEIDA, *Colectânea de Leis do Trabalho*, Coimbra Editora, 1985 p. 419 (II).

Não parece haver dúvidas sobre a actual vigência do art. 10.º, n.º 2, da LRCT, não obstante a posterior entrada em vigor da Lei n.º 74/98, pois, como prescreve o art. 11.º, n.º 3, do CC, "*a lei geral não revoga a lei especial, excepto se outra for a intenção inequívoca do legislador*", o que não foi o caso.

[151] DIAS MARQUES, *Introdução ao Estudo do Direito*, 2.ª edição, Pedro Ferreira Editor, Lisboa, 1994, p. 126, sublinhado no original.

cessou, tendo presente que estes estavam ao serviço da entidade patronal no momento a que se reporta a sua eficácia?
c) finalmente, tem a convenção limitações à eficácia retrospectiva?
Vejamos, então, as questões colocadas.

IV. Antes de tomarmos posição, pensamos que a problemática impõe que façamos uma referência à destrinça entre *retroactividade* e *retrospectividade* (ou retroactividade imprópria)[152]. A terminologia não é unívoca. Como refere MENEZES CORDEIRO, a dúvida surge, desde logo, sobre o conceito de retroactividade[153]. "À letra, a lei é retroactiva quando actue sobre o passado"[154].

Diversa é a noção de *retrospectividade (quasi-retroactividade, ou retroactividade imprópria, inautêntica, parcial, ou, ainda quanto a efeitos jurídicos)*: aqui o que existe é "a aplicação imediata de uma lei [leia-se fonte] a situações de facto nascidas no passado mas que continuam a existir no presente (...)"[155]. Ou seja: no primeira situação — retroactividade — a fonte "(...) pretende ter efeitos sobre o passado (eficácia *ex tunc*) (...)"[156], enquanto que na segunda situação — retrospectividade — uma fonte "(...) pretendendo vigorar para o futuro (eficácia *ex tunc*) acaba por «tocar» em situações, direitos ou relações jurídicas desenvolvidas no passado mas ainda existentes"[157], pelo que "nestes casos, a

---

[152] *Vd.*, por exemplo, referências aos dois conceitos nos arestos do Tribunal Constitucional n.os 287/90, de 30 de Outubro, *Boletim do Ministério da Justiça* n.º 400 (Novembro), 1990, pp. 222-224; 156/95, de 15 de Março, *Boletim do Ministério da Justiça* n.º 446 (Maio), suplemento, 1995, pp. 549-552; 222/98, de 4 de Março, *Boletim do Ministério da Justiça* n.º 475 (Abril), 1998, p. 58.

[153] MENEZES CORDEIRO, "Da Aplicação da Lei no Tempo e das Disposições Transitórias" *Legislação. Cadernos de Ciência de Legislação*, n.º 7, 1993, p. 24.

[154] MENEZES CORDEIRO "Da Aplicação da Lei no Tempo e das Disposições Transitórias", cit., p. 24.

Sobre os diversos tipos de retroactividade, vd. OLIVEIRA ASCENSÃO, *O Direito, Introdução e Teoria Geral*, 10.ª edição, Almedina, Coimbra, 1997, p. 566; MENEZES CORDEIRO, *op. cit.*, pp. 24-25; BAPTISTA MACHADO, *Introdução ao Direito e ao Discurso Legitimador*, Almedina, Coimbra, 7.ª reimpressão, 1994, pp. 226-227.

[155] GOMES CANOTILHO, *Direito Constitucional e Teoria da Constituição*, Almedina, Coimbra, 1998, p. 416. As expressões são usadas pelo Autor em sinonímia, *op. cit.*, pp. 255 e 416.

[156] GOMES CANOTILHO, *Direito Constitucional e Teoria da Constituição*, cit., p. 255.

[157] GOMES CANOTILHO, *Direito Constitucional e Teoria da Constituição*, cit., p. 255.

nova regulação jurídica não pretende substituir *ex tunc* a disciplina normativa existente, mas ela acaba por atingir situações, posições jurídicas e garantias «geradas» no passado e relativamente às quais os cidadãos têm a legítima expectativa de não serem perturbados pelos novos preceitos jurídicos" [(*v.g.*, "normas que regulam de forma inovadora relações jurídicas contratuais tendencialmente duradouras")][158].

V. Em relação à primeira questão — *possibilidade de a convenção ter efeitos retroactivos* —, de acordo com o art. 6.º, n.º 1, alínea f), da LRCT, "*os instrumentos de regulamentação colectiva de trabalho não podem (...) conferir eficácia retroactiva a qualquer das suas cláusulas, salvo o disposto no artigo 13.º*". Constatamos, compulsando este, que "*pode ser atribuída eficácia retroactiva às tabelas salariais até à data em que se tenha esgotado o prazo de resposta à proposta de negociação ou, no caso de revisão de uma convenção anterior, até ao termo do prazo de doze meses após a data da sua entrega para depósito*"[159].

Temos, então, como regra a não retroactividade dos efeitos da convenção, havendo, contudo, uma excepção no que respeita às tabelas salariais[160]. E esta excepção ao princípio geral da não retroactividade da

---

[158] GOMES CANOTILHO, *Direito Constitucional e Teoria da Constituição*, cit., p. 255.

[159] Para JORGE LEITE e COUTINHO DE ALMEIDA, *Colectânea de Leis do Trabalho*, cit., p. 420 (II), "(...) o conceito [de tabelas salariais] deve ser interpretado de acordo com o artigo 82.º/2 da LCT", que determina que "*a retribuição compreende a remuneração de base e todas as outras prestações regulares e periódicas feitas, directa ou indirectamente, em dinheiro ou em espécie*", presumindo-se, nos termos do n.º 3, "(...) *constituir retribuição toda e qualquer prestação da entidade patronal ao trabalhador*". Assim, "à «retribuição – base» junta-se-lhe as «prestações complementares» para formar a *retribuição global*, também chamada salário global, que é a contraprestação da actividade laboral (art. 1.º da LCT). O conjunto dos *salários globais* de todos os trabalhadores constitui as «tabelas salariais»", JORGE LEITE — COUTINHO DE ALMEIDA, *ibidem*. O que, dito de outro modo, leva à exclusão das *tabelas salariais* das *cláusulas pecuniárias* (*v.g.*, os subsídios de estudo e as ajudas de custo) que em virtude de não terem a ver com a prestação de trabalho não são cláusulas salariais, como afirmam JORGE LEITE — COUTINHO DE ALMEIDA, *ibidem*.

[160] Parece-nos claro que apenas está subjacente à discussão o aumento retroactivo das tabelas salariais e, em caso algum, a sua redução, desde logo, em virtude do *princípio da irredutibilidade da retribuição* (art. 21.º, n.º 1, alínea c), da LCT), para o qual não obstante se aceitarem excepções, estas, de modo algum, incluem esta situação. Sobre o *princípio da irredutibilidade da retribuição*, vd., entre outros, MÁRIO

convenção colectiva explica-se, desde logo, devido ao facto de na relação laboral o elemento mais erosivo face ao decurso do tempo ser o salário; e, por outro, pelo objectivo de impedir que o protelar das negociações afecte os valores salariais[161].

VI. Em relação à questão da *aplicabilidade dos efeitos retroactivos da convenção aos trabalhadores cujo contrato cessou* a doutrina tem dado, em regra, resposta positiva[162] [163].

PINTO — FURTADO MARTINS — NUNES CARVALHO, *Comentário às Leis do Trabalho*, cit., pp. 99-102 (2 a 6).

[161] Neste sentido, ROMANO MARTINEZ, *Direito do Trabalho*, volume II, cit., p. 96.

Evidentemente que o facto de haver retroactividade, como explicam JOÃO CAUPERS e PEDRO MAGALHÃES, *Relações Colectivas de Trabalho*, cit., p. 58, bem como BAPTISTA MACHADO, *Introdução ao Direito e ao Discurso Legitimador*, Almedina, Coimbra, 7.ª reimpressão, 1994, p. 225, *mutatis mutandis*, não permite que os efeitos da convenção se produzam antes da publicação. Ou seja: os efeitos só ocorrem depois da sua entrada em vigor, embora possam repercutir-se em momentos temporalmente anteriores ao da publicação ou entrada em vigor. Aliás, as cláusulas convencionais, como quaisquer normas só podem ser vinculativas a partir do momento que são, ou podem ser, conhecidas dos seus destinatários. Por isso a obrigatoriedade de tais cláusulas só surge após a sua entrada em vigor.

Por outro lado, deve ter-se presente, situação que é realçada por JOÃO CAUPERS e PEDRO MAGALHÃES, *op. cit.*, p. 59, que existem cláusulas que, mesmo que não existisse a proibição legal, pela sua própria natureza não são susceptíveis de terem efeitos retroactivos, ao invés do que se passa com o salário, pois é material (e juridicamente) possível haver uma nova valoração do trabalho prestado; já no caso de existir uma obrigação de a entidade patronal fornecer capacetes para a segurança dos trabalhadores, tal situação não é materialmente susceptível de ser retroactiva. Em conclusão, como afirmam JOÃO CAUPERS e PEDRO MAGALHÃES, *ibidem*, "o tempo, felizmente não recua e não faz sentido que se crie hoje um dever que se deveria ter cumprido ontem".

[162] Dizemos "em regra" uma vez que existem vozes discordantes. Tal é o caso de JOÃO CAUPERS e PEDRO MAGALHÃES, *Relações Colectivas de Trabalho*, cit., p. 60, para quem, não obstante algumas dúvidas, "(...) a norma convencional é um comando dirigido a[o] patrão e trabalhador, que só vincula após a sua entrada em vigor. Não parece, pois, fazer grande sentido aplicá-la a quem, nesse momento, já a ela não está sujeito". Os mesmos Autores, *op. cit.*, p. 60, por outro lado, aduzem ainda que seria "(...) lógico que a norma retroactiva apenas se aplicasse às relações individuais de trabalho que, existindo em momento anterior ao início da sua vigência, subsistissem à data da entrada em vigor desta. Porque só relativamente aos sujeitos destas relações a norma existe como comando vinculativo: os outros, cujas relações já se extinguiram, não são destinatários da norma, encontrando-se mesmo fora do contexto da sua produção".

No sentido da maioria da doutrina pronuncia-se a jurisprudência, nas poucas vezes que tem sido chamada a decidir, *vd.*, por exemplo, Ac. do STA, de 12 de

É o caso de JORGE LEITE e COUTINHO DE ALMEIDA, para quem a retroactividade da convenção abrange mesmo aqueles trabalhadores cujos contratos individuais entretanto cessaram, independentemente do motivo, uma vez "(...) que com a retroactividade das «tabelas salariais» visa-se repô-las para todos os trabalhadores que o *eram* nesse momento"[164]. Igual posição preconiza MONTEIRO FERNANDES, salvo se houver estipulação expressa em contrário, pois, segundo este Autor, o motivo da retroactividade — compensar o salário insuficiente — é igualmente válido para os trabalhadores cujo contrato terminou, sendo certo que existe a conexão necessária para a aplicação, que é o trabalho efectuado durante o tempo a que se reporta a convenção[165].

Concordamos indiscutivelmente com as opiniões expostas, alinhando, deste modo, com as considerações feitas, ou seja:

a) por um lado, consideramos que o que está em causa é a reapreciação do valor de uma prestação a que, segundo as partes outorgantes, deve ser atribuído um valor superior;

b) consequentemente quer os trabalhadores que mantêm o contrato quer os que, entretanto, o cessaram prestaram em igualdade de circunstâncias, tempo, modo e lugar a sua actividade[166];

c) ora, sendo exactamente essa actividade, como dissemos, que é reapreciada, haveria uma violação do princípio da igualdade se as situações a que se reporta a convenção fossem desigualmente valoradas devido a factos que resultam no caso irrelevantes, i.e., a existência ou inexistência actual do contrato, quando a prestação foi realizada em igualdade de circunstâncias;

d) e nem sequer se diga que falta o elemento de conexão necessário, uma vez que existe contacto entre a eficácia da convenção

---

Fevereiro de 1974, *Acórdãos Doutrinais do Supremo Tribunal Administrativo*, n.º 149, p. 726; Ac. do STA de 15 de Novembro de 1977, *Boletim do Trabalho e Emprego*, Janeiro, 1978, 2.ª série, pp. 92-94.

[163] Logicamente que face aos trabalhadores que se mantêm a prestar funções na entidade patronal o problema se não coloca.

[164] JORGE LEITE — COUTINHO DE ALMEIDA, Colectânea de Leis do Trabalho, cit., p. 423 (II), itálico no original.

[165] MONTEIRO FERNANDES, *Direito do Trabalho*, cit., p. 784, itálico no original.

[166] Neste sentido, J. ANTÓNIO MESQUITA, "Regulamentação Colectiva do Trabalho — Retroactividade dos Aumentos Salariais — Aplicabilidade a Contratos Extintos", *Revista do Ministério Público*, ano 1, volume 2, s. d., p. 30, não obstante se referir a uma portaria de extensão.

e o momento da realização da prestação, resultando, assim, desnecessária a existência de qualquer conexão entre a prestação e a entrada em vigor da cláusula retroactiva[167];

e) finalmente, não se deve contra-argumentar com os valores da estabilidade, confiança, incerteza, insegurança, direitos adquiridos, expectativas ou outros, pois foram as partes outorgantes que no âmbito da sua autonomia colectiva o permitiram.

Assim sendo, a convenção, salvo quando houver cláusula em sentido diferente[168], aplica-se aos trabalhadores que no momento a que se reportam os seus efeitos estavam ao serviço da entidade patronal.

VII. No que concerne à possibilidade de a convenção ser *retrospectiva* a resposta é positiva. A convenção incide sobre relações que são, pela sua própria natureza duradouras, razão pela qual se encontra em contacto com factos ocorridos no passado e que continuam a produzir efeitos.

Pensamos não existir qualquer impossibilidade de uma convenção ter eficácia retrospectiva, entre outras, pelas seguintes razões:

a) primeiro: não existe qualquer proibição expressa ou implícita no ordenamento, uma vez que o art. 6.º, n.º 1, alínea f), da LRCT, apenas se refere à retroactividade;

b) segundo: a LRCT, além de não a proibir, pressupõem-na, por exemplo nos arts. 7.º e 8.º, face à eficácia convencional prescrita[169];

c) terceiro: haveria uma violação da igualdade, pois, devido apenas à data da celebração do contrato individual, os trabalhadores teriam diferentes condições de trabalho[170];

---

[167] Em sentido próximo, J. ANTÓNIO MESQUITA, "Regulamentação Colectiva do Trabalho — retroactividade dos Aumentos Salariais — Aplicabilidade a Constratos Extintos", cit. p. 32.

[168] Vontade que deve ter um fundamento específico, pois caso contrário haverá violação da igualdade.

[169] Neste sentido, embora sem se referir directamente à questão que estamos a analisar, LOBO XAVIER, "Sucessão no Tempo de Instrumentos de Regulamentação Colectiva e Princípio do Tratamento Mais Favorável", *Revista de Direito e de Estudos Sociais*, ano XXIX (II da 2.ª série), 1987, n.º 4, pp. 472.

[170] Neste sentido, LOBO XAVIER, "Sucessão no Tempo de Instrumentos de Regulamentação Colectiva e Princípio do Tratamento Mais Favorável", cit., pp. 474-475.

d) quarto: se não se pudesse aplicar a convenção às situações com origem no passado, estas ficariam para sempre inalteradas, continuando a ser reguladas por regras há muito inexistentes no ordenamento (v.g., haveria provavelmente contratos de trabalho regulados pelo Código de Seabra ou regras sobre a propriedade dos romanos)[171];
e) quinto: caso se defendesse a impossibilidade de a convenção ter eficácia retrospectiva, grande parte da sua utilidade seria amputada — em violação do art. 18.º, n.ºs 2 e 3, da CRP —, pois se não permitiria através da convenção celebrada a melhor adequação e adaptação das situações existentes;
f) sexto: os trabalhadores que usufruiriam da contratação colectiva, seriam, não aqueles que são filiados e para isso contribuem (v.g., com a sua quotização), mas somente os que celebraram os contratos individuais de trabalho após a convenção, o que seria um contra-senso[172];
g) sétimo: tal situação decorre do carácter estatutário do Direito do Trabalho, ou seja, a cláusula convencional tem em vista um estatuto profissional e não um determinado contrato[173].

Podemos, então, concluir que os arts. 6.º, alínea f) e 13.º, da LRCT, apenas abrangem, como, aliás, o seu conteúdo indica, a retroactividade, não postergando a possibilidade de a convenção ter eficácia retrospectiva[174].

---

[171] Neste sentido, a propósito da sucessão de leis no tempo, vd. MENEZES CORDEIRO, "Dos Conflitos Temporais de Instrumentos de Regulamentação Colectiva de Trabalho", AAVV, *Estudos em Memória do Professor Doutor João de Castro Mendes*, Lex, Lisboa, s.d., p. 466.

[172] Neste sentido, LOBO XAVIER, "Sucessão no Tempo de Instrumentos de Regulamentação Colectiva e Princípio do Tratamento Mais Favorável", cit., p. 475.

[173] Neste sentido, JORGE LEITE, *Direito do Trabalho*, cit., pp. 152-154, embora se refira à lei; LOBO XAVIER, "Sucessão no Tempo de Instrumentos de Regulamentação Colectiva e Princípio do Tratamento Mais Favorável", cit., p. 475.

[174] Costuma alguma doutrina trazer à colação o art. 12.º, do CC, a propósito da aplicação dos instrumentos de trabalho no tempo — é o caso, por exemplo, de MONTEIRO FERNANDES, *Direito do Trabalho*, cit., pp. 781-784. Parece-nos que devemos ter algumas cautelas com tal argumentação, pois o art. 12.º, do CC — como, aliás, certeiramente o Tribunal Constitucional salientou, aresto n.º 156/95, de 15 de Março, *Boletim do Ministério da Justiça*, n.º 446 (Maio), suplemento, 1995, p. 549; tal como, por exemplo, na doutrina BAPTISTA MACHADO, *Sobre a Aplicação no Tempo do Novo Código Civil*, Coimbra, 1968, p. 56 —, contém preceitos dirigidos ao intérprete e

VIII. Matéria igualmente incontornável é a da duração da vigência da convenção.

De acordo com o n.º 1 do art. 11.º, da LRCT, as convenções vigoram pelo prazo que delas constar[175]. Temos, então, a seguinte regra: as partes estabelecem a duração da convenção e é esse que rege a sua eficácia. Noutros termos: as convenções têm, natural e intrinsecamente, um horizonte temporal limitado[176].

IX. Face à letra do art. 11.º, n.º 2, da LRCT, poder-se-á, com base no elemento literal, defender que a convenção colectiva se mantém em vigor até ser substituída por outro instrumento de regulamentação colectiva?

---

não ao legislador ou, muito menos, às partes outorgantes de uma convenção. Ou seja: o preceito do Código Civil nada dispõe sobre a liberdade de conformação das entidades laborais, razão pela qual não se deve retirar dele (pelo menos directamente) argumentos a propósito da discussão da retroactividade das convenções colectivas.

[175] Recorde-se que no âmbito do Decreto-Lei n.º 49 412, de 28 de Agosto de 1969, a redacção do art. 33.º, n.º 5, introduzida pelo Decreto-Lei n.º 492/70, de 22 de Outubro, determinava que *"quando não exista qualquer cláusula sobre o prazo de vigência dos instrumentos de regulamentação convencional, entende-se que estes e as decisões arbitrais vigorarão pelo prazo de dois anos, a contar da data da sua entrada em vigor (...)"* nos termos previstos para os diplomas legislativos.

Surgiu depois o Decreto-Lei n.º 164-A/76, de 28 de Fevereiro, que no art. 23.º, n.º 1, prescreve que *"o prazo de vigência das convenções colectivas e decisões arbitrais não poderá ser inferior a um ano"*. Decorridos poucos meses, o Decreto-Lei n.º 887/76, de 28 de Dezembro, alteraria esta redacção, tendo estabelecido que *"o prazo de vigência das convenções colectivas e decisões arbitrais não poderá ser inferior a dezoito meses"*.

Com o Decreto-Lei n.º 519-C1/79, de 29 de Dezembro, o art. 11.º, regularia novamente a matéria ao estabelecer que as partes podem acordar um prazo de duração, não inferior a dois anos, salvo no que respeita às tabelas salariais que podiam ser alteradas anualmente (n.ºˢ 1, 2 e 3). Mais tarde, com o Decreto-Lei n.º 87/89, de 23 de Março, a prescrição do prazo mínimo de dois anos e a regra referente às tabelas salariais foram revogadas, embora dos arts. 16.º e 24.º, ressalte o prazo mínimo de doze meses.

[176] Neste sentido, por exemplo, MENEZES CORDEIRO, *Convenções Colectivas de Trabalho e Alteração de Circunstâncias*, cit., p. 54; MÁRIO PINTO, *Direito do Trabalho*, cit., p. 328; LOBO XAVIER, "A Sobrevigência das Convenções Colectivas no Caso das Transmissões de Empresas. O Problema dos Direitos Adquiridos", cit., p. 128; e na jurisprudência, Ac. do STJ, de 11 de Outubro de 1995, *Questões Laborais*, ano III, n.º 7, 1996, p. 98. Contra, LIBERAL FERNANDES, "Transferência de Trabalhadores e Denúncia da Convenção Colectiva — O Problema da Aplicação do art. 9.º do DL 519-C1/79, de 29 de Dezembro", cit., p. 103.

O facto é que tal interpretação encontra incontornáveis obstáculos. Para nós, e na esteira de ROMANO MARTINEZ e LOBO XAVIER, o n.º 2 do art. 11.º, da LRCT, tem o intuito de evitar vazios convencionais enquanto as partes — sindicato e associações patronais ou entidades patronais — negoceiam a revisão do acordo (ou a sua substituição), cujo prazo expirou[177] [178].

---

[177] ROMANO MARTINEZ, *Direito do Trabalho*, II volume, cit., p. 101; LOBO XAVIER, "A Sobrevigência das Convenções Colectivas no Caso das Transmissões de Empresas. O Problema dos Direitos Adquiridos", cit., p. 127.

Diferente parece ser a posição de MENEZES CORDEIRO, *Convenções Colectivas de Trabalho e Alterações de Circunstâncias*, cit., pp. 55-56, 119, ao aceitar que algumas cláusulas, que seriam identificadas caso a caso, se mantenham. Ou seja: deixariam de aplicar-se as cláusulas que tiveram subjacente à sua elaboração uma vigência limitada. Não nos parece, salvo o devido respeito, que assista razão ao Autor, pois, por um lado, tal posição levaria ao subjectivismo e, por outro, é preciso não esquecer que, no seu todo, as cláusulas da convenção se encontram intrinsecamente relacionadas, podendo dizer-se que a existência de uma encontra correlação numa outra; ora, em resultado do entendimento defendido, tal unidade e conexão seriam escamoteadas dividindo-se aquilo que é incindível, pois certamente que as partes não teriam chegado àquele acordo se soubessem que apenas uma parte do conteúdo, sem saberem exactamente qual, poderia ser aplicado.

[178] Tenha-se presente a solução da legislação anterior:
a) no âmbito do Decreto-Lei n.º 49 412, de 28 de Agosto de 1969, determinava o art. 33.º, n.º 6, introduzido pelo Decreto-Lei n.º 492/70, de 22 de Outubro: "*os instrumentos de regulamentação colectiva consideram-se automaticamente renovados se nenhuma das partes interessadas tomar a iniciativa da sua revisão até noventa dias antes do termo dos respectivos prazos de vigência*". Nestes termos, se as partes não assumissem qualquer iniciativa o prazo da convenção renovava-se pelo período previsto ou, se não tivesse sido estipulado, dois anos a contar da data da entrada em vigor (n.º 5, do art. citado).
b) seguiu-se o Decreto-Lei n.º 164-A/76, de 28 de Fevereiro, que neste aspecto não foi objecto de alteração pelo Decreto-Lei n.º 887/76, de 29 de Dezembro, onde se prescreveu, no art. 23.º, n.º 2, que "*as convenções colectivas e as decisões arbitrais mantêm-se, porém, em vigor até serem substituídas por novos instrumentos de regulamentação colectiva de trabalho*". Nestes termos, o n.º 2, imediatamente seguido da regra geral que impunha o mínimo de dezoito meses (n.º 1), devia ser entendido com uma excepção.
c) mais tarde, surgiu o Decreto-Lei n.º 519-C1/79, de 29 de Dezembro, e o art. 11.º n.º 5, que correspondia ao anterior 23.º, n.º 2, acima citado, apenas com a diferença que a nova redacção suprimiu a expressão "porém" e em vez de referir "instrumento de regulamentação colectiva de trabalho" derrogou este último vocábulo. Para nós a supressão da expressão "porém" é

Fundamentamos esta posição nos seguintes argumentos[179]:
a) em primeiro lugar, interpretação diversa desta faria "tábua rasa" do n.º 1 do art. 11.º, pois as convenções colectivas deixariam de vigorar pelo prazo que delas constasse para passarem a vigorar pelo prazo que qualquer uma das partes quisesse. Ou seja: em vez de as convenções terem um horizonte temporalmente limitado, conforme prescreve o n.º 1, bastaria a qualquer das partes celebrar uma convenção colectiva para que esta produzisse os seus efeitos até surgir qualquer outro instrumento que a substituísse, o que permitiria que qualquer dos outorgantes prorrogasse indefinidamente as negociações com o objectivo de manter a convenção celebrada[180].

---

apenas devida ao facto de o preceito não se encontrar imediatamente a seguir à regra geral, segundo a qual as convenções vigoram pelo prazo que delas constar (n.º 1) — como acontecia anteriormente — mas sim no encadeamento de outra regra. Assim sendo, continuamos perante uma excepção.
d) posteriormente, com o Decreto-Lei n.º 87/89, de 23 de Março, os prazos mínimos de vigência previstos no art. 11.º, n.º 2 e 3, foram revogados — bem como o n.º 4 —, o n.º 5 passou a ser o actual n.º 2, e, portanto, colocado a seguir à regra geral — que estabelece que as convenções vigoram pelo prazo acordado —, mantendo, deste modo, o seu carácter de norma excepcional, sem contudo, como seria mais correcto, o preceito retomar a expressão "porém".

[179] Com interesse para o debate, vd. LOBO XAVIER, "Alguns Pontos Críticos das Convenções Colectivas de Trabalho", AAVV, *II Congresso Nacional de Direito do Trabalho — Memórias*, coordenação de António Moreira, Almedina, Coimbra, 1999, pp. 329-344.

[180] Neste sentido, MENEZES CORDEIRO, *Convenções Colectivas de Trabalho e Alteração de Circunstâncias*, cit., p. 55.
Não se diga que este é um argumento "*ad terrorem*" e irreal, uma vez que as partes têm regras sobre a negociação. Deve, contudo, não esquecer-se que:
a) em caso algum existe um dever de contratar, mas sim deveres que tentam proporcionar a celebração de uma convenção — neste sentido, e para mais desenvolvimentos, MENEZES CORDEIRO, *op. cit.*, p. 44;
b) por outro lado, qualquer dos institutos existentes com vista à resolução de conflitos atinentes à revisão de convenções — conciliação, mediação e arbitragem (facultativa), arts. 30.º a 34.º, da LRCT — carece do acordo das partes para produzirem quaisquer efeitos resolutivos;
c) nem mesmo a arbitragem obrigatória — alargada a empresas privadas com o Decreto-Lei n.º 209/92, de 2 de Outubro — pode ser utilizada como argumento para afastar a perpetuação da convenção, pois:
a) em primeiro lugar, esta não tem effectiva exequibilidade, uma vez que

b) ora, parece inequívoco que, assim, não só se esvaziaria o conteúdo útil da regra prevista no n.º 1, como se aniquilariam dois direitos, liberdades e garantias — o direito de contratação colectiva e o direito de iniciativa económica (respectivamente, arts. 56.º, n.º 3 e 61.º, n.º 1, da CRP) — situação absolutamente vedada pelo art. 18.º, n.ºˢ 2 e 3, da CRP;

c) em terceiro lugar, não se encontra qualquer motivo para esgrimir argumentos em defesa de quaisquer das partes outorgantes, se é que alguma seria beneficiada, uma vez que no Direito Colectivo elas se encontram em equilíbrio[181];

d) por outro lado, e um argumento de ordem pragmática, que entidades celebrariam acordos se soubessem que haveria a possibilidade destes se tornarem vitalícios, ou seja, em vez de se fomentar a contratação colectiva, pura e simplesmente, obstaculizava-se[182];

e) acresce que o entendimento segundo o qual findo o prazo previsto se aplicaria indefinidamente a convenção colidiria com o próprio art. 9.º, da LRCT; e isto porque o art. 9.º, ao estabelecer que a entidade cessionária fica vinculada até ao fim do prazo de vigência e no mínimo de 12 meses, salvo se o instrumento de regulamentação for substituído por outro, quer dizer que findo o prazo de vigência não se aplica indefinidamente o n.º 2 do art 11.º, pois se assim fosse não faria sentido a previ-

---

não existe a lista de árbitros (art. 35.º, n.º 8, da LRCT) que permitiria contornar a falta de nomeação de um árbitro por qualquer das partes;
b) em segundo lugar, a aplicação da arbitragem obrigatória às empresas privadas, a partir de 1992, não pode ser entendida como uma acção concertada com o art. 11.º, n.º 2, pois este já existe desde da versão originária da LRCT (era o n.º 5 do art. 11.º), situação que não permite defender que o legislador teria imposto a prorrogação temporal e em contrapartida teria criado um mecanismo para que essa prorrogação fosse temporalmente limitada, in casu, a arbitragem obrigatória.
d) por estas razões, entendemos que qualquer das partes poderia manter indefinidamente a convenção em vigor se fosse defendida uma interpretação que permitisse a aplicação do n.º 2 do art. 11.º, da LRCT, sem qualquer limite.

[181] Tendencialmente no sentido de existir um equilíbrio de forças, MÁRIO PINTO — FURTADO MARTINS, *As Fontes do Direito do Trabalho*, cit., p. 49. Com interesse para a questão, *vd.* NIKITAS ALIPRANTIS, *La Place de la Convention Collective dans la Hierarchie des Normes*, cit., pp. 49-50.

[182] Em sentido próximo, MENEZES CORDEIRO, *Convenções Colectivas de Trabalho e Alteração de Circunstâncias*, cit., p. 54.

são do prazo mínimo de 12 meses com a ressalva da substituição. O que, dito de outro modo, equivale a dizer que o prazo mínimo de 12 meses e a ressalva que o pode afastar seriam inúteis, pois de acordo com a interpretação, que consideramos errada do n.º 2 do art. 11.º, a convenção aplicar-se-ia sempre até ser substituída por outra;

f) mais: a duração ilimitada de uma convenção retirar-lhe-ia uma das suas principais vantagens: a adaptação, a adequação ou, se quisermos, a maleabilidade, o que lhe permite ter uma real e efectiva adesão à realidade e consequentemente ser um meio eficaz de composição de interesses;

g) finalmente, se o art. 11.º, n.º 2, fosse interpretado apenas com base na sua letra, sem atender aos valores circundantes, chegaríamos a este resultado: uma vez que até haver substituição a convenção se tem de aplicar, então, mesmo que as partes estivessem de acordo e, portanto, revogassem bilateralmente, mais exactamente distratassem, a convenção, esta continuaria a produzir efeitos. Ou seja: teríamos como regra que aquilo que as partes puderam fazer não podem agora desfazer para o futuro, situação que como é evidente não tem qualquer apoio no ordenamento.

X. Poder-se-á ainda questionar porque não defender a interpretação, no seguimento do que se verifica no ordenamento alemão, segundo a qual a convenção continua a aplicar-se, mas com a possibilidade de ser derrogada por qualquer acordo incluindo o contrato individual de trabalho[183]. Tal interpretação permitiria a perpetuação dos efeitos da convenção, uma vez que seria sempre necessário um acordo de vontades para limitar a sua eficácia. Ora, a resposta à questão tem de ser dada de forma inequívoca pelo ordenamento, no estrito respeito dos elementos estruturantes do Direito Colectivo, i.e., a contratação colectiva e a liberdade de iniciativa económica, na sua vertente direito de contratação, o que não aconteceria com tal entendimento.

Podemos, então, fixar que o n.º 2 do art. 11.º se aplica durante o prazo necessário, o que só em concreto se poderá determinar, para que

---

[183] *Vd.* WOLFGANG DÄUBLER, *Derecho del Trabajo*, cit. p. 225, que se refere ao art. 4.º, § 5.º, da Lei das Convenções Colectivas (*TVG — Tarifvertragsgesetz*).

as partes celebrem o novo acordo; e isto no que se refere às convenções que, devido ao decurso do tempo, caducaram.

XI. Existe, porém, outra situação que é susceptível de ser subsumida no preceito em análise (art. 11.º, n.º 2, da LRCT): quando as convenções não têm prazo de duração. Neste caso, os acordos celebrados mantêm-se até serem substituídos por outros[184]. Todavia, isto não quer dizer que se mantenham sempre até serem substituídos[185], mas apenas que, em princípio, deixam de vigorar quando forem revogados por outro instrumento; e isto porque há a possibilidade de haver a denúncia que faria com que o n.º 2 do art. 11.º apenas produzisse efeitos, como defendemos, durante o tempo necessário para que se celebre novo acordo. Findo este, a denúncia produz os efeitos que lhe são, nos termos gerais, próprios: extinção da convenção[186].

Ou seja: a denúncia da convenção, apesar de não ter o efeito imediato de fazer cessar a eficácia da convenção, uma vez que o n.º 2 do art. 11.º, prorroga-a durante o tempo razoável para que as partes cheguem a acordo, faz, uma vez decorrido este, cessar os efeitos da convenção, impedindo, assim, que esta perdure ilimitadamente.

XII. Vimos aquando da análise da eficácia pessoal da convenção que o art. 9.º impõe à cessionária um prazo mínimo de vigência da convenção outorgada pela entidade cedente, salvo se houver substituição do instrumento colectivo. Pode, no entanto, acontecer que decorrido o prazo de vigência (em falta) da convenção ou, caso seja superior, os 12 meses mínimos, a entidade empregadora não pretenda celebrar qualquer convenção colectiva ou filiar-se em alguma associação patronal. Cabe, então, perguntar se a convenção aplicável à cessionária por indicação do art. 9.º, da LRCT, cessa por caducidade ou, ao invés, se deve prorrogar a aplicação da convenção através da aplicação do art. 11.º, 2, da LRCT?

---

[184] Concordamos neste ponto com LIBERAL FERNANDES, "Transferência de Trabalhadores e Denúncia da Convenção Colectiva — O Problema da Aplicação do art. 9.º do DL 519-C1/79, de 29 de Dezembro", cit., p. 103.

[185] Contra, LIBERAL FERNANDES, "Transferência de Trabalhadores e Denúncia da Convenção Colectiva — O Problema da Aplicação do art. 9.º, do DL 519-C1/79, de 29 de Dezembro", cit., pp. 103-104.

[186] Para mais desenvolvimentos sobre a figura, vd., entre outros, MENEZES CORDEIRO, Direito das Obrigações, 2.º volume, cit. pp. 166-167.

Parece-nos que uma vez expirado o prazo previsto — seja o estabelecido na convenção, seja o mínimo de 12 meses —, de acordo com o art. 9.º, a convenção não é mais susceptível de aplicação, nem mesmo pela aplicação do art. 11.º, n.º 2, da LRCT[187]. E isto com base nos argumentos acima invocados para a interpretação (limitada) do art 11.º, n.º 2, pois mesmo que estivéssemos perante a entidade outorgante originária — a cedente — o art. 11.º. n.º 2, não se poderia aplicar, como vimos, se não estivéssemos perante negociações; assim sendo, e, no mínimo, por identidade de razão, o preceito não se aplica à cessionária.

XIII. Antes de terminar, cabe referir, ainda que sumariamente, algumas consequências que ocorrem em virtude de a convenção deixar de ser aplicada aos seus destinatários. Neste caso, deixam os trabalhadores e as entidades patronais de usufruir do regime convencional?

É certo que para quem interprete o art. 15.º, da LRCT[188] — que se refere à sucessão de convenções —, como consagrando o princípio da proibição do retrocesso social, como são os casos de JORGE LEITE, COUTINHO DE ALMEIDA[189] e BARROS MOURA[190], a resposta seria, eventualmente, a de que as vantagens se mantêm; mas para quem apresente uma concepção diferente da evolução das vantagens convencionalmente conseguidas, como ocorre com MENEZES CORDEIRO[191], ROMANO

---

[187] Neste sentido, Ac. do STJ, de 11 de Outubro de 1995, *Questões Laborais*, ano III, n.º 7, 1996, p. 98.

[188] Referimo-nos ao art. 15.º, da LRCT, não obstante estar aí em causa uma sucessão de convenções, o que não acontece com a questão que estamos a analisar, porque uma posição quanto à interpretação desse preceito permite, em princípio, vislumbrar a doutrina seguida, uma vez que o problema não tem sido, em regra, tratado directamente pelos nossos Autores.

[189] JORGE LEITE — COUTINHO DE ALMEIDA, *Colectânea de Leis do Trabalho*, cit., p. 424 (I e II); JORGE LEITE, *Direito do Trabalho*, cit. pp. 115, referindo-se ao legislador, e pp. 251-253, em relação à convenção, onde, se bem o interpretamos (*vd.* nota 91, p. 253), mitiga a posição expressa com COUTINHO DE ALMEIDA.

[190] BARROS MOURA, *A Convenção Colectiva entre as Fontes de Direito do Trabalho*, cit., pp. 182-183, onde se refere à vinculação do legislador ao princípio, e pp. 204-210, onde analisa o art. 15.º, da LRCT.

Sobre o discutido *princípio do não retrocesso social*, no plano legislativo, mas com relevantes elementos para o debate, *vd.*, além dos Autores referidos, GOMES CANOTILHO — VITAL MOREIRA, *Fundamentos da Constituição*, Coimbra Editora, 1991, p. 87, que o consideram um corolário do Estado Social; VIEIRA DE ANDRADE, *Os Direitos Fundamentais na Constituição Portuguesa de 1976*, cit., pp. 307-311; e

MARTINEZ[192] ou LOBO XAVIER[193], a questão poderia merecer resposta diferente.

O problema obteve uma resposta expressa de LOBO XAVIER. Segundo este Autor, mantém-se o estatuto resultante da lei e do contrato individual de trabalho, bem como posições jurídicas individuais "(...) que preservem a situação funcional básica do trabalhador (antiguidade, local de trabalho, retribuição global, etc., nos termos garantidos pelo art. 21.º da LCT) mesmo que tenham fonte aparente em convenção colectiva", não obstante se não verificar qualquer incorporação das cláusulas no contrato, mas sim a manutenção de garantias consideradas legalmente irreversíveis (art. 21.º da LCT)[194].

Em nossa opinião — e na impossibilidade de entrarmos na discussão do art. 15.º, da LRCT, sem prejuízo de avançarmos que a disposição em causa tem de ser objecto de uma interpretação que permita a diminuição das vantagens convencionalmente alcançadas, sob pena de,

---

Acórdãos do Tribunal Constitucional, por exemplo, n.ºˢ 156/95, de 15 de Março, *Boletim do Ministério da Justiça* n.º 446 (Maio), suplemento, 1995, pp. 545 e ss., e 222/98, de 4 de Março, *Boletim do Ministério da Justiça* n.º 475 (Abril), 1998, pp. 48 e ss., que, tal como VIEIRA DE ANDRADE, *op. cit.*, p. 309, preconizam a possibilidade de retrocesso social, sem postergar as justas expectativas dos cidadãos, uma vez que a situação contrária coarctaria a liberdade constitutiva e a auto-revisibilidade do legislador. Referindo-se também à convenção, *vd.* BORRAJO DACRUZ, "La Regulacion de las Condiciones de Trabajo en España: Poderes Normativos y Autonomia Individual", cit., pp. 1073-1074.

[191] Sobre a interpretação do art. 15.º, da LRCT, MENEZES CORDEIRO, "Dos Conflitos Temporais de Instrumentos de Regulamentação Colectiva de Trabalho", cit., *maxime*, pp. 460-464, e 470-473, onde o Autor defende que está em causa um sentido programático.

[192] ROMANO MARTINEZ, *Direito do Trabalho — Parte Geral*, volume I, cit. pp. 293-314, em especial, no que se refere à lei, e pp. 314-318, em relação aos instrumentos de regulamentação colectiva, onde o Autor defende que o art. 15.º, da LRCT, é uma regra interpretativa.

[193] LOBO XAVIER, "A Sobrevigência das Convenções Colectivas no Caso das Transmissões de Empresas. O Problema dos Direitos Adquiridos", cit., em especial, pp. 480-512, onde o Autor defende que o art. 15.º, da LRCT, apenas poderá valer como uma regra interpretativa.

[194] LOBO XAVIER, "A Sobrevigência das Convenções Colectivas no Caso das Transmissões de Empresas. O Problema dos Direitos Adquiridos", cit., p. 134 (7). *Vd.* também VICTOR RUSSOMANO, "Tendências Actuais da Negociação Colectiva", cit., pp. 128-129, 132, que partindo da teoria da incorporação (*vd. infra* texto) defende, consequentemente, que os efeitos, uma vez que se integram nos contratos individuais, se mantém na esfera jurídica dos trabalhadores.

desrespeitando a autonomia colectiva e a liberdade de iniciativa económica, na vertente de sub-liberdade de contratação, não estarmos perante uma interpretação conforme à Constituição — o princípio é o seguinte: se a fonte (convencional) deixa de ser eficaz, então, as partes voltam a reger-se pelo contrato individual de trabalho, pela lei e demais fontes que em concreto sejam aplicáveis. Donde, sem prejuízo do caso concreto, diremos que:

    a) é preciso destrinçar, como faz MENEZES CORDEIRO — a propósito do art. 15.º, n.º 2, da LRCT[195] — entre *direitos subjectivos* e *expectativas*[196];

    b) em relação aos direitos subjectivos, quer os reconhecidos por decisões judiciais, quer os já formados e exercidos (ex. retribuição do trabalho suplementar já prestado e, portanto, devido e pago), quer os formados mas não exercidos (ex. pagamento do trabalho suplementar já prestado, mas ainda não pago), não parece haver dúvidas de que a extinção da convenção não afecta tais posições jurídicas;

    c) no que toca às expectativas é preciso atender:

      (a) às expectativas automáticas — que se transformam em direitos subjectivos pelo mero decurso do tempo, como, por exemplo, ocorre com a promoção automática —,

      (b) e às expectativas simples — que dependem de actos de terceiros (ex. promoção em virtude do bom serviço). Uma vez que o ordenamento não lhes confere qualquer meio de defesa, pensamos que são afectadas pela extinção da convenção. Ou seja: os trabalhadores não são titulares de um determinado bem jurídico — tal como as entidades patronais —, mas apenas tinham a susceptibilidade, verificados os pressu-

---

[195] MENEZES CORDEIRO, "Dos Conflitos Temporais de Instrumentos de Regulamentação Colectiva de Trabalho", cit., p. 470. Seguimos o método analítico utilizado pelo Autor.

[196] Sobre os conceitos direito subjectivo e expectativas, *vd.*, entre outros, MENEZES CORDEIRO, *Tratado de Direito Civil Português — Parte Geral*, volume I, tomo I, Lex, Lisboa, 1999, pp. 105-127, 136-137; RAQUEL REI, "Da Expectativa Jurídica", *Revista da Ordem dos Advogados*, ano 54, 1994, I, pp. 150-180, em especial, pp. 150--154, 172-178; GALVÃO TELLES, "Expectativa Jurídica (Algumas Notas)", *O Direito*, ano XC, 1958, pp. 2-6; VON THUR, *Derecho Civil — Los Derechos Subjectivos y el Patrimonio*, volumen I (1), «clásicos del pensamiento jurídico», Marcial Pons, Madrid, 1998 (traducción Tito Ravá, del *Der Allgemeine Teil des Deustchen Bürgerlichen Rechts*, s.e., s.d.), pp. 57-67, 185-198.

postos, de vir a sê-lo; e, se bem vemos a questão, um dos pressupostos era a manutenção da fonte para que possa, então, surgir o direito subjectivo.

d) por outro lado, na invocação do art. 21.º, da LCT, como modo de assegurar a irreversibilidade de algumas condições de trabalho, parece-nos, salvo o devido respeito, haver inversão metodológica, pois o preceito pressupõe a existência de direitos para consequentemente os garantir. Noutros termos: enquanto o direito permite a utilização de um bem, a garantia assegura a utilização desse mesmo bem[197]. Ora, só se pode falar em garantia depois de se demonstrar que estamos perante um bem, o que pensamos não ocorrer quando estamos ante uma simples expectativa jurídica;

e) acresce que desaparecendo o instrumento conformador do contrato, *in casu*, a convenção, não vemos como podemos manter efeitos que deixaram de ter fonte; falta-lhes o título que os legitime;

f) finalmente, para mantermos alguns direitos teríamos necessariamente que manter também obrigações, pois aqueles não existiriam sem estas; deste modo, como determinar — com segurança — quais as obrigações que seria mantidas? e que garantias teríamos que na sua escolha se mantém o espírito da convenção, i.e., que o equilíbrio que permitiu o acordo não foi adulterado a favor de um dos destinatários, dando, assim, origem a um outro acordo;

g) consequentemente, também a substituição automática, prescrita no art. 14.º, n.º 2, da LCT, apenas opera enquanto a convenção se mantiver eficaz; uma vez terminados os efeitos da convenção, as cláusulas contratuais, até então substituídas, tornam-se eficazes[198].

Assim, e sem prejuízo da análise do caso concreto, no caso de extinção da convenção, sem qualquer sucessão, os destinatários do instrumento autónomo não manterão o mesmo estatuto.

---

[197] *Vd.* sobre a distinção, JORGE MIRANDA, *Manual de Direito Constitucional — Direitos Fundamentais*, cit., pp. 88-89. Note-se que o legislador (laboral) consagrou, e bem, a distinção entre direitos e garantias, como se constata, por exemplo, ao compulsar o art. 34.º, n.º 6, da LRCT

[198] Neste sentido, LYON-CAEN — JEAN PÉLISSIER — ALAIN SUPIOT, *Droit du Travail*, cit., p. 683.

APÊNDICE [1]

I. *Decreto de 7 de Maio de 1834*: extingue os logares de Juiz, e Procuradores do Povo, Mesteres, Casa dos Vinte e quatro, e os gremios dos differentes Officios – Incumbe ás Camaras Municipaes as providencias que julgarem mais acertadas neste caso.

II. *Decreto de 9 de Maio de 1891*: regula a organisação das associações de classe, commerciaes, industraes ou agricolas.

III. *Decreto n.° 10:415, de 27 de Dezembro de 1924*: autoriza as associações de classe ou sindicatos profissionais, constituídos legalmente a poderem reunir-se em federações ou uniões, concedendo a estas e àquelas, desde que estejam devidamente registadas, individualidade jurídica para todos os efeitos legais, designadamente para celebrar contratos colectivos de trabalho.

IV. (A) *Decreto-Lei n.° 23:048, de 23 de Setembro de 1933*: promulga o Estatuto do Trabalho Nacional, alterado pelo (B) *Decreto n.° 24:424, de 27 de Agosto de 1934*.

V. *Despacho do Subsecretário de Estado das Corporações e Previdência Social, de 9 de Fevereiro de 1942*: bases para uma classificação dos actos jurídicos através dos quais se realiza a regulamentação corporativa das relações económico-sociais e a sua disciplina unitária.

VI. *Decreto-Lei n.° 36:173, de 6 de Março de 1947*: regula e uniformiza a estrutura das convenções colectivas de trabalho e a forma da sua elaboração e publicação – Estabelece os princípios que devem reger os respectivos contratos e acordos.

VII. *Decreto-Lei n.° 44 784, de 7 de Dezembro de 1962*: equipara, para efeitos dos artigos 30.° e 31.° do Decreto-Lei n.° 36 173, a publica-

---

[1] A presente compilação contém os principais diplomas sobre as convenções colectivas desde o seu aparecimento até à actualidade.

ção das convenções colectivas de trabalho no *Diário do Governo*, 2.ª série, à publicação das mesmas convenções no *Boletim do Instituto Nacional do Trabalho e Previdência*.

VIII. (A) *Decreto-Lei n.° 49212, de 28 de Agosto de 1969*: regime jurídico das relações colectivas de trabalho, regula e uniformiza a estrutura das convenções colectivas de trabalho e a forma da sua celebração e publicação, estabelece os princípios que devem reger os respectivos contratos e acordos e revoga os Decretos-Lei n.° 32749, 36173, 44784 e demais legislação complementar, alterado pelo (B) *Decreto-Lei n.° 492/70, de 22 de Outubro*.

IX. *Decreto-Lei n.° 505/74, de 1 de Outubro de 1974*: adopta medidas relativas a horários de trabalho.

X. *Decreto-Lei n.° 292/75, de 16 de Junho*: garante, com determinadas excepções, uma remuneração de montante mensal não inferior a 4000$00 a todos os trabalhadores por conta de outrem.

XI. *Resolução do Conselho da Revolução, de 27 de Novembro de 1975*: suspende as negociações pendentes dentro do regime de contratação até 31 de Dezembro de 1975.

XII. *Decreto-Lei n.° 783/75, de 31 de Dezembro*: suspende qualquer processo de negociação colectiva, quer por via convencional, quer por via administrativa.

XIII. (A) *Decreto-Lei n.° 164-A/76, de 28 de Fevereiro*: regulamenta as relações colectivas de trabalho, alterado pelo (B) *Decreto-Lei n.° 887/76, de 29 de Dezembro* e pelo (C) *Decreto-Lei n.° 353-G/77, de 29 Agosto*.

XIV. (A) *Decreto-Lei n.° 49-A/77, de 12 de Fevereiro*: estabelece medidas tendentes a condicionar os aumentos salariais através da contratação colectiva e também a limitar remunerações complementares, alterado pelo (B) *Decreto-Lei n.° 288-A/77, de 16 de Julho*, e pelo (C) *Decreto-Lei n.° 565/77, de 31 de Dezembro*.

XV. *Decreto-Lei n.° 23/78, de 27 de Janeiro*: transfere para a Secretaria Regional do Trabalho do Governo Regional da Região Autónoma da Madeira diversas competências.

XVI. (A) *Decreto-Lei n.° 121/78, de 2 de Junho*: fixa medidas relativas às condições de trabalho a estabelecer pelos instrumentos de regulamentação colectiva ou pelos contratos individuais, alterado pelo (B) *Decreto-Lei n.° 409/78, de 19 de Dezembro*, pelo (C) *Decreto-Lei n.° 34/79, de 28 de Fevereiro*, que foi objecto de recusa de ratificação mediante a (D) Resolução n.° 100/79 de 14 de Abril e pelo (E) *Decreto-Lei n.° 490/79, de 19 de Dezembro*.

XVII. *Decreto-Lei n.° 243/78, de 19 de Agosto de 1978*: transfere para a Região Autónoma dos Açores certas competências no sector do Trabalho.

XVIII. *Decreto-Lei n.° 294/78, de 22 de Setembro*: transfere para a Região Autónoma da Madeira certas competências no sector do Trabalho.

IXX. Resolução n.° 354-A/79, de 18 de Dezembro: reforça a verba de subsídios à exploração das empresas públicas.

XX. (A) *Decreto-Lei n.° 519-C1/79, de 29 de Dezembro*: regime jurídico das relações colectivas de trabalho, alterado pelo diploma (B) *Decreto-Lei n.° 87/89, de 23 de Março* – (C) Autoriza o Governo a legislar em matéria de regime jurídico das relações colectivas de trabalho, alterando o regime constante do Decreto-Lei n.° 519-C1/79, de 29 de Dezembro –, pelo (D) *Decreto-Lei n.° 209/92, de 2 de Outubro* – rectificado pela (E) *Declaração n.° 23/93, de 27 de Fevereiro* –, e pela (F) *Lei n.° 118/99, de 11 de Agosto*.

XXI. *Resolução n.° 163/80, 9 de Maio*: determina que os conselhos de gerência das empresas públicas remetam aos Ministérios ou departamentos da tutela, das Finanças e do Plano e do Trabalho cópias das propostas de celebração ou revisão de convenções colectivas de que sejam destinatários.

XXII. *Despacho do Secretário de Estado, de 16 de Julho de 1986*: caracterização do âmbito patronal e profissional dos instrumentos de regulamentação colectiva.

XXIII. *Despacho do Secretário de Estado Adjunto, de 5 de Março de 1990*: publicação e classificação dos instrumentos de regulamentação colectiva.

I. Decreto de 7 de Maio de 1834 [2]

Extingue os logares de Juiz, e Procuradores do Povo, Mesteres, Casa dos Vinte e quatro, e os gremios dos differentes Officios – Incumbe ás Camaras Municipaes as providencias que julgarem mais acertadas neste caso

Não se coadunando com os principios da Carta Constitucional da Monarchia, base, em que devem assentar todas as disposições Legislativas, a instituição de juiz e Procuradores do povo, Mesteres, Casa dos vinte e quatro, e classificação dos diferentes gremios; outros tantos estorvos á industria nacional, que para medrar muito carece da liberdade, que a desenvolva, e da protecção, que a defenda: Hei por bem, em Nome da Rainha, Decretar o seguinte:

Art. 1.º Ficam extinctos os Logares de Juiz, e Procuradores do Povo, Mesteres, Casa dos vinte e quatro, e os gremios dos differentes Officios.

Art. 2.º As Camaras Municipaes darão as providencias, que julgarem mais acertadas para se levar a effeito o disposto no Artigo 1.º sem inconvenientes do serviço publico. E se algumas dessas providencias excederem suas attribuições, Me consultarão para as tomar na consideração, que merecerem.

Art. 3.º Ficam revogadas todas as leis em contrario, como se dellas fizesse expressa, e declarada menção. O Ministro e Secretario d´Estado dos Negocios do Reino assim o tenha entendido, e faça executar. Palacio do Ramalhão em 7 de Maio de 1834 – *Bento Pereira do Carmo*.

II. Decreto de 9 de Maio de 1891 [3]

Regula a organisação das associações de classe, commerciaes, industraes ou agrícolas

Senhor. – O governo prometteu a Vossa Magestade, occupar-se das questões de trabalho, protegendo-o, encaminhando-o, fortalecendo-o, dando-lhe meios legaes de se desenvolver e de proficuamente servir aos inte-

---

[2] *Collecção de Decretos e Regulamentos Mandados Publicar por Sua Magestade Imperial O Regente do Reino desde a sua Entrada em Lisboa até á Instalação das Camaras Legislativas*, terceira serie, Imprensa Nacional, Lisboa, 1840, p. 115.

[3] *Collecção Official de Legislação Portugueza*, anno de 1891, Imprensa Nacional, Lisboa, 1892, pp. 207-209.

resses da industria com a qual deve irmanar-se compreendendo que são entre si reciprocamente essenciaes; e Vossa Magestade vê que não olvidou as suas promessas.

O artigo 282.° do codigo penal prohibe associações de mais de vinte pessoas, que não tenham sido previamente auctorisadas com as condições que o governo julgar conveniente regular as *associações de classe*.

Têem sido creadas nos ultimos annos varias associações de commerciantes, industriaes, agricultores, empregados ou operarios, destinadas a defender ou promover os interesses da respectiva classe, mas não se tendo regulado as condições com que essas associações podem ser auctorisadas e o modo por que a auctorisação deve ser concedida, tem havido grande incerteza sobre esta materia. Das associações de classe existentes, umas têem estatutos approvados pelo ministerio das obras publicas, commercio e industria, outras submetteram os estatutos á approvação do governador civil do respectivo districto administrativo, outras existem sem auctorisação legal, por tolerancia das auctoridades. Em mais de um caso as associações de classe organisaram-se com o associações de soccorros mutuos inscrevendo nos estatutos, alem dos preceitos relativos á mutualidade, outros alheios a ella, confundindo n`uma instituição única attribuições completamente diversas.

Há muito que se reconhecia a necessidade de estabelecer os preceitos a que devem sujeitar-se as associações de classe para poderem ser auctorisadas, e de regular o modo como deve ser pedida e dada a auctorisação. Essa necessidade tornou-se, porém, mais instante desde que o decreto de 28 de fevereiro ultimo, considerando associações e soccorros mutuos unicamente as instituidas para qualquer dos fins indicados no artigo 1.° do mesmo decreto, prohibiu que nas respectivas assembléas geraes se discutissem assumptos alheios aos fins designados nos estatutos.

Sob a denominação generica de *associações de classe* foram comprehendidas no projecto de decreto junto, as sociedades compostas de mais de vinte individuos, da mesma profissão ou profissões correlativas, tendo por fim o estatuto e a defeza dos interesses profissionaes que lhes são communs, abrangendo-se assim as associações commerciaes, industriaes ou agricolas, quer sejam compostas só de patrões (commerciantes, industriaes ou lavradores), só de empregados operários ou trabalhadores ruraes, ou mixtas. Estas sociedades podem prestar importantes serviços, já promovendo os interesses de que se trata, já fornecendo aos poderes publicos elementos para a boa resolução de varias questões especiaes – de ordem economica, social ou technica – ácerca das quaes os informados podem, melhor que quaesquer outros, dar informações minuciosas e precisas. Pareceu, por isso, de vantagem estabelecer para essas associações:

1.º Direito de se occuparem dos assumptos relativos ao estado, condições e necessidades da sua industria ou do seu commercio e modo de o desenvolver, á situação do respectivo pessoal e maneira de melhorar as suas condições sociaes, á hygiene e segurança nos trabalhos industriaes;

2.º A obrigação de funccionarem como corporacões consultivas, dando parecer sobre os assumptos da sua especialidade ácerca dos quaes forem consultadas pelo governo.

Occupando-se estas associacções unicamente dos interesses profissionaes e mantendo-se alheias á politica, podem ser elemento de ordem e de progresso. Para aquellas que se desviarem do fim especial para que foram instituidas, há n`este projecto de decreto e na legislação geral os necessários meios de repressão.

Não se estabelece n`este projecto de decreto disposição alguma com respeito ás reuniões ou congressos em que hajam de tomar parte os socios de varias associações de classe ou os respectivos delegados; essas reuniões ou congressos ficam sujeitos ás disposições geraes que regem o exercicio do direito de reunião. Não parece por ora necessario. Dão-se, porém, os preciosos poderes para a legalisarem uma das grandes ambições os representantes de respeitaveis interesses nacionaes, e cria-se um elemento indispensavel para ajudar os poderes publicos a procurarem os meios de legislar, com acerto, sobre questões importantes.

Nestas questões, senhor, o governo promovendo a associação cria coadjuvantes para futuras resoluções.

Neste intuito propõe á sabia consideração o approvação de Vossa Magestade o seguinte projecto de decreto.

Ministério das obras publicas, commercio e industria, em 9 de maio de 1891. = *Antonio Candido Ribeiro da Costa* = *Augusto José da Cunha* = *Thomás Antonio Ribeiro Ferreira*.

Attendendo ao que me representaram os ministros e secretarioa d'estado dos negocios do reino, da fazenda e das obras publicas, commercio e industria: hei por bem decretar o seguinte:

CAPITULO I
Da natureza e fins das associações de classe

Artigo 1.º As associações de classe são sociedades compostas de mais de vinte indivíduos exercendo a mesma profissão ou profissões correlativas, tendo por fim o estudo e a defeza dos interesses economicos, industriaes, commerciaes ou agricolas que lhes são communs.

§ unico. As associações de classe, commerciaes, industriaes ou agricolas, podem ser só de patrões (commerciantes, industriaes ou lavradores); só de empregados, operarios ou trabalhadoes; ou mixtas.

Artigo 2.º O estudo e defeza dos interesses indicados no artigo 1.º são o fim principal das associações de classe, mas nos estatutos pódo ser auctorisada a creação de creches, enfermarias, escolas, e bibliothecas.

CAPITULO II
Da organisação, constituição e dissolução das associações de classe

Art. 3.º As associações de classe, commerciaes, industriaes ou agricolas, não poderão constituir-se sem previa approvação dos estatutos pelo governo, dada pelo ministerio das obras publicas, commercio e industria, e ficam sujeitas à vigilancia e inspecção das auctoridades administrativas. Qualquer modificação nos estatutos só será valida depois de approvada pelo governo.

§ 1.º Cada associação de classe é obrigada a adoptar uma denominação, que não identica á de outra já existente. Todos os documentos que emanarem de uma d'estas associações e todas as publicações que no seu interesse forem feitas devem mencionar o nome da associação, precedido ou seguido das seguintes palavras: *associação de classe*.

§ 2.º Haverá no ministerio das obras publicas, commercio e industria um registo especial das denominações das associações de classe, cujos estatutos houverem sido approvados pelo governo.

Art. 4.º As associações de classe, logo que pelo ministerio das obras publicas, commercio e industria for publicado no *Diario do governo* o despacho de approvação dos estatutos, e emquanto essa approvação não for retirada, gozam das seguintes vantagens:

1.º Têem individualidade juridica, podendo exercer todos os direitos relativos a interesses legitimos do seu instituto, demandar e ser demandadas.

2.º Podem, com previa auctorisação do governo, possuir os predios urbanos indispensaveis para os seus escriptorios, administração e dependências.

3.º Podem dispor, nos termos dos estatutos, das sommas provenientes das quotas dos socios e de quaesquer outros rendimentos.

4.º Podem organisar agencias para collocação de empregados, operarios ou aprendizes da respectiva especialidade, submettendo previamente á approvação do governo os necessarios regulamentos.

5.º Podem promover entre os seus socios, nos termos da legislação vigente, a organisação de associações de socorros mutuos, de caixas economicas ou de sociedades cooperativas.

6.º Funccionam como corporações consultivas, sempre que forem mandadas ouvir pelo governo sobre qualquer assumpto relativo:

a) Ao estado, condições e necessidades da sua industria ou do seu commercio e modo de lhes promover o desenvolvimento;

b) Á situação do respectivo pessoal e maneira de melhorar as suas condições sociaes;

c) Á hygiene e segurança nos trabalhos industriaes.

§ unico. As associações de socorros mutuos, caixas economicas e sociedades cooperativas formadas nos termos do n.º 5.º, serão completamente distinctas e independentes da associação de classe, e qualquer socio terá o direito de pertencer a esta sem fazer parte de qualquer das outras.

Art. 5.º As associações de classe são obrigadas:

1.º A dar o parecer sobre os assumptos da sua especialidade ácerca dos quaes forem consultadas pelo governo;

2.º A desempenhar as funcções que lhes sejam incumbidas por leis especiaes.

Art. 6.º Os socios podem sair livremente da associação de classe; tanto os socios que saírem por sua vontade, como os que forem expulsos nos termos dos estatutos, não têem direito a haver o que tiverem pago.

§ unico. O indivíduo que deixar de fazer parte de uma associação de classe não perde, por isso, os direitos que lhe competirem em qualquer associação de socorros mutuos, caixa economica, ou sociedade cooperativa, a que pertença, organisada pela mesma associação de classe.

Art. 7.º Os estatutos indicarão:

a) A denominação da associação, sua séde e seus fins;

b) O modo e as condições de admissão dos socios, os seus direitos e deveres, os casos em que podem ser expulsos e o processo da expulsão, os pagamentos a que são obrigados e as vantagens que lhes são garantidas;

c) A organisação dos corpos gerentes e suas attibuições;
d) Os poderes da assembléa geral, a organisação e attribuições da respectiva mesa, as condições para a constituição e funccionamento da assembléa geral e para o exercicio do direito de voto, e o modo por que podem ser alterados os estatutos;
e) O modo de proceder á liquidação no caso de dissolução.

§ único. Só podem fazer parte dos corpos gerentes ou da mesa das associações de classe os subditos portuguezes no goso dos seus direitos civis.

Art. 8.º O pedido de approvação dos estatutos de uma nova associação de classe será formulado em requerimento assignado por tres fundadores, pelo menos, e deve ser de dois exemplares dos estatutos, um do quaes será assignado por todos os fundadores.

§ unico. O requerimento e os documentos de que se trata serão entregues directamente no ministério das obras publicas commercio e industria, ou, mediante recibo, no governo civil do districto, onde a associação deve ter a séde, conforme convier aos interessados. No segundo caso o governador civil remettel-os-ha logo á direcção geral do commercio e industria.

Art. 9.º O pedido de approvação de alteração dos estatutos será formulado em requerimento assignado pela direcção e deve ser acompanhado de dois exemplares dos novos estatutos, um dos quaes será assignado pelos directores, de uma copia autentica da acta da assembléa geral em que essa alteração foi votada, com indicação do numero de socios que tomaram parte na votação e de uma lista dos socios existentes.

Art. 10.º O requerimento de que tratam os artigos 8.º e 9.º será submettido a despacho do ministro acompanhado da informação da repartição de commercio de onde conste:
a) Se ha nos estatutos alguma disposição contraria ao disposto n'este decreto ou nas leis geraes;
b) Se os estatutos se acham em condições de serem approvados ou se só lhes deve ser dada a approvação depois de feitas determinadas alterações.

Art. 11.º O alvará de approvação dos estatutos das associações será isento do pagamento de sêllo, de emolumentos, de direitos de mercê ou de qualquer outra despeza.

Art. 12.º A approvação dos estatutos será retirada ás associações de classe que se desviarem do fim para que foram instituidas, não cumprirem fielmente os seus estatutos, não prestarem ao governo as informações que este pedir sobre os assumptos da especialidade das mesmas associações a que se refere o n.º 6 do artigo 4.º, não desempenharem devidamente as funções que lhes tiverem sido incumbidas por leis especiaes, ou infringirem as disposições d'este decreto.

Art. 13.º No caso de dissolução proceder-se-há á liquidação dos haveres da associação. Satisfeitas as dividas ou consignadas as quantias necessárias para o seu pagamento, proceder-se-ha á partilha do resto dos valores, conforme o que dispozerem os estatutos. Quando nos estatutos não tenha sido indicado o modo de fazer a partilha, será esse resto distribuido pelas associações de socorros mutuos do respectivo districto administrativo, na proporção do numero de socios que cada uma tivesse em 31 de dezembro do anno anterior.

§ 1.º No caso de uma associação de classe se dissolver por decisão da assembléa geral sem esta nomear logo os liquidatarios, e no caso de ser retirada a approvação aos respectivos estatutos, o tribunal administrativa nomeará dois liquidatários.

§ 2.º A liquidação será feita sob a inspecção e vigilancia do governador civil do districto, o qual poderá delegar essas funções no administrador do concelho ou bairro.

§ 3.º A liquidação será feita em praso não excedente a seis mezes.

CAPITULO III
Disposições geraes e transitorias

Art. 14.º É nulla toda a deliberação tomada sobre objecto estranho áquelle para que a assembléa geral for convocada. São prohibidas as discussões sobre assumptos alheios aos fins da associação expressos nos seus estatutos.

Art. 15.º As associações de classe actualmente existentes, cujos estatutos foram approvados pelo ministerio das obras publicas, commercio e industria, continuarão a reger-se por elles em tudo o que não for contrario ás disposições deste decreto. Se, porém, qualquer d'essas associações quizer proceder á reforma dos estatutos, poderá fazel-o sujeitando-se na sua nova organisação ao disposto n'este decreto.

§ 1.º As associações de classe, actualmente existentes, cujos estatutos foram approvados por qualquer dos governos civis, deverão modificar esses estatutos em conformidade com o presente decreto o submettel-os á approvação do governo até ao dia 30 de junho de 1892.

§ 2.º No dia 1 de janeiro de 1893 considerar-se-ha retirada a approvação dos estatutos das associações de classe comprehendidas no § 1.º, que não tiverem cumprido o que determina o mesmo paragrapho. Essas associações serão dissolvidas desde logo, procedendo-se á sua liquidação.

Art. 16.º O governo publicará os regulamentos necessarios para a execução d'este decreto.

Os ministros o secretaries d'estado dos negocios do reino, da fazenda e das obras publicas, commercio o industria, assim o tenham entendido e façam executar. Paço, em 9 de maio de 1891. — REI. = *Antonio Candído Ribeiro da Costa = Augusto José da Cunha:= Thomás Antonio Ribeiro Ferreira.*

D. do G. n.º 106, de 14 de maio.

III. Decreto n.º 10:415, de Dezembro de 1924 [4]

Autoriza as associações de classe ou sindicatos profissionais, constituidos legalmente, a poderem reunir-se em federações ou uniões, concedendo a estas e àquelas, desde que este estejam devidamente registadas individualidade jurídica para todos os efeitos legais, designadamente para celebrar contratos colectivos de trabalho

O único diploma que regula a organização e funcionamento das associações de classe – modernamente designadas sindicatos profissonais – é o decreto de 9 de Maio de 1891. Serviu de base ao referido decreto artigo 282.º do Código Penal, que autoriza o Gôverno a estabelecer as condições em que essa organização pode ser feita.

No mesmo diploma – já um pouco antiquado e deficiente – não se faz referência a federações ou uniões dos grémios associados, encontrando-se, por isso, fora da lei estes organismos, que hoje representam a feição preponderante da organização profissional e aos quais é de toda a justiça reconhecer-se personalidade jurídica. Também se não faz referência alguma aos contratos colectivos de trabalho naquela época quasi desconhecidos.

Constituindo, porém, tais contratos, no momento actual, um dos melhores meios de os sindicatos e federações cumprirem a sua finalidade; e

Considerando que se devem simplificar, o mais possível, as formalidades para a constituição das federações e uniões dos sindicatos, visto serem formados por colectividades que têm já existência legal:

---

[4] *Diário do Gôverno*, de 27 de Dezembro de 1924, I série, número 287, p. 1893.

Hei por bem, sob proposta dos Ministros de todas as Repartições, decretar:

Artigo 1.º As associações de classe ou sindicatos profissionais constituídos legalmente, podem reunir-se em federações ou uniões de harmonia com o que se estabelece nos artigos seguintes.

Art. 2.º A constituição das federações ou uniões não depende da aprovação do Govêrno, mas simplesmente da apresentação de dois exemplares dos respectivos estatutos no Ministério do Trabalho.

§ 1.º Um dêsses exemplares será devolvido aos interessados no prazo de quinze dias com a nota do registo, sem o que as federações ou uniões não poderão funcionar.

§ 2.º Havendo nos estatutos alguma disposição, ou omissão, contrária à lei, a sua devolução far-se há no mesmo prazo para que se efectuem as necessárias emendas.

Art. 3.º As federações ou uniões, desde que estejam devidamente registadas, têm individualdade jurídica para todos os efeitos legais, designadamente para celebrar contratos colectivos de trabalho.

§ único. Esta disposição é extensiva às associações de classe ou sindicatos profissionais.

Art. 4.º O Govêrno publicará o regulamento ou regulamentos que julguem necesssários para o fiel cumprimento dêste decreto.

Art. 5.º Ficam revogadas as disposições em contrário.

Os Ministros de todas as repartições assim o tenham entendido e façam executar. Paços do Govêrno da República, 27 de Dezembro de 1924. – MANUEL TEIXEIRA GOMES – *José Domingues dos Santos – Pedro Augusto Pereira de Castro – Manuel Gregório Pestana Júnior – Helder Armando dos Santos Ribeiro – João de Barros – Plínio Octávio de Sant`Ana e Silva – Carlos Eugénio de Vasconcelos – António Joaquim de Sousa Júnior – João de Deus Ramos – Ezequiel de Campos.*

IV. (A) Decreto-Lei n.º 23:048, de 23 de Setembro de 1933 [5]

Promulga o Estatuto do Trabalho Nacional

Usando da faculdade conferida pela 2.ª parte do n.º 2.º do artigo 108.º da Constituição, o Govêrno decreta e eu promulgo, para valer como lei, o seguinte:

---

[5] *Diário do Govêrno*, de 23 de Setembro, I série, número 217, pp. 1655-1658.

ESTATUTO DO TRABALHO NACIONAL

TÍTULO I

Os indivíduos, a Nação e o Estado na ordem económica e social

Artigo 1.º A Nação Portuguesa constitue uma unidade moral, política e económica, cujos fins e interêsses dominam os dos indivíduos e grupos que a compõem.

Art. 2.º A organização económica da Nação deverá realizar o máximo de produção e riqueza socialmente útil e estabelecer uma vida colectiva de que resultem poderio para o Estado e justiça entre todos os cidadãos.

Art. 3.º O Estado português é uma república unitária e corporativa baseada na igualdade dos cidadãos perante a lei e no livre acesso de todas as classes aos benefícios da civilização.

Art. 4.º O Estado reconhece na iniciativa privada o mais fecundo instrumento do progresso e da economia da Nação.

É garantida a liberdade de trabalho e de escolha de profissão em qualquer ramo de actividade, salvas as restrições legais requeridas pelo bem comum e os exclusivos que só o Estado e os corpos administrativos poderão explorar ou conceder, nos termos da lei, por motivos de reconhecida utilidade pública.

Art. 5.º Os indivíduos e os organismos corporativos por êles constituídos são obrigados a exercer a sua actividade com espírito de paz social e subordinando-se ao princípio de que a função da justiça pertence exclusivamente ao Estado.

Art. 6.º O Estado deve renunciar a explorações de carácter comercial e industrial, mesmo quando se destinem a ser utilizadas no topo ou em parte pelos serviços públicos, e quer concorram no campo económico com as actividades, quer constituam exclusivos, só podendo estabelecer ou gerir essas explorações em casos excepcionais, para conseguir benefícios sociais superiores aos que seriam obtidos sem a sua acção. Também o Estado só pode intervir directamente na gerência das actividades privadas, quando haja de financiá-las e para a realização dos mesmos fins.

Art. 7.º O Estado tem o direito e a obrigação de coordenar e regular superiormente a vida económica e social, determinando-lhe os objectivos e visando designadamente o seguinte:

1.º Estabelecer o equilíbrio da produção, das profissões, dos empregos, do capital e do trabalho;

2.º Defender a economia nacional das explorações agrícolas, industriais e comerciais de carácter parasitário ou incompatíveis com os interêsses superiores da vida humana;

3.º Conseguir o menor preço e o maior salário compatíveis com a justa remuneração dos outros factores da produção e aperfeiçoamento da técnica, dos serviços e do crédito;

4.º Promover a formação e o desenvolvimento da economia nacional corporativa num espírito de cooperação que permita aos seus elementos realizar os justos objectivos da sociedade e dêles próprios, evitando que estabeleçam entre si oposição prejudicial ou concorrência desregrada, ou que pretendam relegar para o Estado funções que devem ser atributo da actividade particular;

5.º Reduzir ao mínimo indispensável a esfera do seu funcionalismo privativo no campo da economia nacional.

Art. 8.º A hierarquia das funções e dos interêsses sociais é condição essencial da organização da economia nacional.

Art. 9.º É acto punível a suspensão ou perturbação das actividades económicas:

1.º Pelas emprêsas patronais, singulares ou colectivas, nos seus estabelecimentos, escritórios ou explorações económicas, sem motivo justificado e com o objectivo único de obter vantagens da parte do pessoal empregado, ou dos seus fornecedores de matérias primas, produtos ou serviços, ou do Estado ou corpos administrativos;

2.º Pelos técnicos, empregados ou operários, com o fim de conseguir novas condições de trabalho ou quaisquer outros benefícios ou ainda de resistir a medidas de ordem superior conformes com as disposições legais.

O Regimento das Corporações estabelecerá as penalidades correspondentes a êste acto.

Art. 10.º É direito e obrigação fundamental do Estado contrapor a sua acção a todos os movimentos e doutrinas sociais contrários aos princípios consignados neste Estatuto.

TÍTULO II
A propriedade, o capital e o trabalho

Art. 11.º A propriedade, o capital e o trabalho desempenham uma função social, em regime de cooperação económica e solidariedade.

CAPÍTULO I
Da propriedade

Art. 12.º O Estado reconhece o direito de propriedade e respectivos poderes de gôzo e disposição em vida ou por morte, como imposição racional da natureza humana, condição do maior esfôrço individual e colectivo na família e na sociedade, e uma das bases essenciais da conservação e progresso sociais.

Art. 13.º O exercício dos poderes do proprietário é garantido quando em harmonia com a natureza das cousas, o interêsse individual e a utilidade social expressa nas leis, podendo estas sujeitá-lo às restrições que sejam exigidas pelo interêsse público e pelo equilíbrio e conservação da colectividade. O vínculo que liga o proprietário ao objecto da propriedade é absoluto, sem prejuízo porém da faculdade do expropriação, a qual só pode ter lugar mediante justa e prévia indemnização.

CAPÍTULO II
Do capital

Art. 14.º Sôbre o capital aplicado em exploração agrícola, industrial ou comercial impede a obrigação de conciliar os seus interêsses legítimos com os do trabalho e os da economia pública.

Art. 15.º A direcção das emprêsas, com todas as suas responsabilidades, pertence de direito aos donos do capital social ou aos seus representantes. Só por livre concessão dêles o trabalhador pode participar na gerência, fiscalização ou lucros das emprêsas.

Art.16.º O direito de conservação ou amortização do capital das emprêsas e o do seu justo rendimento são condicionados pela natureza das cousas, não podendo prevalecer contra êle os interêsses ou direitos do trabalho.

Art. 17.º As empresas não são obrigadas a fornecer trabalho que a sua direcção repute desnecessário ao plano da exploração. Nas crises de trabalho, porém, deverão cooperar com o Estado e com os organismos corporativos na adopção de medidas conformes com o bem público.

Art. 18.º O capital, em virtude da função social que desempenha, deve ser rodeado de medidas de protecção condicionadas pelo interêsse público. As emprêsas têm obrigação de constituir reservas destinadas a protegê-las das contingências próprias da sua actividade, a facilitar a adaptação à evolução dos mercados e a prevenir as crises.

Art.19.º O Estado favorecerá as actividades económicas particulares que, em relativa igualdade de custo, forem mais rendosas, sem prejuízo do benefício social atribuído e da protecção devida às pequenas industrias domésticas. Assim as emprêsas devem subordinar a sua actividade ao aperfeiçoamento constante dos métodos de trabalho que, sem sacrificar nem o equilíbrio entre a produção e a capacidade dos mercados nem as exigências vitais do seu pessoal, permita simultaneamente melhorar sempre a qualidade dos produtos e evitar o envelhecimento dos preços.

Art. 20.º Compete às entidades patronais cooperar com o Estado e com os organismos corporativos na melhoria das condições económicas dos seus trabalhadores, dentro dos justos limites a que se refere o artigo 16.º.

CAPÍTULO III
Do trabalho

a) Do direito ao trabalho e suas condições

Art. 21.º O trabalho, em qualquer das suas formas legítimas, é para todos os portugueses um dever de solidariedade social. O direito ao trabalho e ao salário humanamente suficiente são garantidos sem prejuízo da ordem económica, jurídica e moral da sociedade.

Art. 22.º O trabalhador intelectual ou manual é colaborador nato da emprêsa onde exerça a sua actividade e é associado aos destinos delas pelo vínculo corporativo.

Art. 23.º O direito ao trabalho é tornado efectivo pelos contratos individuais ou colectivos. Nunca o pode ser pela imposição do trabalhador, dos organismos corporativos ou do Estado, salvo, no que respeita a êste último, o direito que lhe assiste, em caso de suspensão concertada de actividades, de usar de todos os meios legítimos para compelir os delinquentes ao trabalho.

Art. 24.º O ordenado ou salário, em princípio, tem limite mínimo, correspondente à necessidade de subsistência.

Não está porém sujeito a regras absolutas e é regulado quer pelos contratos de trabalho quer pelos regimentos corporativos, em conformidade com as necessidades normais da produção, das emprêsas o dos trabalhadores e também do rendimento do próprio trabalho. A duração do trabalho está sujeita à mesma doutrina, podendo porém ser-lhe fixado limite máximo por preceito legal ou por via de resolução corporativa, em determinados ramos de actividade económica, segundo plano apropriado aos interêsses da Nação, das empresas e dos trabalhadores.

Os mesmos princípios condicionarão sempre a aceitação de quaisquer convénios internacionais sôbre as matérias dêste artigo.

§ 1.º O trabalho nocturno, desde que não seja exercido em regime do piquetes periódicos regulares, deve ser remunerado por maior preço do que o diurno.

§ 2.º Quando o serviço é pago por peça e a liquidação é demorada, devem ser feitos pagamentos semanais ou quinzenais por conta dela.

Art. 25.º As condições do trabalho devem ser dispostas por forma que fiquem atendidas as necessidades de higiene física e moral e a segurança do trabalhador.

Leis especiais regularão a responsabilidade das entidades patronais em tudo quanto respeita à execução dêste princípio.

Art. 26.º O trabalhador da agricultura, indústria e comércio tem direito a um dia de descanso por semana, que só excepcionalmente e por motivos fundamentados pode deixar de ser o domingo.

§ 1.º As exigências dos serviços serão quanto possível harmonizadas com o respeito dos feriados civis e religiosos observados pelas localidades.

§ 2.º O trabalho prestado ao domingo ou no dia excepcionalmente designado para descanso semanal, com exclusão do dos indivíduos empregados em serviço de laboração contínua, será sempre pago pelo dôbro.

Art. 27.º O trabalho realizado no domicílio, quando não revista carácter meramente doméstico, fica obrigatòriamente sujeito à disciplina dos regimentos corporativos. Normas especiais assegurarão a higiene do trabalho feito naquelas condições e a sua justa remuneração.

Art. 28.º Nas emprêsas deve ser consentido aos respectivos trabalhadores com serviço permanente um período mesmo reduzido, de férias pagas em cada ano.

Art. 29.º É garantido aos empregados das emprêsas privadas o direito ao lugar durante todo o tempo em que forem obrigados a prestar serviço militar. Ê mesmo princípio é extensivo a todos os operários ou assalariados dos respectivos quadros permanentes.

Art. 30.º O Estado distinguirá todos aqueles que prestem relevantes serviços à economia nacional e à colectividade, quer pelo resultado do seu esfôrço quer pelo exemplo do trabalho honesto o diligente.

b) **Do trabalho das mulheres e dos menores**

Art. 31.º O trabalho das mulheres o dos menores, fora do domicílio, será regulado por disposições especiais conforme as exigências da moral, da defesa física, da maternidade, da vida doméstica, da educação e do bem social.

c) Dos contratos colectivos

Art. 32.º Os sindicatos nacionais e os grémios ajustam entre si contratos colectivos de trabalho destinados a regular as relações entre as respectivas categorias de patrões e de trabalhadores. O contrato colectivo de trabalho consubstancia a solidariedade dos vários factores de cada ramo das actividades económicas, subordinando interêsses parciais às conveniências superiores da economia nacional.

Art. 33.º Os contratos colectivos de trabalho uma vez sancionados pelos organismos corporativos superiores e aprovados pelo Govêrno, obrigam os patrões e trabalhadores da mesma indústria, comércio ou profissão, quer estejam ou não inscritos nos grémios e sindicatos nacionais respectivos.

Art. 34.º Os contratos colectivos conterão obrigatòriamente normas relativas ao horário e disciplina do trabalho, salários ou ordenados, sanções por infracção dos regulamentos, faltas regulamentares, descanso semanal, férias, condições de suspensão ou perda de emprêgo, período de garantia dêste no caso do doença, licença para serviço militar, tempo de aprendizagem ou de estágio para o pessoal entrado de novo e cotas de comparticipação das entidades patronais e dos empregados ou assalariados nas organizações sindicais de previdência.

d) Do trabalho por conta do Estado

Art. 35.º Os funcionários públicos estão ao serviço da colectividade e não de qualquer partido ou organização de interêsses particulares, incumbindo-lhos acatar e fazer respeitar a autoridade do Estado.

Art. 36.º Estão sujeitos à disciplina prescrita no artigo anterior os operários dos quadros de serviços públicos, os empregados das autarquias locais o corporações administrativas, e bem assim os que trabalham em emprêsas que explorem serviços de interêsse público.

Art. 37.º A suspensão concertada de serviços públicos ou de interêsse colectivo importará a demissão dos dilinquentes, além de outras responsabilidades que a lei prescrever.

Art. 38.º Aos empregados e aos operários dos quadros permanentes do Estado e dos corpos e corporações administrativas é garantido o direito ao lugar durante o tempo em que forem obrigados a prestar serviço militar.

Art. 39.º Aos funcionários do Estado, dos corpo e corporações administrativas, bem como aos operários dos respectivos quadros permanentes, é vedado constituírem-se em sindicatos privativos ou fazer parte de quaisquer organismos corporativos.

§ único. Aos funcionários do Estado, dos corpos e corporações administrativas que exerçam profissões livres é contudo permitido fazer parte de organismos corporativos da respectiva profissão, mas nesta última qualidade e não reconhecendo o Estado capacidade àqueles organismos para com êle tratarem dos interêsses dos mesmos como funcionários.

TÍTULO III
A organização corporativa

a) Princípios fundamentais

Art. 40.º A organização profissional abrange não só o domínio económico mas também o exercício das profissões livres e das artes, subordinando-se a sua acção neste caso a objectivos de perfeição moral e intelectual que concorram para elevar o nivel espiritual da Nação.

Art. 41.º A organização profissional não é obrigatória, salvo disposição especial aplicável a indivíduos que exerçam determinadas actividades. Incumbe porém ao Estado reconhecer os organismos que a representam e promover o auxiliar a sua formação.

Os Sindicatos Nacionais de empregados e operários e os Grémios formados pelas entidades patronais constituem o elemento primário da organização corporativa e agrupam-se em Federações e em Uniões, elementos intermédios da Corporação que realiza a forma última daquela organização.

A Federação é regional ou nacional e constituída pela associação de sindicatos ou grémios idênticos. A União conjuga as actividades afins já organizadas em grémios ou sindicatos nacionais, de modo a representar em conjunto todos os interessados em grandes ramos da actividade nacional.

As Corporações constituem a organização unitária das fôrças da produção e representam integralmente os seus interêsses.

Art. 42.º Os sindicatos nacionais e os grémios têm personalidade jurídica; representam legalmente toda a categoria dos patrões, empregados ou assalariados do mesmo comércio, indústria ou profissão, estejam ou não nêles inscritos; tutelam os seus interêsses perante o Estado e os outros organismos corporativos; ajustam contratos colectivos de trabalho, obrigatórios para todos os que pertencem à mesma categoria; cobram dos seus associados as cotas necessárias à sua manutenção como organismos representativos, e exercem, nos termos das leis, funções de interêsse público.

Art. 43.º Como representantes dos intêresses unitários da produção, as Corporações podem estabelecer entre si normas gerais e obrigatórias sôbre a disciplina interna e a coordenação das actividades, todas as vezes que para isso hajam recebido os necessários poderes dos Sindicatos ou Grémios, Uniões ou Federações nelas integrados, e o assentimento do Estado.

Art. 44.º Podem fazer parte dos organismos corporativos, nos termos que a lei determinar, os estrangeiros domiciliados em Portugal; é-lhes porém vedado intervir no exercício dos direitos políticos aos mesmos atribuídos e ocupar lugares de direcção, salvo caso expressamente previsto na lei.

Art. 45.º Nas Corporações estarão integralmente representadas as actividades da Nação, competindo-lhes pelos seus vários órgãos tomar parte na eleição das Câmaras Municipais e dos Conselhos de Província, e na constituição da Câmara Corporativa.

Art. 46.º Os serviços de colocação de trabalhadores são normalmente da iniciativa dos organismos corporativos, em especial dos sindicatos.

É reconhecida às empresas a liberdade de escolha dos seus empregados ou assalariados, podendo porém as mesmas ser obrigadas, em certos casos, a não tomar nenhuns fora das listas elaboradas pelos serviços de colocação dependentes das corporações. Compete especialmente aos sindicatos de empregados e operários desenvolver as habilitações técnicas e as qualidades disciplinares dos seus associados, e dar, acêrca destes, aos serviços acima referidos as garantias profissionais e morais que sejam exigidas pelas emprêsas.

Art. 47.º É atribuição dos sindicatos nacionais a defesa dos direitos e legítimos interesses dos seus membros, e dos que exercem na sua área a mesma profissão, em tudo o que se refere à aplicação dos preceitos legais de protecção aos trabalhadores.

b) A previdência social na organização corporativa

Art. 48.º A organização do trabalho abrange, em realização progressiva, como as circunstâncias o forem permitindo, as caixas ou instituições de previdência tendentes a defender o trabalhador na doença, na invalidez e no desemprêgo involuntário, e também a garantir-lhe pensões de reforma.

§ 1.º A iniciativa e a organização das caixas e instituições de previdência incumbe aos organismos corporativos.

§ 2.º Os patrões e os trabalhadores devem concorrer para a formação dos fundos necessários a estes organismos, nos termos que o Estado estabelecer expressamente, ou sancionar quando da iniciativa dos interessados.

§ 3.º A administração das caixas e fundos alimentados por contribuição comum pertence de direito a representantes de ambas as partes contribuintes.

Art. 49.º Do princípio de protecção às vítimas de acidentes de natureza profissional deriva por via de regra responsabilidade para as entidades patronais.

Estas não deixarão de contribuir monetàriamente para assegurar ao trabalhador ou ao respectivo sindicato os meios de o pôr a coberto do risco profissional, mesmo que se trate de serviços em que não seja legalmente atribuída aos patrões responsabilidade directa pelos desastres verificados.

TÍTULO IV
Magistratura do trabalho

Art. 50.º As questões suscitadas na interpretação ou na execução dos contratos colectivos do trabalho, e bem assim as que possam surgir entre patrões e operários no cumprimento das leis de protecção ao trabalho nacional, são julgadas por magistrados especiais, com recurso de revista para um tribunal superior. Pertence aos mesmo tribunais o julgamento das questões relativas à previdência social.

Art. 51.º Os juízes do trabalho exercem também funções conciliatórias e arbitrais nos conflitos entre patrões e operários, em especial quando existam meros contrato singulares de trabalho ou não tenha de se fazer aplicação de direito estrito; nestes casos podem ser assistidos de representantes dos sindicatos a que pertençam as partes em litígio.

Art. 52.º Os juízes do trabalho são independentes: as suas decisões não obedecem a instruções prévias ou ordens de serviço e serão proferidas apenas segundo a lei e conforme a consciência, de quem julga. Junto dos juízes existem agentes do Ministério Público, fiscais da lei e protectores oficiosos dos trabalhadores.

Publique-se e cumpra-se como nêle se contém.

Paços do Govêrno da República, 23 de Setembro 1933. – ANTÓNIO OSCAR DE FRAGOSO CARMONA – *António de Oliveira Salazar – Antónino Raúl da Mata Gomes Pereira – Manuel Rodrigues Júnior – Luiz Alberto de Oliveira – Aníbal de Mesquita Guimarãis – José Caeiro da Mata – Duarte Pacheco – Armindo Rodrigues Monteiro – Alexandre Alberto de Sousa Pinto – Sebastião Garcia Ramires – Leovigildo Queimado Franco de Sousa.*

(B) Decreto-lei n.° 24:424, de 7 de Agosto [6]

Dá nova redacção ao artigo 13.° do decreto-lei n.° 23:048, que promulga o Estatuto do Trabalho Nacional

Usando da faculdade conferida pela 2.ª parte do n.° 2.° do artigo 108.° da Constituição, o Govêrno decreta e eu promulgo, para valer como lei, o seguinte:

Artigo único. Passa a ter a seguinte redacção o artigo 13.° do decreto-lei n.° 23:048, de 23 de Setembro de 1933:

Art. 13.° O exercício dos poderes do proprietário é garantido quando em harmonia com a natureza das cousas, o interêsse individual e a utilidade social expressa nas leis, podendo estas sujeitá-lo às restrições que sejam exigidas pelo interêsse público e pelo equilíbrio e conservação da colectividade. O vínculo que liga o proprietário ao objecto da propriedade é absoluto, sem prejuízo porém da faculdade de expropriação, a qual só poderá ter lugar mediante a garantia de uma justa indemnização, a fixar nos termos das leis em vigor.

Publique-se e cumpra-se como nêle se contém.

Paços do Govêrno da República, 27 de Agosto de 1934. – ANTÓNIO ÓSCAR DE FRAGOSO CARMONA – *António de Oliveira Salazar – Antónino Raúl da Mata Gomes Pereira – Manuel Rodrigues Júnior – Luiz Alberto de Oliveira – Aníbal de Mesquita Guimarãis – José Caeiro da Mata – Duarte Pacheco – Armindo Rodrigues Monteiro – Sebastião Garcia Ramires – Leovigildo Queimado Franco de Sousa.*

V. Despacho do Subsecretário de Estado das Corporações e Previdência Social, de 9 de Fevereiro de 1942 [7]

Bases para uma classificação dos actos jurídicos através dos quais se realiza a regulamentação corporativa das relações económico-sociais e a sua disciplina unitária

Para os devidos efeitos se publicam o parecer e o despacho seguintes:

---

[6] *Diário do Govêrno*, de 27 de Agosto de 1934, I série, número 201, p. 1683.

[7] *Boletim do Instituto Nacional do Trabalho e Previdência*, de 14 de Fevereiro de 1942, ano IX, n.° 3, pp. 51-52.

«Há necessidade de fixar doutrina quanto à classificação dos actos jurídicos através dos quais se realiza a regulamentação corporativa das relações económico-sociais e a sua disciplina unitária. Propomos a seguintes bases de classificação, tendo em vista um critério simultâneamente formal e material:

I. *Actos plurilaterais*:

a) Convenções colectivas de trabalho – Os actos jurídicos celebrados entre dois ou mais organismos corporativos (*contratos colectivos*), ou entre um ou mais organismos e uma ou várias emprêsas ou entidades (*acordos colectivos*), e destinados a regular os termos a que devem obedecer os contratos singulares de trabalho entre as respectivas catego-rias de patrões e de trabalhadores. Só os contratos colectivos devem conter obrigatòriamente as normas estabelecidas no artigo 34.º do Estatuto do Trabalho Nacional.

b) Acordos intercorporativos – Os actos jurídicos celebrados entre dois ou mais organismos corporativos, ou entre um ou mais organismos corporativos e uma ou várias emprêsas ou entidades, com o fim de coordenar o exercício de actividades comuns ou complementares ou de conciliar interêsses divergentes em campo económico e social diverso do das relações de trabalho.

c) Contratos-tipos – Os actos jurídicos celebrados entre organismos corporativos e emprêsas nêles encorporadas, por virtude dos quais estas se obrigam a adoptar certo número de cláusulas nos contratos a celebrar entre si, ou entre elas e o público, com o fim de uniformizar as respectivas relações contratuais.

II. *Actos unilaterais*:

a) Estatutos e regulamentos corporativos – Os actos jurídicos emanados dos organismos corporativos e destinados a regular a sua constituição, organização e funcionamento, definindo as respectivas atribuições e disciplinando o exercício da sua actividade económica e social e da actividade profissional dos seus membros.

b) Tarifas – Os actos jurídicos destinados a definir certos aspectos da actividade corporativos, designadamente o da fixação de preços mínimos dos produtos ou serviços».

....

Lisboa, 5 de Fevereiro de 1942 – *Mota Veiga.*

«Concordo. – Publique-se por extracto no *Boletim* a doutrina que resulta da informação. – Lisboa, 5 de Fevereiro de 1942. – *Trigo de Negreiros*»

Instituto Nacional do Trabalho e Previdência, 9 Fevereiro de 1942. – O Secretário, interino, *António Jorge da Mota Veiga*.

VI. Decreto-Lei n.° 36:173, de 6 de Março de 1947 [8]

Regula e uniformiza a estrutura das convenções colectivas de trabalho e a forma da sua elaboração e publicação – Estabelece os princípios que devem reger os respectivos contratos e acordos

Nos artigos 32.° a 34.° o Estatuto do Trabalho Nacional definiu a função dos contratos colectivos de trabalho e alguns princípios essenciais da sua constituição. Posteriormente, a lei n.° 1:952, de 10 de Março de 1937, referiu-se, nos artigos 2.° e 3.°, a contratos e acordos colectivos de trabalho, sem aliás caracterizar as duas espécies e estabelecendo ùnicamente a forma da sua aprovação e publicação.

Têm-se celebrado até hoje, à sombra destas disposições legais, muitas convenções colectivas, graças às quais foi notàvelmente melhorada a situação de classes numerosas de trabalhadores da indústria, do comércio e da lavoura.

Parece oportuno, ao cabo desta experiência, que é já satisfatória e elucidativa, proceder à sistematização dos princípios que devem reger os contratos e acordos colectivos.

Por um lado, parece indispensável definir em que limites pode exercer-se a liberdade contratual dos outorgantes, ressalvando a observância das leis de protecção dos trabalhadores, que devem ser consideradas de interesse e ordem pública, excluindo as cláusulas do condicionamento económico e acautelando o exercício dos poderes conferidos ao Estado.

Por outro lado, julga-se necessário regularizar e uniformizar a estrutura das convenções e regular a forma da sua elaboração e publicação.

A estas finalidades obedece o presente diploma.

Assim:

---

[8] *Diário do Governo*, de 6 de Março de 1947, I série, número 52, pp. 191-193.

Usando da faculdade conferida pela 1.ª parte do n.° 2 do artigo 109.° da Constituição, o Governo decreta e eu promulgo, para valer como lei, o seguinte:

CONVENÇÕES COLECTIVAS DE TRABALHO

I
Princípios fundamentais

Artigo 1.° As cláusulas do contrato de trabalho podem ser objecto de convenções colectivas.

Artigo 2.° As convenções colectivas podem revestir formas de contrato colectivo de trabalho ou de acordo colectivo de trabalho.

§ 1.° Diz-se contrato colectivo de trabalho a convenção em que outorgam apenas organismos corporativos, em representação das empresas e dos trabalhadores.

§ 2.° Diz-se acordo colectivo de trabalho a convenção em que outorgam de uma parte organismos corporativos da outra apenas entidades particulares.

Artigo 3.° As convenções colectivas obrigam todas as empresas e todos os trabalhadores representados pelos organismos outorgantes, bem como as entidades particulares signatárias.

Artigo 4.° A adesão às convenções colectivas por parte da entidade ou de organismos que nelas não tiverem outorgado produz os mesmos efeitos da outorga.

§ 1.° A adesão deve ser requerida ao Subsecretário de Estado das Corporações e Previdência Social e só produz efeitos a partir da data do despacho que a autoriza.

Artigo 5.° As convenções colectivas somente podem conter cláusulas que digam respeito ao contrato de trabalho e aos deveres e direitos deles emergentes.

Artigo 6.° As convenções colectivas não podem contrariar o disposto em normas legais preceptivas ou proibitivas, nem incluir qualquer cláusula que importe para os trabalhadores tratamento menos favorável do que o previsto na lei.

Artigo 7.° De harmonia com o disposto no artigo anterior, as convenções colectivas não podem, designadamente:

1.° Limitar a liberdade de trabalho e de escolha da profissão;

2.º Impor obrigatoriedade de filiação sindical;

3.º Criar obstáculos à organização corporativa ou à realização dos seus objectivos;

4.º Negar a quantificação de empregados aos trabalhadores que por lei devam ser considerados como tais;

5.º Permitir o despedimento sem justa causa, com prejuízo das garantias legais de aviso prévio e indemnização;

6.º Autorizar a denúncia antecipada de contrato por tempo determinado ou pelo período necessário à execução de serviços especificados;

7.º Anular ou reduzir as garantias legais concedidas aos que forem chamados a prestar serviço militar obrigatório;

8.º Desrespeitar as disposições sobre a segurança e higiene no trabalho;

9.º Exonerar as empresas da responsabilidade emergente de acidentes de trabalho e de doenças profissionais;

10.º Contrariar princípios legais relativos ao horário de trabalho;

11.º Suprimir o descanso semanal;

12.º Suprimir ou reduzir as percentagens adicionais de remuneração correspondentes ao trabalho nocturno, às horas suplementares e ao trabalho no dia de descanso semanal;

13.º Suprimir ou reduzir o direito a férias pagas ou permitir a sua substituição por quaisquer pagamentos;

14.º Contrariar os preceitos legais sobre o regime de trabalho das mulheres e dos menores;

15.º Estabelecer sanções diversas das previstas na lei para as infracções de cláusulas com conteúdo idêntico ao de disposições legais;

Artigo 8.º São expressamente excluídas das convenções colectivas as cláusulas que:
   a) Contrariem de qualquer modo o direito, reservado ao Estado, de coordenar e regular superiormente a vida económica da Nação e de fiscalizar a observância das leis sociais;
   b) Limitem a competência a jurisdição do trabalho;
   c) Impliquem qualquer espécie de condicionamento das actividades económicas.

Artigo 9.º Os adiantamentos, novas redacções de cláusulas ou novas convenções que ampliem, restrinjam ou de qualquer modo modifiquem o conteúdo ou âmbito de aplicação de uma convenção anterior não podem ter aplicação retroactiva, salvo disposição expressa em contrário.

Artigo 10.º Os casos omissos das convenções colectivas não regulados na legislação social de carácter geral, serão preenchidos pelo recurso aos casos análogos prevenidos nas mesmas convenções ou em convenções ou despachos de regulamentação do trabalho em vigor para a mesma actividade ou profissão noutras áreas de País, e, na falta deles, pelo recurso aos princípios gerais de direito e à equidade.

II
Comissões corporativas

Artigo 11.º As convenções colectivas podem instituir comissões corporativas com representação paritária dos organismos ou entidades outorgantes e presididas por representantes do Instituto Nacional do Trabalho e Previdência.

Artigo 12.º As comissões corporativas têm por atribuições:

1.º Promover a execução das convenções e resolver dúvidas de interpretação das respectivas cláusulas;

2.º Promover o aperfeiçoamento das convenções, realizando as diligências e os estudos necessários para esse fim;

3.º Tentar a conciliação entre as partes, quando se pretenda fazer conhecer direitos emergentes das convenções e um dos interessados o requeira;

4.º Dar os pareceres e prestar as informações que lhes forem solicitadas pelos serviços do Estado ou pelos organismos corporativos.

§ 1.º No exercício das suas atribuições compete às comissões corporativas ouvir todas as pessoas que lhes possam prestar esclarecimentos, bem como requisitar aos organismos corporativos, às empresas e aos trabalhadores os elementos de informação de que necessitem.

§ 2.º A tentativa de conciliação poderá ser efectuada apenas pelo presidente da comissão corporativa quando houver dificuldade em reunir todos as seus membros.

Artigo 13.º No exercício das atribuições a que se refere o n.º 1 do artigo anterior observar-se-á o disposto nos artigos 1148.º e 1449.º do Código do Processo Civil, devendo as deliberações tomadas, bem como os seus fundamentos, constar das actas das reuniões.

§ único. Estas deliberações serão comunicadas, no prazo de dez dias, ao Instituto Nacional do Trabalho e Previdência e aos interessados.

Artigo 14.º Na tentativa de conciliação e nas diligências necessárias para esse efeito observar-se-ão os preceitos relativos ao processo sumaríssimo nos tribunais de trabalho, com excepção do disposto no artigo 49.º do respectivo Código do Processo.

§ 1.º Homologada a conciliação pela comissão corporativa ou pelo seu presidente e notificada às partes na própria acta, será esta assinada por todos os que intervierem na diligência.

§ 2.º Em caso algum haverá lugar a adiamento ou repetição da tentativa de conciliação.

§ 3.º O processo será entregue ao requerente após a tentativa de conciliação ou logo que se verifique que a diligência não pode ter lugar e servirá de base à execução no tribunal do trabalho ou acompanhará a petição inicial, no caso de ser intentada acção.

Artigo 15.º A notificação das partes ou das pessoas que as comissões corporativas entendam conveniente ouvir será feita por carta registada, com aviso de recepção, ou por intermédio dos tribunais do trabalho ou das autoridades administrativas ou policiais, podendo também as comissões solicitar daqueles tribunais ou autoridades que tomem declarações e inquiram as referidas pessoas quando estas não residam na área da comarca onde as mesmas comissões tiverem a sua sede.

§ único. A falta de comparência das partes ou das outras pessoas referidas neste artigo será punida com multa de 25$ a 500$, imposta pelo tribunal do trabalho em processo de transgressão, tendo força de corpo de delito e fazendo fé em juízo a simples participação do facto pelo presidente da comissão corporativa.

Artigo 16.º As comissões corporativas são obrigadas a deliberar sobre os assuntos da sua competência dentro do prazo de trinta dias, a contar da data em que esses assuntos forem submetidos à sua apreciação, podendo o Subsecretário de Estado das Corporações e Previdência Social prorrogar aquele prazo.

§ 1.º Se as comissões não deliberarem dentre do prazo estabelecido e posteriormente for intentada acção nos tribunais do trabalho, os interessados poderão requerer que os membros daquelas comissões sejam chamados a intervir no processo, para o efeito de serem condenados solidàriamente nas perdas e danos causados pela falta de deliberação dentro do referido prazo, sem prejuízo da responsabilidade disciplinar em que incorram os presidentes quando se tratar de funcionários do Estado.

§ 2.º Para o efeito do disposto neste artigo, as comissões são obrigadas a acusar a recepção ou a passar recibo datado dos documentos de que constem os assuntos submetidos à sua apreciação.

Artigo 17.º Nos processos organizados perante as comissões corporativas não é permitida a intervenção de advogados e neles não há lugar a custas nem a imposto de selo.

Artigo 18.º É gratuito o exercício de funções nas comissões corporativas, incumbindo o encargo da sua instalação e expediente aos organismos que outorgarem nas convenções colectivas.

III
Disposições penais

Art. 19.º Quando não forem previstas sanções especiais nas convenções colectivas, as infracções por parte das empresas às respectivas cláusulas serão punidas com multas de 100$ a 500$ por cada trabalhador em relação ao qual se verificar a infracção, ou, tratando-se de ordenados ou salários, com multa do triplo da diferença entre a remuneração fixada e a que houver sido efectivamente paga, não podendo neste caso a multa ser inferior a 100$.

§ único. Conjuntamente com a multa será cobrada a indemnização devida ao pessoal prejudicado, a qual consistirá na diferença entre as remunerações pagas e as estabelecidas, no caso de a infracção dizer respeito a ordenados ou salários.

Art. 20.º A reincidência será punida nos termos da legislação penal de carácter geral, mas no caso previste na última parte do artigo anterior a multa será acrescida de metade do seu montante.

Art. 21.º Para o efeito de graduação da multa atender-se-á à natureza e gravidade da infracção, à situação económica do infractor e ao número total de empregados ou assalariados normalmente no serviço deste.

Art. 22.º Sempre que nos casos de infracção de cláusulas das convenções o infractor use de coacção sobre o pessoal, falsificação, simulação ou outro meio fraudulento, ser-lhe-á imposta pelo Governo, por intermédio do Subsecretário de Estado das Corporações e Previdência Social, a pena de multa não inferior a 1.000$ nem superior a 50.000$.

§ único. O despacho que impuser a multa será comunicado ao infractor por carta registada, com aviso de recepção, e dele poderá ser interposto recurso, no prazo de oito dias, com efeito suspensivo, para o Conselho de Ministros.

Art. 23.º As multas previstas neste diploma e nas convenções colectivas constituem receitas das instituições de previdência dos trabalhadores cuja actividade for regulada pelas referidas convenções, com destino aos respectivos fundos de assistência, e, na falta delas, do Fundo comum das Casas do Povo ou do Fundo nacional do abono de família, conforme se trate ou não de trabalho rural.

IV
Estrutura das convenções

Art. 24.° Nas convenções colectivas será adoptado a seguinte ordenação de matérias:

I – Âmbito e vigência da convenção;

II – Direito ao trabalho:
  a) Categorias profissionais;
  b) Admissão;
  c) Aprendizagem ou estágio;
  d) Quadros e acesso;
  e) Despedimento.

III – Prestação do trabalho:
  a) Horário de trabalho;
  b) Descanso semanal e feriados;
  c) Férias;
  d) Faltas;
  e) Regime de trabalho;
  f) Disciplina;
  g) Trabalho das mulheres e dos menores.

IV – Remuneração do trabalho;

V – Previdência e abono de família;

VI – Comissão corporativa;

VII – Sanções;

VIII – Disposições gerais e transitórias.

V
Elaboração e publicação das convenções

Art. 25.° Compete às direcções dos organismos corporativos a negociação e outorga das convenções colectivas em que os mesmos intervenham.

§ único. Em relação aos grémios, a negociação e outorga das convenções depende de aprovação pelo respectivo conselho geral ou, na sua falta, pela assembleia geral.

Art. 26.° Os serviços de acção social e as delegações do Instituto Nacional do Trabalho e Previdência devem colaborar na elaboração das convenções colectivas, orientando as negociações e a redacção das cláusulas.

Art. 27.º Os projectos de convenções serão remetidos ao Instituto Nacional do Trabalho e Previdência, em papel comum e em triplicado, para o efeito de revisão pela 2.ª Repartição, que ouvirá as 1.ª e 3.ª, respectivamente, sobre as matérias que se relacionem com a organização corporativa e a previdência.

Art. 28.º O original do texto definitivo das convenções será lavrado em papel selado e remetido ao Instituto Nacional do Trabalho e Previdência, acompanhado de uma cópia em papel comum, depois de assinado pelos outorgantes.

Art. 29.º A eficácia das convenções depende da sua homologação pelo Subsecretário de Estado das Corporações e Previdência Social.

§ único. Quando as convenções abrangerem pessoal cuja situação seja objecto de contrato especial entre as empresas e o Estado será sempre ouvido, antes da homologação, o Ministério de que depender a execução desse contrato.

Art. 30.º As convenções que forem homologadas serão publicadas no *Boletim do Instituto Nacional do Trabalho e da Previdência*, cujos exemplares servirão de prova autêntica das mesmas sempre que se não exibam os documentos originais.

§ único. O disposto neste artigo é aplicável aos despachos proferidos sobre os requerimentos para o efeito de adesão às convenções homologadas.

Art. 31.º É aplicável às convenções o disposto na lei para a entrada em vigor dos diplomas legislativos, tomando-se por base a data da publicação no *Boletim do Instituto Nacional do Trabalho e da Previdência*, salvo se se fixar data especial para esse efeito.

Publique-se e cumpra-se como nele se contém.

Paços do Governo da República, 6 de Março de 1947. – ANTÓNIO OSCAR DE FRAGOSO CARMONA – *António de Oliveira Salazar – Augusto Cancella de Abreu – Manuel Gonçalves Cavaleiro de Ferreira – João Pinto da Costa Leite – Fernando dos Santos Costa – Américo Deus Rodrigues Thomaz – José Caeiro da Matta – José Frederico do Casal Ribeiro Ulrich – Teófilo Duarte – Fernando Andrade Pires de Lima – Daniel Maria Vieira Barbosa – Manuel Gomes de Araújo.*

Para ser presente à Assembleia Nacional.

VII. Decreto-Lei n.° 44 784, de 7 de Dezembro de 1962 [9]

Equipara, para efeitos dos artigos 30.° e 31.° do Decreto-Lei n.° 36 173, a publicação das convenções colectivas de trabalho no *Diário do Governo*, 2.ª série, à publicação das mesmas convenções no *Boletim do Instituto Nacional do Trabalho e Previdência*

Havendo interesse em determinar, sempre que necessário, a publicação das convenções colectivas de trabalho no *Diário do Governo;*
Usando da faculdade conferida pela 1.ª parte do n.° 2 do artigo 109.° da Constituição, o Governo decreta e eu promulgo para valer como lei o seguinte:

Artigo único. Para os efeitos dos artigos 30.° e 31.° do Decreto-Lei n.° 36 173, de 6 de Março de 1947, a publicação das Convenções Colectivas de Trabalho no *Diário do Governo*, 2.ª série, é equiparada à publicação das mesmas Convenções no Boletim do Instituto Nacional do Trabalho e Previdência.

Publique-se e cumpra-se como nele se contém.

VIII. (A) Decreto-Lei n.° 49 212, de 28 de Agosto de 1969 [10]

**Regime jurídico das relações colectivas de trabalho
Regula e uniformiza a estrutura das convenções colectivas de trabalho e a forma da sua celebração e publicação –
Estabelece os princípios que devem reger os respectivos contratos e acordos –
Revoga os Decretos-Lei n.° 32 749, 36 173 e 44 784 e demais legislação complementar**

1. De há muito se tornou usual na estruturação do direito do trabalho a distinção entre as «relações individuais» e as «relações colectivas», abrangendo estas últimas os chamados «conflitos colectivos». Para efeitos de regulamentação, correspondem às primeiras os contratos individuais de trabalho e às segundas as convenções colectivas.

---

[9] *Diário do Governo*, de 7 de Dezembro de 1962, I série, número 281, p. 1675.
[10] *Diário do Governo*, de 28 de Agosto de 1969, I série, número 201, pp. 1149-1154.

Quer os contratos individuais, quer as convenções colectivas obedecem, em geral, na sua negociação e estruturação, aos princípios fixados na lei, sendo-lhes vedado contrariar qualquer norma preceptiva ou proibitiva, bem como incluir disposições que importem para os trabalhadores tratamento menos favorável do que o legalmente previsto.

O Decreto-Lei n.º 47 032, de 27 de Maio de 1966, constitui actualmente o diploma fundamental do direito português no domínio da regulamentação jurídica do contrato individual do trabalho. Quanto às convenções colectivas, o seu regime continua a basear-se no preceituado pelo Decreto-Lei n.º 36 173, de 6 de Março de 1947.

Como é natural, têm exigências muito diferentes as negociações conducentes à celebração dos contratos individuais e as que visam a celebração de convenções colectivas: no primeiro caso, a negociação é conduzida pelo próprio interessado com vista à satisfação de interesses que são também exclusivamente seus, ao passo que, na contratação colectiva, a negociação é orientada, total ou parcialmente, pelos órgãos representativos dos interessados e com vista ao estabelecimento de normas de aplicação obrigatória, susceptíveis de abranger toda a categoria profissional ou actividade.

A celebração dos contratos individuais não apresenta hoje, na generalidade dos sistemas jurídicos, qualquer dificuldade, tanto pelo que respeita às formalidades a observar, como no que toca ao respectivo conteúdo. Contribuem para isso a longa tradição jurídica na negociação individual e a preocupação crescente, sobretudo nas últimas décadas, da exacta pormenorização dos direitos e obrigações que integram a relação de trabalho. A evolução que sob este aspecto continua a verificar-se não prejudica a afirmação feita, já que essa evolução se relaciona mais com o objecto da relação do que com as correspondentes formalidades e garantias.

O mesmo não sucede com a chamada contratação colectiva, cujo aparecimento e aceitação estão ìntimamente ligados à consagração e evolução dos regimes sindicais de representação orgânica, dos quais constitui como que uma emanação.

Não pode por isso, falar-se a seu respeito em longa tradição, embora a intensidade com que a experiência da representação sindical tem sido vivida nos últimos tempos comece a emprestar-lhe já foros de aceitação que a legitima como sistema natural, de resolução dos conflitos colectivos.

Entre as principais dificuldades que à contratação colectiva se impõem, constam os obstáculos inerentes à celebração, em geral derivados da diversidade da força económica e portanto contratual das partes, e toda a problemática ligada às garantias relacionadas com o cumprimento, aperfeiçoamento e revisão das convenções celebradas.

Para superação dessas dificuldades recorrem os sistemas a meios diferentes, consoante o conteúdo ideológico das suas determinantes doutrinárias ou o maior ou menor progresso da sua evolução jurídica.

E, assim, ao lado de regimes que continuam a considerar a contratação colectiva como o mero resultado de um jogo de forças actuantes, para o que se considera legítimo o recurso a todos os meios de acção directa, ainda que violentos, designadamente as paralisações de actividade (greve e *lock-out*), outros sistemas há que, por forma mais ou menos expressa, encaram já a contratação colectiva como um simples meio de coordenação pacífica de interesses, desempenhando nos conflitos colectivos papel semelhante ao que compete aos contratos individuais nas relações de igual natureza. Para os sistemas que aceitam este entendimento, a contratação colectiva tem de ser naturalmente acompanhada por instrumentos adequados à resolução pacifica dos conflitos, de modo a evitar a sua degeneração em contraste violento. Recorre-se para o efeito, em geral, à existência de órgãos arbitrais de conciliação, que, com a garantia do Estado, procuram objectivar em soluções equitativas os aspectos acerca dos quais as partes não conseguiram chegar a acordo.

Apreciada a questão pela perspectiva histórica, pode dizer-se que se alcançou tal entendimento por uma via semelhante àquela que percorreram os conflitos individuais.

Com efeito, do mesmo modo que, de início, os conflitos individuais de interesses tiveram na «justiça privada» a sua forma normal de solução, sistema que se confiava às próprias partes o direito de impor, se necessário pela força (individual ou do agrupamento social a que cada um pertencia), a resolução das divergências existentes, também nos conflitos colectivos natural é que se tivesse começado por aceitar idêntica fórmula de «justiça privada», confiando igualmente aos interessados a sua resolução.

Como é sabido, porém, à medida que as estruturas jurídicas e políticas se foram aperfeiçoando, o sistema da «justiça privada» nos conflitos individuais foi substituído pela «justiça pública», em que o Estado chamou a si a pacificação dos diferendos através dos tribunais, não permitindo que os particulares fizessem justiça por suas próprias mãos (salvo em casos excepcionais).

Idêntica orientação se tem observado no domínio dos conflitos colectivos, onde cada vez mais se vai substituindo a intervenção directa das partes pela dos órgãos jurisdicionais de competência institucionalizada.

E não são apenas razões de natureza jurídica que aconselham tal orientação; no mesmo sentido depõem objectivos de ordem social e política. À maior justiça e equidade das soluções assim encontradas junta-se a garantia, da paz e da ordem, que só desse modo ficarão convenientemente asseguradas, com a legitimidade inerente à ponderação de todos os interesses em presença.

Esta tem sido também a orientação desde o início preconizada entre nós pelo Estatuto do Trabalho Nacional, e nela residem, outrossim, a justificação das determinações legais relativas à proibição dos meios violentos de resolução dos conflitos colectivos e a marcada tendência de todo o sistema para canalizar a pacificação desses conflitos através dos organismos corporativos. Pode dizer que ao nosso sistema apenas tem faltado exacta individualização dos órgãos arbitrais e de conciliação que a sua estrutura pressupõe, obrigando temporàriamente a recorrer a fórmulas indirectas de intervenção conciliadora.

De qualquer modo, foi-se acumulando uma experiência que hoje deve considerar-se concludente e susceptível de permitir já a consagração de fórmulas legais mais expressas e de mais acentuada expressão orgânica, com vista à criação dos referidos órgãos arbitrais e concomitante processo de conciliação.

Essa a finalidade do presente diploma legal, que apresenta, como primeira inovação, a seguinte:

2. *Sistematização da regulamentação das relações colectivas de trabalho*. – O desejo de ordenação das matérias segundo uma determinada lógica, em ordem à sua unidade sistemática, constituiu a primeira preocupação do legislador.

Domina essa orientação o objectivo da resolução pacífica dos conflitos, e daí a maior relevância atribuída esquema de conciliação e arbitragem.

Nas suas linhas gerais, é a seguinte a sistematização adoptada: determinação do conceito de convenção colectiva, modalidades que pode revestir e limites; sujeitos que nela podem participar; modo e prazos de negociação; ausência de acordo, conciliação e arbitragem; adesão às convenções celebradas; portarias de regulamentação da condições de trabalho; penalidades e sanções pelo seu não cumprimento; publicação e entrada em vigor.

Além da inovação que a simples sistematização representa, outros aspectos de sentido mais ou menos renovador justificam uma referência, designadamente os relacionados com as seguintes matérias:

Objecto das convenções. – De assinalar, a este respeito, o maior rigor com que se, procura determinar os limites dentro dos quais se deve movimentar a negociação, individualizando, quer os assuntos que a convenção não deve conter, quer os aspectos da relação de trabalho sobre os quais ela não poderá deixar de se pronunciar.

Incluem-se no primeiro objectivo as normas relativas ao tratamento menos favorável ao trabalhador, ao direito reservado ao Estado de coordenar e regular a vida económica da Nação, à regulamentação das actividades económicas e ainda à proibição de limitar a liberdade de trabalho ou impor a obrigatoriedade de filiação sindical.

Inserem-se na segunda preocupação, além dos preceitos relativos aos factores a que se deve atender na regulamentação da remuneração do trabalho, (necessidades do trabalhador, rentabilidade do respectivo sector económico, produtividade, etc.), todas as normas que procuram enumerar as matérias a incluir, tanto quanto possível, nas cláusulas das convenções (âmbito e vigência, admissão e carreira profissional, direitos e deveres das partes, prestação do trabalho, retribuição, suspensão, cessação do contrato de trabalho, previdência, higiene e segurança, formação profissional, etc.).

Sujeitos. – Quanto ao regime jurídico das partes, verifica-se não só uma mais cuidada individualização dos sujeitos que podem intervir na negociação e outorga das convenções (consagrando-se a distinção já clássica entre os «contratos» e os «acordos», consoante a convenção seja celebrada apenas por organismos corporativos ou por organismos sindicais e empresas), como também a marcada intenção de pôr termo a certas dúvidas ou incertezas do regime vigente, particularmente pelo que concerne à capacidade de negociação dos organismos corporativos intermédios (uniões e federações)

Negociações. – Pode dizer-se que actualmente esta matéria da negociação se encontra inteiramente confiada às partes, sem quaisquer normas específicas de regulamentação.

E conhecidos são os inconvenientes que daí derivam, geralmente traduzidos em excessivas demoras, injustificadas exigências ou ilegítimas recusas de negociação.

O novo diploma procura, na medida do possível, pôr termo a esses inconvenientes, estabelecendo normas a que as negociações devem obedecer. Estão neste caso os preceitos que obrigam a fundamentar devidamente as propostas e contrapropostas (qualquer que seja o seu conteúdo) e os que estabelecem prazos para a apresentação das últimas e para a própria negociação no seu conjunto.

Conciliação. – A tentativa de conciliação, quando a negociação não conduza a acordo, constitui, como já se referiu, outra das inovações importantes do presente texto, e nela muito se confia para a resolução pacífica dos conflitos.

Em princípio, essa conciliação, para cuja, realização se estabelece igualmente prazo, deva ser efectuada ou pela entidade designada na convenção que está a ser revista, ou pela corporação, que poderá delegar na respectiva comissão corporativa.

Acrescente-se a este propósito que, embora não consagrada expressamente na lei, a tentativa de conciliação através das corporações tem sido já muito utilizada nos últimos tempos, sendo de justiça reconhecer que algumas importantes convenções devem a sua assinatura a essa intervenção.

Arbitragem. – Complemento natural da tentativa de conciliação, a arbitragem aparece no novo diploma como a inovação mais expressiva, pelas virtualidades que nela se contém da definitiva resolução dos conflitos. Daí a importância que no texto legal é atribuída e o cuidado posto na sua regulamentação.

A arbitragem terá lugar quando a tentativa de conciliação não tenha resultado, competindo a sua realização a um órgão constituído por três árbitros, em princípio designados pelas partes interessadas. Só quando não for conseguido acordo, no que respeita à designação do terceiro árbitro, é que a sua nomeação competirá ao juiz presidente da junta disciplinar da corporação.

Os árbitros poderão ser coadjuvados por peritos e a sua decisão será tomada por maioria, ficando a respectiva eficácia dependente de homologação ministerial.

Como já se acentuou, o processo de arbitragem constitui o objectivo essencial do diploma, em vista do qual todo ele foi concebido, pondo-se assim termo a uma situação legal, como a vigente, onde a preocupação legislativa de resolução pacífica dos conflitos se mostrava, de certo modo, inconsequente, por falta de um meio institucional com verdadeira capacidade de decisão, já que como tal não pode legìtimamente considerar-se a faculdade de intervenção do Governo através dos despachos normativos de regulamentação do trabalho.

Das suas soluções possíveis – o recurso à via judicial (v.g. *Tribunais do Trabalho*) ou à via arbitral –, o legislador optou por esta última, dado o seu maior poder de adaptação ao condicionalismo técnico das intervenções e decisões a proferir, à semelhança, de resto, com o que sucede em muitos outros sistemas jurídicos.

Entrada em vigor. – Merece, finalmente, também uma referência a orientação consagrada no novo diploma com vista à determinação da data da entrada em vigor das convenções, decisões arbitrais e portarias de regulamentação do trabalho, que em princípio dependerá da data do *Diário do Governo* ou *Boletim do Instituto Nacional do Trabalho e Previdência* onde primeiro forem publicadas. Nada impede, porém, que outra data seja estabelecida, reportando essa entrada em vigor a um momento ulterior ou, se se tratar de salários e outros benefícios de natureza pecuniária, a um momento anterior.

Estes os aspectos mais salientes do presente texto legal, que, pelo seu significado e alcance social, bem justificam a amplitude e cuidado posto na sua regulamentação, pois dele muito se espera para a resolução dos mais graves conflitos sociais do nosso tempo – os conflitos emergentes das relações colectivas de trabalho.

Isso mesmo foi, aliás, reconhecido pela Câmara Corporativa ao conceder-lhe a sua aprovação na generalidade.

Pelo que respeita às sugestões feitas na especialidade, que, sem alterarem o conteúdo do diploma, lhe introduziram importantes modificações, receberam elas, em geral, consagração no presente decreto-lei.

Nestes termos:

Ouvida a Câmara Corporativa;

Usando da faculdade conferido pela 1.ª parte do n.º 2.º do artigo 109.º da Constituição, o Governo decreta e eu promulgo, para valer como lei, o seguinte:

Artigo 1.º – 1. A regulamentação das relações colectivas de trabalho será estabelecida por via convencional.

2. Em casos excepcionais, sempre que o exijam os superiores interesses da economia nacional e da justiça social, bem como na ausência de organismos corporativos que representem determinado sector de actividade económica ou profissional, a regulamentação das condições de trabalho será feita por via administrativa.

3. Os diferendos colectivos de trabalho serão dirimidos por conciliação e arbitragem.

Art. 2.º As convenções colectivas, as decisões arbitrais e as portarias de regulamentação de trabalho não podem contrariar normas legais preceptivas ou proibitivas, nem incluir qualquer disposição que importe para os trabalhadores tratamento menos favorável do que o previsto na lei.

Art. 3.º – 1.º Às convenções colectivas e às decisões arbitrais é vedado:
a) Contrariar de qualquer modo o direito reservado ao Estado de coordenar e regular superiormente a vida económica da Nação e de fiscalizar a observância das leis sociais;
b) Estabelecer qualquer espécie de regulamentação das actividades económicas;
c) Limitar a liberdade de trabalho e de escolha de profissão;
d) Impor a obrigatoriedade de filiação sindical.

2. O disposto nas alíneas c) e d) aplica-se igualmente às portarias de regulamentação de trabalho.

Art. 4.º – As Convenções colectivas e as portarias de regulamentação fixam retribuições mínimas e, para o seu cômputo, considerarão:
   a) As necessidades do trabalhador, atendendo ao custo de vida, nomeadamente no que se refere a alimentação, vestuário e alojamento;
   b) A categoria profissional do trabalhador;
   c) A natureza do trabalho;
   d) A rentabilidade do respectivo sector económico;
   e) A produtividade do trabalho;
   f) Os níveis das remunerações praticadas em actividades similares;
   g) Os níveis de retribuição do trabalho no âmbito regional.

Art. 5.º – 1. As regalias concedidas aos trabalhadores por algum dos modos previstos no artigo 1.º deste diploma só poderão ser diminuídas quando os novos instrumentos de regulamentação colectiva, apreciados no seu conjunto, sejam mais favoráveis aos trabalhadores que os então vigentes.

2. O regime jurídico estabelecido por qualquer dos modos indicados no artigo 1.º não pode ser afastado nos contratos individuais de trabalho, salvo para estabelecer condições mais favoráveis aos trabalhadores.

3. As entidades patronais não podem reduzir as remunerações ou outras condições de trabalho mais favoráveis que estivessem a praticar até à data do novo regime fixado por qualquer dos modos referidos no n.º 1 do presente diploma.

Art. 6.º – 1. As convenções colectivas de trabalho são celebradas:
   a) Entre os organismos corporativos, representando entidades patronais e trabalhadores;
   b) Entre empresas e organismos corporativos, representando trabalhadores.

2. A convenção designa-se «contrato colectivo de trabalho», se celebrada entre organismos corporativos, e «acordo colectivo de trabalho», se celebrada entre organismos corporativos e empresas.

Art. 7.º – 1. Podem celebrar convenções colectivas de trabalho:
   a) Os grémios, representando as entidades patronais, ou estas próprias, consideradas singularmente, ou conjuntamente uns e outros;
   b) Os sindicatos, Casas dos Pescadores e federações de Casas do Povo, representando os trabalhadores.

2. Os grémios, os sindicatos e as Casas dos Pescadores podem, quando verificarem que os interesses são comuns, celebrar conjuntamente

convenções colectivas de trabalho, assim como delegar nas respectivas uniões e federações a sua negociação.

Art. 8.º As convenções colectivas obrigam todas as empresas e todos os trabalhadores representados pelos organismos celebrantes, bem como, quanto aos acordos, as entidades patronais signatárias e aquelas que aos mesmos acordos venham a aderir.

Art. 9.º Cumpre às partes que celebram as convenções colectivas velar pela sua execução e observância e colaborar no seu aperfeiçoamento e oportuna actualização.

Art. 10.º – 1. A celebração das convenções colectivas de trabalho compete às direcções dos organismos corporativos e às gerências das empresas que nelas intervierem.

2. Sempre que na convenção colectiva se pretenda inserir qualquer cláusula sobre o trabalho das mulheres, deverá acompanhar as respectivas negociações um representante da secção feminina dos organismos sindicais interessados.

3. Quando as circunstâncias o justifiquem, a iniciativa das negociações poderá partir das corporações ou do Instituto Nacional do Trabalho e Previdência; estes mesmos organismos poderão acompanhar as negociações no seu desenvolvimento.

Art. 11.º As convenções colectivas conterão, tanto possível, cláusulas sobre as seguintes matérias:
   I) Área, âmbito e vigência da convenção;
   II) Admissão e carteira profissional;
   III) Direitos e deveres das partes;
   IV) Prestação de trabalho;
   V) Retribuição mínima do trabalho;
   VI) Suspensão da prestação do trabalho;
   VII) Cessação do contrato de trabalho;
   VIII) Trabalho de mulheres; trabalho de menores; trabalho de idosos e diminuídos;
   IX) Órgãos de colaboração;
   X) Previdência e abono de família;
   XI) Higiene e segurança no trabalho;
   XII) Formação profissional;
   XIII) Sanções;
   XIV) Relações entre as partes outorgantes;
   XV) Questões transitórias.

Art. 12.º – 1. A entidade que desejar a celebração de uma convenção colectiva ou a sua revisão apresentará por escrito a sua proposta à entidade com quem pretende negociar, a qual, no prazo de trinta dias, deverá responder, informando se a aceita ou se a rejeita ou apresentando uma contraproposta.
2. As propostas e contrapropostas serão sempre fundamentadas e delas serão enviadas cópias à corporação e ao Instituto Nacional do Trabalho e Previdência.
3. O prazo para a resposta é prorrogável por acordo com o proponente ou, sua falta, por, decisão do ao Instituto Nacional do Trabalho e Previdência.
4. A negociação da convenção colectiva de trabalho deve ficar concluída nos seis meses seguintes à recepção da resposta à proposta de negociação.
5. Mediante autorização do Instituto Nacional do Trabalho e Previdência, poderá ser estabelecida uma prorrogação, nunca superior ao período de tempo mencionado no número anterior.

Art. 13.º – 1. No caso de a negociação das convenções colectivas terminar sem acordo, cabe recurso à tentativa de conciliação.
2. Poderá também recorrer-se à tentativa de conciliação se a entidade a quem foi dirigida uma proposta de negociação não responder, ou se a negociação por sua culpa não prosseguir ou se for considerada dilatória.

Art. 14.º – 1. Se na convenção não tiver sido estipulada a conciliação e o seu processo, compete ela à corporação que represente os interessados em causa.
2. Se houver mais que uma corporação interessada, compete ao Instituto Nacional do Trabalho e Previdência, designar a corporação competente para a actividade conciliadora.
3. Logo que seja solicitada para intervir, a corporação ou, por sua delegação, a comissão corporativa providenciará para que se proceda à tentativa de conciliação.
4. Para esse efeito, a corporação convocará as partes em divergência, socorrendo-se, se o entender conveniente, da colaboração, do Instituto Nacional do Trabalho e Previdência.
5. Se a tentativa de conciliação resultar, dela se lavrará acta, firmada por todos os intervenientes, na qual serão exaradas as condições acordadas.
6. Se a tentativa de conciliação não resultar, lavrar-se-á acta firmada por todos os intervenientes, na qual se relacionarão os pontos controvertidos.

7. As diligências conciliatórias não poderão exceder o prazo de sessenta dias, devendo a parte que requereu a conciliação indicar por escrito as questões controvertidas e as razões invocadas em defesa do seu ponto de vista.

8. O documento referido no número anterior poderá ser substituído por um auto lavrado por acordo entre as partes.

Art. 15.º – 1. Sempre que da tentativa de conciliação não tenha resultado acordo, qualquer das partes poderá tomar a iniciativa da arbitragem, notificando a outra para que nomeie árbitro e identificando-lhe o seu.

2. A parte notificada procederá à nomeação dentro do prazo de quinze dias, a contar do recebimento da notificação, e, se o não fizer, caberá tal nomeação à direcção da corporação, que, para o efeito, disporá de igual prazo.

3. Havendo vários sindicatos ou grémios interessados na negociação e não havendo acordo sobre a escolha do árbitro, a designação caberá igualmente à direcção da corporação.

Art. 16.º – 1. Os árbitros nomeados reunir-se-ão a pedido de qualquer deles ou de uma ou ambas as partes, dentro de dez dias, para escolha do árbitro presidente.

2. Se os dois árbitros não chegarem a acordo acerca da escolha, será ela feita pelo juiz presidente da junta disciplinar da corporação, dentro do prazo referido no número anterior.

3. Os árbitros devem ser cidadãos portugueses, capazes, de reconhecida probidade e estranhos aos interesses em litígio.

4. Os árbitros poderão ser coadjuvados por peritos, promover todas as diligências que entenderem convenientes e solicitar, aos serviços competentes do Estado e dos corpos administrativos, aos organismos corporativos e de coordenação económica, às empresas e aos trabalhadores, todos os elementos de informação de que necessitem.

Art. 17.º – 1. Nenhum árbitro, depois de aceitar a sua designação, pode escusar-se a prosseguir a arbitragem, salvo por motivo superveniente, devidamente justificado.

2. Se um árbitro falecer durante a arbitragem ou se impossibilitar ou obtiver escusa, deve a parte que o nomeou indicar novo árbitro dentro de quinze dias, a contar da notificação para esse efeito ordenada, seguindo-se, quando for caso disso, o disposto na parte final do n.º 2 do artigo 15.º; tratando-se do árbitro presidente, proceder-se-á à escolha de novo árbitro, nos termos previstos no artigo 16.º.

Art. 18.º – 1. Compete ao árbitro presidente:
a) Convocar e dirigir as reuniões;
b) Promover a preparação e execução das diligências, actos e formalidades processuais;
c) Requisitar à corporação ou às partes em litígio os funcionários indispensáveis ao bom e rápido andamento da arbitragem;
d) Redigir a decisão.
2. Na primeira reunião definir-se-á com precisão o objecto da arbitragens.

Art. 19.º – 1. A decisão final será proferida dentro de sessenta dias, a contar da nomeação dos árbitros, podendo este prazo, em circunstâncias excepcionais, ser prorrogado por mas trinta dias, mediante autorização do Instituto Nacional do Trabalho e Previdência.
2. A decisão deverá ser fundamentada e antecedida de um relatório com as circunstâncias que originaram o diferendo, os pontos controvertidos, a forma como se precisou o objecto de arbitragem, as diligências efectuadas e a sua apreciação.
3. Quando não houver unanimidade entre os árbitros a decisão será proferida por maioria, devendo dela constar o voto do árbitro vencido e a sua justificação.

Art. 20.º A decisão arbitral e as condições dela resultantes abrangerão sòmente as entidades patronais e os trabalhadores representados no litígio.

Art. 21.º Não pode ser renovada a proposta para a revisão de uma convenção colectiva de trabalho antes de decorrer um ano sobre a decisão arbitral que a considerou inoportuna.

Art. 22.º Os organismos corporativos e as empresas podem aderir às convenções colectivas de trabalho, produzindo essa adesão os mesmos efeitos da celebração.

Art. 23.º – 1. Quando a adesão for solicitada por um organismo corporativo representante das entidades patronais ou por empresas, o Instituto Nacional do Trabalho e Previdência ouvirá os organismos sindicais que hajam celebrado a convenção.
2. De igual modo deverão ser ouvidos os organismos gremiais ou as empresas, quando a adesão for solicitada por organizações sindicais.

Art. 24.º – 1. Os projectos de convenções colectivas de trabalho, os pedidos de adesão, os projectos de revisões, as actas de conciliação e as decisões arbitrais serão apresentados ao Instituto Nacional do Trabalho e Previdência, devendo simultâneamente ser remetidas cópias à corporação.

2. O Instituto Nacional do Trabalho e Previdência poderá solicitar as partes interessadas, bem como às entidades encarregadas da conciliação e da arbitragem, os esclarecimentos que tiver por convenientes.

3. A eficácia das convenções colectivas de trabalho, das revisões, dos pedidos de adesão, das actas de conciliação e das decisões arbitrais depende de homologação do Ministério das Corporações e Previdência Social.

4. O Instituto Nacional do Trabalho e Previdência procederá ao registo, numeração e arquivo de todos os instrumentos de regulamentação das relações colectivas de trabalho, integrando-os das cláusulas definidas nas revisões, nas actas de conciliação ou nas decisões arbitrais, ou em novas portarias, promoverá a sua publicação e recolherá os elementos indispensáveis à estimativa dos trabalhadores e empresas por eles abrangidos.

Art. 25.º O Instituto Nacional do Trabalho e Previdência poderá dar às partes interessadas na celebração de uma convenção colectiva, ou na sua revisão, assim como às entidades encarregadas da conciliação e da arbitragem, a necessária colaboração, nomeadamente a da assistência jurídica e estudo e análise de estatísticas e índices da evolução do custo de vida.

Art. 26.º – 1. Das portarias de regulamentação do trabalho constarão as razões por que se não utilizou a via convencional devendo igualmente ser fundamentadas.

2. As portarias serão sempre precedidas de estudos adequados realizados por comissões técnicas nomeadas pelo Ministro, das quais poderão fazer parte representes dos organismos corporativos interessados.

3. Quando as portarias respeitem a empresas públicas, a empresas concessionárias, a actividades sujeitas por lei a fiscalização do Governo, ou ainda quando a regulamentação a estabelecer venha a reflectir-se, por forma acentuada, em serviços do Estado, deverão fazer parte das comissões técnicas representantes das entidades ou Ministérios interessados.

Art. 27.º O Ministro das Corporações e Previdência Social poderá, por portaria, fundamentada nos termos do artigo 26.º, tornar extensiva a aplicação de toda ou parte de uma convenção colectiva ou decisão arbitral em vigor a actividades ou profissões idênticas ou similares por ela não abrangidas.

Art. 28.º – 1. Sem prejuízo das sanções especialmente previstas na lei e em portarias de regulamentação do trabalho aplicáveis aos trabalhadores e às entidades patronais, as infracções aos preceitos das convenções colectivas de trabalho e daquelas portarias serão punidas com multa de 200$ a 500$ por cada trabalhador em relação ao qual se verificar a infracção.

2. Quando a infracção for cometida por uma entidade patronal e não respeitar a trabalhadores individualmente considerados, mas a uma generalidade de prestadores de trabalho, a multa aplicável será de 500$ a 10 000$.

3. As infracções aos preceitos que estipulem retribuições serão punidas com multa, que poderá ir até ao montante das importâncias em dívida, quer respeitem à totalidade, quer apenas a uma parte das retribuições estabelecidas, não podendo, em qualquer dos casos, a multa ser inferior a 300$.

4. Conjuntamente com as multas, serão sempre cobradas as indemnizações que forem devidas aos trabalhadores prejudicados.

Art. 29.º – 1. Sempre que, no caso de violação do disposto em convenções colectivas e portarias de regulamentação de trabalho, se use de coacção, falsificação, simulação ou qualquer meio fraudulento, a infracção será punida com multa de 1000$ a 20 000$, salvo se pena mais grave for prevista na lei penal geral.

2. A mera tentativa será punida com multa de 500$ a 5000$.

Art. 30.º No caso de reincidência em qualquer das infracções punidas no presente diploma, são elevados ao dobro os limites mínimo e máximo das multas.

Art. 31.º Na aplicação das multas, entre os limites fixados para cada uma, atender-se-á à natureza e gravidade do facto praticado, aos seus resultados, à intensidade do dolo ou grau da culpa, aos motivos da infracção, à situação económica e à personalidade do infractor.

Art. 32.º As multas aplicadas em conformidade com este diploma constituem receita das instituições de previdência dos trabalhadores abrangidos pelas convenções, portarias e decisões, com destino aos respectivos fundos de assistência, e, na falta delas, ao Fundo Nacional Abono de Família, ao Fundo Comum das Casas do Povo e ao Fundo Comum das Casas dos Pescadores, consoante os casos e a natureza das actividades.

Art. 33.º – 1. As convenções colectivas de trabalho, os pedidos de adesão, as revisões e as decisões arbitrais, bem como as portarias de regulamentação de trabalho, serão publicados no *Diário do Governo* ou *Boletim do Instituto Nacional do Trabalho e Previdência*.

2. É aplicável aos instrumentos referidos no número anterior o disposto na lei para a entrada em vigor dos diplomas legislativos, tornando por base a publicação no *Diário do Governo* ou no *Boletim do Instituto*

Nacional do Trabalho e Previdência, conforme tenha sido feita em primeiro lugar na naquele ou neste, salvo se for fixada data posterior.

3. As cláusulas referentes à retribuição do trabalho e a outros benefícios de natureza pecuniária poderão ser acordadas ou determinadas para produzir efeitos a partir de data anterior à do início da vigência das restantes condições.

Art. 34.º Ficam revogados o Decreto-Lei n.º 36 173, de 6 de Março de 1947, o Decreto-Lei n.º 32 749, de 15 de Abril de 1943, o Decreto-Lei n.º 44 784, de 7 de Dezembro de 1962, e demais legislação complementar.

Art. 35.º O Ministro das Corporações e Previdência Social fixará, por despacho, as regras a observar pelo Instituto Nacional do Trabalho e Previdência na aplicação das disposições do presente diploma.

Visto e aprovado em Conselho de Ministros. – *Marcello Caetano – José João Gonçalves de Proença.*

Promulgado em 8 de Agosto de l969.

Publique-se.

Presidência da República, 28 de Agosto de 1969. – AMÉRICO DEUS RODRIGUES THOMAZ.

(B) Decreto-Lei n.º 492/70, de 22 de Outubro [11]

Introduz alterações a várias disposições do Decreto-Lei n.º 49 212, que regula e uniformiza a estrutura das convenções colectivas de trabalho e a forma da sua elaboração e publicação

O Decreto-Lei n.º 49 212, de 28 de Agosto de 1969, veio estabelecer em bases marcadamente inovadoras o regime jurídico das relações colectivas de trabalho, vinculando as partes à negociação e instituindo a possibilidade de recurso à arbitragem para pôr termo às situações caracterizadas como litigiosas.

À natureza inovadora do novo regime, a exigir às partes na presença um tipo de comportamento diferente daquele que vinham praticando, levou

---

[11] *Diário do Governo*, de 22 de Outubro de 1970, I série, número 245, pp. 1525--1528.

o Ministério a constituir logo no início do corrente ano uma comissão expressamente encarregada de acompanhar a execução do novo diploma, esclarecendo dúvidas de interpretação e verificando a adequação do regime por ela criado à realidade.

Assim, volvido um ano sobre a entrada em vigor do Decreto-Lei n.º 49 212, e pouco mais de seis meses sobre o início dos trabalhos da referida comissão, as várias dúvidas levantadas tornaram possível detectar no novo regime lacunas de certa monta, bem como numerosas deficiências de formulação, umas e outras a impor a revisão de algumas das disposições em vigor.

É antes de mais o caso das relações entro as duas modalidades de convenção, o contrato e o acordo colectivo de trabalho, no plano da hierarquia das fontes. Em conformidade com o sistema de organização social vigente, passa-se a fazer depender a celebração de acordos da verificação de determinados requisitos, conferindo-se carácter especial às normas que os integram.

Ainda no respeitante aos sujeitos das convenções, regulamentam-se com maior minúcia as hipóteses de negociação e celebração conjunta, prevendo-se expressamente a possibilidade de o Instituto Nacional do Trabalho e Providência considerar necessária a celebração em conjunto sempre que o justifiquem as especiais características do sector.

Um outro aspecto em que se revelou lacunoso o regime em vigor é o que respeita à inexistência de qualquer *contrôle* para verificação dos requisitos de que a lei faz depender a passagem da fase de negociação à fase de tentativa de conciliação. Prevê-se agora a possibilidade de a parte contra quem é requerida a tentativa recorrer para o juiz presidente da junta disciplinar da corporação interessada quando entenda que não houve ainda rotura nas negociações ou quando considere o respectivo processo viciado por qualquer irregularidade. Procura-se assim incrementar as soluções negociadas nas relações colectivas de trabalho e ao mesmo tempo expurgar o processo de quaisquer motivos susceptíveis de inutilizarem a tentativa de conciliação ou a arbitragem.

Pelo que a esta respeita, muitas têm sido também as dúvidas levantadas, acrescendo que, apesar de serem constantes as solicitações de elementos aos serviços técnicos do Ministério e frequentes os pedidos de prorrogação dos prazos fixados para o trabalho das comissões, as decisões arbitrais já concluídas nem sempre apresentam o nível técnico que o especial relevo e dignidade da fase do processo em que são proferidas naturalmente pressupunham e do qual não poderá abdicar-se do próprio interesse das partes. Por outro lado, o funcionamento das comissões tem-

-se revelado, na maioria dos casos, incomportável para os orçamentos dos organismos, principalmente dos sindicatos nacionais.

Tudo ponderado, passará a competir ao Ministro das Corporações e Previdência Social, na sua qualidade de representante do interesse geral, a designação do árbitro presidente, admitindo-se, por outro lado, a possibilidade de recurso para o juiz presidente da junta disciplinar da corporação competente sempre que uma das partes em litígio ou o Instituto Nacional do Trabalho e Previdência, entendam que qualquer dos árbitros de parte não reúne, os requisitos fixados na lei. O Ministro das Corporações fixará ainda, por despacho, os limites máximos das remunerações do árbitro presidente, não podendo os árbitros de parte receber importância superior.

Por sua vez, e de modo a evitar a inutilização de todo o processo por recusa da homologação motivada pela existência de qualquer irregularidade ou iniquidade, admite-se a possibilidade de o Instituto Nacional do Trabalho e Previdência devolver, para correcção, os textos finais submetidos à sua apreciação.

Finalmente, e com vista a conferir maior estabilidade aos instrumentos de regulamentação colectiva, é-lhes fixado um prazo supletivo de vigência e são definidas as relações entre as actas de conciliação e as decisões arbitrais, por um lado, e os textos convencionais a que respeitam, por outro.

Nestes termos:

Usando da faculdade conferida pela 1.ª parte do n.° 2 do artigo 109.° da Constituição, o Governo decreta e eu promulgo, para valer como lei, o seguinte:

Artigo 1.° O n.° 2 do artigo, 1.°; o n.° 1 do artigo 5.°; os artigos 7.° e 9.°; o n.° 2 do artigo 10.°; os artigos 12.°, 14.°,. 15.° e 16.°; o n.° 2 do artigo 17.°; o n.° 2 do artigo 18.°; o n.° 1 do artigo 19.°, e os artigos 24.°, 26.° e 33.° do Decreto-Lei n.° 49 212, de 28 de Agosto de 1969, passam a ter a redacção seguinte:

Artigo 1.° – 1 ....

2. Em casos excepcionais, sempre que o exijam os superiores interesses da economia nacional e da justiça social, bem como na ausência de organismos corporativos que representem o sector de actividade económica ou profissional, a regulamentação das condições de trabalho será feita por via administrativa, ouvidas as corporações interessadas.

....

Art. 5.° – 1. As regalias concedidas aos trabalhadores por algum dos modos previstos no artigo 1.° deste diploma só poderão ser diminuídas por novos instrumentos de regulamentação colectiva do mesmo grau hierárquico que expressamente se considerem, no seu conjunto, mais favoráveis aos trabalhadores que os então vigentes.

....

Art. 7.º – 1. Podem celebrar convenções colectivas de trabalho:
a) Os grémios representando as entidades patronais, ou estas próprias, consideradas singularmente, ou conjuntamente uns e outras;
b) Os sindicatos, Casas dos Pescadores e federações de Casas do Povo, representando os trabalhadores.

2. As uniões e federações poderão negociar e celebrar, nos termos do respectivo regime jurídico, convenções colectivas de trabalho.

3. Os grémios, os sindicatos e as Casas dos Pescadores podem, quando verificarem que os interesses são comuns, celebrar conjuntamente, convenções colectivas de trabalho, assim como delegar nas respectivas uniões e federações a sua negociação.

4. Se as características do sector económico impuserem a regulamentação colectiva unitária das relações de trabalho no plano nacional ou regional, a celebração conjunta de uma convenção colectiva de trabalho poderá ser tornada obrigatória pelo Instituto Nacional do Trabalho e Previdência (I.N.T.P.) ouvida a corporação competente.

5. A negociação conjunta de uma convenção colectiva de trabalho obriga as entidades que nela tomaram parte a assumir conjuntamente a mesma atitude em relação à respectiva celebração, à tentativa de conciliação e à arbitragem.

6. Quando não houver acordo entre as entidades que não tomaram parte na negociação conjunta, considerar-se-á como posição comum a que for assumida por aqueles que representem o maior número de interessados na regulamentação das relações colectivas de trabalho.

7. Sempre que o entenda conveniente o I.N.T.P. solicitará à corporação competente o seu parecer acerca do âmbito definido na proposta de convenção colectiva, para os efeitos do disposto do n.º 4.

8. Verificando-se motivos poderosos para que a convenção seja negociada e celebrada conjuntamente com o I.N.T.P. comunicá-lo-á ao proponente e ao destinatário da proposta, dentro do período indicado no n.º 2 do artigo 12.º, ficando sem efeito as negociações porventura decorridas até esse momento:

9. Incumbirá ao organismo que tomou a iniciativa das negociações promover as diligências necessárias à formulação de uma proposta com o âmbito definido nos termos do n.º 4.

Art. 9.º – 1. Cumpre às partes que celebram as convenções colectivas velar pela sua execução e observância e colaborar no seu aperfeiçoamento e oportuna actualização.
2. Os organismos primários serão responsáveis pela execução e observância das convenções colectivas de trabalho celebradas pelas uniões ou federações que os abranjam.

Art. 10.º – 1. ....
2. Sempre que na convenção colectiva se pretenda inserir qualquer cláusula sobre o trabalho das mulheres, as respectivas negociações serão acompanhadas por um representante da secção feminina dos organismos sindicais interessados.

....

Art. 12.º – 1. A entidade que desejar a celebração de uma convenção colectiva ou a sua revisão apresentará por escrito a sua proposta à entidade com quem pretende negociar, a qual, no prazo de trinta dias, deverá responder informando se aceita ou a rejeita ou apresentando uma contraproposta.
2. O prazo para a resposta começará a correr quinze dias após a recepção da proposta, podendo entretanto ser decidida pelo I.N.T.P. a obrigatoriedade da celebração conjunta das convenções colectivas de trabalho.
3. As propostas e contrapropostas serão sempre fundamentadas e delas serão enviadas cópias à corporação e ao I.N.T.P.
4. O prazo para a resposta é prorrogável por acordo com o proponente ou, na sua falta, por decisão do I.N.T.P., não podendo, neste caso, ser superior a sessenta dias.
5. A negociação da convenção colectiva de trabalho deve ficar concluída nos seis meses seguintes à recepção da resposta à proposta de negociação.
6. Mediante autorização do I.N.T.P., poderá ser estabelecida uma prorrogação, nunca superior ao período de tempo mencionado no número anterior.

Art. 14.º – 1. A tentativa de conciliação compete à corporação que represente os interessados, a qual poderá delegar o exercício das respectivas funções na comissão corporativa correspondente.
2. Se houver mais que uma corporação interessada compete ao I.N.T.P. designar a corporação competente para a actividade conciliatória.
3. Quando as partes no diferendo não estiverem integradas em qualquer corporação, cabe à correspondente comissão corporativa realizar a tentativa de conciliação.

4. Se as partes no diferendo não estiverem integradas numa corporação nem houver comissão corporativa constituída, o pedido de tentativa de conciliação será remetido ao I.N.T.P., que promoverá a constituição de uma comissão corporativa, nos termos do Decreto-Lei n.º 43 179, de 23 de Setembro de 1960.

5. Se a tentativa de conciliação resultar, dela se lavrará acta, firmada por todos os intervenientes, na qual serão exaradas as condições acordadas.

6. Se a tentativa de conciliação não resultar, lavrar-se-á acta, firmada por todos os intervenientes, na qual se relacionarão os pontos controvertidos, bem como quaisquer condições porventura acordadas.

7. As diligências conciliatórias não poderão exceder o prazo de sessenta dias, a contar da recepção do pedido.

Art. 15.º – 1. Sempre que da tentativa de conciliação não tenha resultado acordo, qualquer das partes poderá tomar a iniciativa da arbitragem, notificando a outra parte que nomeie árbitro e identificando-lhe o seu.

2. A parte notificada procederá à nomeação dentro do prazo de quinze dias, a contar do recebimento da notificação, e, se o não fizer, caberá tal nomeação à direcção da corporação ou ao presidente da comissão corporativa competente, que, para o efeito, disporão de igual prazo.

3. Havendo vários sindicatos ou grémios interessados nas negociações e não havendo acordo sobre a escolha do árbitro, a designação caberá igualmente à direcção da corporação ou ao presidente da comissão corporativa competente.

4. O árbitro presidente será designado, a requerimento dos árbitros de parte, pelo Ministro das Corporações e Previdência Social, depois de ouvida a corporação competente.

Art. 16.º – 1. Os árbitros devem ser cidadãos portugueses, capazes, de reconhecida probidade, tècnicamente competentes e estranhos aos interesses em litígio.

2. Os árbitros poderão ser coadjuvados por peritos, promover as diligências que entenderem convenientes e solicitar aos serviços competentes do Estado e dos corpos administrativos, aos organismos corporativos e de coordenação económica, às empresas e aos trabalhadores, todos os elementos de informação de que necessitem.

3. Para efeitos no disposto no n.º 1, não podem considerar-se estranhos aos interesses em litígio os empregados e os consultores dos organismos interessados na arbitragem, bem como os seus cônjuges, os seus parentes e afins na linha recta ou até o 2.º grau da linha colateral e os seus adaptados e adoptantes.

4. O disposto no número anterior é aplicável aos gerentes ou administradores, aos representantes, aos empregados e aos consultores das entidades patronais interessadas no conflito colectivo de trabalho, bem como às pessoas que lhe estejam ligadas pelos vínculos referidos no número anterior.

5. Quando uma das partes ou o I.N.T.P. entenderem que qualquer dos árbitros designados nos termos dos n.ᵒˢ 1 e 2 do artigo 15.º não reúne os requisitos enunciados no n.º 1 da presente disposição, poderá, no prazo de quinze dias, a contar da data em que teve conhecimento da designação, recorrer desta para o juiz presidente da junta disciplinar da corporação competente ou para o presidente da respectiva comissão corporativa, que decidirão no prazo de quinze dias.

6. O Ministro das Corporações e Previdência Social fixará, por despacho, os honorários máximos que poderão ser percebidos pelo árbitro presidente, não podendo nunca os árbitros designados pelas partes perceber remuneração superior.

7. As partes são responsáveis pelo pagamento dos honorários e das despesas dos árbitros por elas nomeados.

8. Cada uma das partes é responsável pelo pagamento de metade dos honorários do árbitro presidente e das demais despesas de arbitragem.

Art.17.º – 1..
2. Se um árbitro falecer durante a arbitragem ou se impossibilitar ou obtiver escusa, deve a parte que o nomeou indicar novo árbitro dentro de quinze dias, a contar da notificação para esse efeito ordenada, seguindo-se, quando for caso disso, o disposto na parte final do n.º 2 do artigo 15.º; tratando-se do árbitro presidente, proceder-se-á à nomeação de novo árbitro nos termos previstos no n.º 4 do artigo 15.º

Art. 18.º – 1..
2. Na primeira reunião definir-se-á com precisão o objecto da arbitragem, que deverá respeitar aos pontos controvertidas relacionados na acta da tentativa de conciliação e às questões conexas cujo conhecimento se mostre indispensável.

Art.19.º – 1. A decisão final será proferida dentro de sessenta dias, a contar da nomeação dos árbitros, podendo este prazo, em casos devidamente justificados, ser prorrogado por mais sessenta dias, mediante autorização do I.N.T.P.

....

Art. 24.º – 1. As convenções colectivas de trabalho, os pedidos de adesão, as revisões e as actas de conciliação serão apresentados ao I.N.T.P., devendo simultaneamente ser remetidas cópias à corporação.
2. As decisões arbitrais, acompanhadas das actas da tentativa de conciliação ou suas cópias autenticadas, dos documentos comprovativos da designação dos árbitros e da conta de honorários a despesas serão apresentadas ao I.N.T.P., que deverá dá-las a conhecer à corporação competente e às partes interessadas.
3. O I.N.T.P. procederá ao estudo das convenções, dos pedidos de adesão, das revisões, das actas de conciliação e das decisões arbitrais, devendo devolvê-las às entidades interessadas quando no todo ou em parte, aqueles textos se mostrem desconformes com a lei ou com a equidade.
4. As partes interessadas, a entidade competente para a tentativa de conciliação ou a comissão arbitral devolverão, devidamente rectificadas, as convenções colectivas de trabalho, os pedidos de adesão, as actas de conciliação ou as decisões arbitrais num prazo máximo de trinta dias, a contar da data da sua recepção, quando devolvido nos termos do n.º 3.
5. A eficácia das convenções colectivas de trabalho, das revisões, dos pedidos de adesão, das actas de conciliação e das decisões arbitrais depende de homologação do Ministro das Corporações e Previdência Social.
6. A homologação de convenções colectivas de trabalho e suas revisões, de pedidos de adesão, de actas de conciliação e de decisões arbitrais que respeitem a empresas públicas, a empresas concessionárias, a actividades sujeitas por lei a fiscalização do Governo ou que possam reflectir-se, por forma acentuada, em serviços do Estado, deverá ser precedida de audiências das entidades ou Ministérios interessados.
7. O I.N.T.P. procederá ao registo, numeração e arquivo de todos os instrumentos de regulamentação das relações colectivas de trabalho, integrando-as das cláusulas definidas nas revisões, nas actas de conciliação ou nas decisões arbitrais, ou em novas portarias, promoverá a sua publicação e recolherá os elementos indispensáveis à estimativa dos trabalhadores abrangidos.

Art. 26.º – 1. Das portarias de regulamentação do trabalho constarão as razões por que se não utilizou a via convencional, devendo igualmente ser fundamentadas.
2. Será considerada como razão impeditiva da regulamentação colectivas de trabalho a impossibilidade de homologação dos textos submetidos

a despacho do Ministro das Corporações e Previdência Social, nos termos do n.º 3 do artigo 24.º

3. As portarias serão sempre precedias de estudos adequados realizados por comissões técnicas, das quais poderão fazer parte representantes de organismos corporativos, que serão nomeados por despacho do Ministro das Corporações e Previdência Social, publicado no Boletim do Instituto Nacional do Trabalho e Previdência, dele devendo constar o prazo fixado para a realização dos estudos.

4. Quando as portarias respeitem a empresas públicas, a empresas concessionárias, a actividades sujeitas por lei a fiscalização do Governo, ou ainda quando a regulamentação a estabelecer venha a reflectir-se, por forma acentuada, em serviços do Estado, deverão fazer parte das comissões técnicas representantes das entidades ou Ministérios interessados.

Art. 33.º – 1. As convenções colectivas de trabalho, os pedidos de adesão, as revisões, as actas de conciliação e as decisões arbitrais, bem como as portarias de regulamentação de trabalho, serão publicados no Boletim do Instituto Nacional do Trabalho e Previdência.

2. É aplicável aos instrumentos referidos no número anterior o disposto na lei para a entrada em vigor dos diplomas legislativos, tomando por base a publicação no *Boletim do Instituto Nacional do Trabalho e Previdência*, salvo se for fixada data posterior.

3. As cláusulas referentes à retribuição do trabalho e a outros benefícios de natureza pecuniária poderão ser acordadas ou determinadas para produzir efeitos a partir de data anterior à do início da vigência das restantes condições.

4. As cláusulas acordadas em conciliação ou decididas por arbitragem consideram-se parte integrante da regulamentação convencional a que respeitam, entrando em vigor na mesma data e pelo mesmo prazo, salvo se outra for a vontade das partes, expressamente manifestada.

5. Quando não exista qualquer cláusula sobre o prazo de vigência dos instrumentos de regulamentação convencional, entende-se que estes e as decisões arbitrais vigorarão pelo prazo de dois anos a contar da data da sua entrada em vigor, nos termos do n.º 2

6. Os instrumentos de regulamentação colectiva consideram-se automáticamente renovados se nenhuma das partes interessadas tomar a iniciativa da sua revisão até noventa dias antes do termo dos respectivos prazos de vigência.

Art. 2.º Aos artigos 6.º e 13.º do Decreto-Lei n.º 49 212, de 28 de Agosto de 1969, são acrescentados os seguintes números:

Art. 6.º – 1..
....
3. As empresas só podem celebrar acordos colectivos de trabalho em relação às actividades pelas quais estejam representadas corporativamente ou, salvaguardado o disposto no número seguinte, quando estejam já abrangidos por um contrato colectivo de trabalho.
4. As empresas já obrigadas por contratos colectivos de trabalho só podem celebrar acordos colectivos que tenham por fim unificar a regulamentação das suas relações de trabalho ou, conceder tratamento mais favorável aos seus trabalhadores.
5. As disposições dos acordos colectivos de trabalho prevalecerão sobre as dos contratos colectivos que vierem a ser celebrados para a mesma actividade.

Art.13.º – 1..
....
3. A tentativa de conciliação será pedida em requerimento circunstanciado, com indicação dos pontos controvertidos e das razões invocadas em defesa do ponto de vista de requerente, além da discrição sucinta dos termos em que decorreu a fase de negociação directa.
4. A entidade competente para a tentativa de conciliação dará início às suas diligências dentro dos cinco dias seguintes à recepção do requerimento referido no número anterior convocando as partes em divergência e socorrendo-se, se o entender conveniente, da colaboração do I.N.T.P.
5. Se uma das partes requerer a tentativa de conciliação e a outra entender que não ocorre nenhuma das condições previstas no n.º 2, ou que o processo enferma de qualquer ilegalidade, poderá, no prazo de oito dias, a contar da sua convocação, requerer ao presidente da junta disciplinar da respectiva corporação que considere a tentativa de conciliação inoportuna.
6. A decisão do presidente da junta disciplinar, será proferida no prazo de quinze dias e dela será dado conhecimento às partes e ao I.N.T.P.
7. Se as partes não estiverem integradas numa corporação, caberá ao presidente da comissão corporativa competente proferir a decisão referida no número anterior.

Visto e aprovado em Conselho de Ministros. – *Marcello Caetano – Baltasar Leite – Rebelo de Sousa.*

Promulgado em 16 de Outubro de 1970.

Publique-se.

Presidente da República, AMÉRICO DEUS RODRIGUES THOMAZ.

IX. Decreto-Lei n.º 505/74, de 1 de Outubro de 1974 [12]

Adopta medidas relativas a horários de trabalho

Têm-se verificado, nos últimos meses, situações de redução de horários de trabalho, quer a nível de ramo de actividade, quer a nível de empresa, o que, se por um lado, traduz a concretização de justas reivindicações dos trabalhadores, por outro, nem sempre resultou de uma efectiva ponderação das exigências dos sectores a que se destinam. Atento a esta evolução, decidiu o Governo cometer a análise da problemática de duração do trabalho, integrada no contexto de prossecução dos interesses gerais da economia nacional, a uma Comissão Interministerial, criada por despacho de 4 de Setembro, publicado no *Diário do Governo*, 2.ª série, de 9 de Setembro, à qual incumbirá ainda, após ampla consulta dos interessados, propor as medidas consideradas eficazes para a definição, num quadro legal, das linhas orientadoras nesta matéria.

Impõe-se assim que, com carácter transitório, se tomem medidas que obstem à criação de outras situações de acentuado desnível entre sectores de actividade ou grupos profissionais e consequente agravamento da actual situação social e económica, designadamente no que respeita ao volume de produção e à capacidade de resposta aos problemas conjunturais que o País enfrenta.

Nestes termos:

Usando da faculdade conferida pelo n.º 1, 3.º, do artigo 16.º da Lei Constitucional n.º 3/74, de 14 de Maio, o Governo Provisório decreta e eu promulgo, para valer como lei, o seguinte:

Artigo 1.º Até à publicação da nova disciplina legal sobre duração de trabalho, os limites de duração do trabalho fixados nos horários em

---

[12] *Diário da República*, de 1 de Outubro de 1974, I série, número 229, p. 1166.

vigor não poderão ser reduzidos por convenção colectiva ou contrato individual de trabalho.

Art. 2.º O Governo, pelo Ministro do Trabalho, poderá, porém, autorizar a alteração dos limites da duração do trabalho dos horários em vigor quando a considere compatível com o desenvolvimento económico do ramo de actividade a que respeite.

Visto e aprovado em Conselho de Ministros. – *Vasco dos Santos Gonçalves – José Inácio da Costa Martins.*

Promulgado em 24 de Setembro de 1974.

Publique-se.

O Presidente da República, ANTÓNIO DE SPÍNOLA.

X. Decreto-lei n.º 292/75, de 16 de Junho [13]

Garante, com determinadas excepções, uma remuneração de montante mensal não inferior a 4 000$ a todos os trabalhadores por conta de outrem

A caminho de um socialismo português, há que repensar e reestruturar a dinâmica das relações de trabalho. Em ordem, antes de mais, à valorização do próprio trabalho, como factor político de crescente projecção e influência.

Está na ordem do dia a batalha da produção, que passa pela mobilização dos trabalhadores para as grandes tarefas da reconstrução do País.

Medidas de justiça laboral dirigidas nomeadamente à correcção das distorções salariais próprias da economia capitalista e à disciplina da contratação individual e colectiva, passando por um esquema de regalias sociais não discriminatórias, para além do seu valor intrínseco, constituem o melhor estímulo ao empenhamento dos trabalhadores na melhoria do rendimento nacional e na equidade da sua distribuição.

Com metas já definidas pelo Conselho Superior da Revolução, há que tentar uma aproximação delas sem recuo, ainda que contemporizando transitoriamente com situação e dificuldades de conjuntura.

Nesse contexto se insere o presente diploma, que, sendo um passo em frente, não é ainda a caminhada. Mas não seria razoável que se adias-

---

[13] *Diário do Governo*, de 16 de Junho, I série, número 136, pp. 820-822.

sem medidas, que podem ser tomadas desde já, com base na consideração de que constituem apenas a parte de um todo que seria impossível accionar neste momento.

Entretanto, vai-se atendendo à situação em que se encontram as camadas mais desfavorecidas da classe trabalhadora, quanto a salários e férias, corrigindo distorções e eliminando disparidades. Estabelece-se o congelamento, necessariamente temporário em tempo de inflação, dos ordenados superiores a 12 000$. Eleva-se para 4 000$ o salário mínimo nacional. Fixa-se um tecto salarial à remuneração do trabalho, em termos que hão-de ser regulamentados. Optou-se pelo valor da ordem do que ganham os Ministros do Governo, assim se estendendo a todas as empresas um limite que já vigora para as empresas públicas. O leque salarial herdado do fascismo, de amplitude sem limite, fica assim, e desde já, reduzido a um ângulo que começa a não envergonhar.

Com ser relativamente mais limitado, não deixa, contudo, de continuar a possibilitar desvios chocantes do princípio de que a trabalho igual deve, tanto quanto possível, corresponder salário igual. Reconhecem-se sem esforço manchas degradadas e sectores privilegiados que há que reconduzir a termos de mais equilibrada justiça salarial. Lá chegaremos.

Nestes termos:

Usando da faculdade conferida pelo artigo 3.° n.° 1, alínea 3), da Lei Constitucional n.° 6/75, de 26 de Março, o Governo decreta e eu promulgo, para valer como lei, o seguinte:

CAPÍTULO I
Salários

Artigo 1.° – 1. A todos os trabalhadores por conta de outrem é garantida uma remuneração de montante mensal não inferior a 4 000$, com efeitos a partir de 1 de Junho de 1975, ressalvadas as situações previstas no artigo 2.°.

2. A remuneração indicada no número anterior não abrange quaisquer subsídios, gratificações e entende-se como referente a trabalho em tempo completo.

3. Para aplicação do disposto no n.° 1, a remuneração dos trabalhadores em regime de tempo parcial, ou pagos à quinzena, à semana ou ao dia, será calculada multiplicando o valor da remuneração horário pelo número de horas mensais, quinzenais, semanais ou diárias de serviço prestado.

4. O valor da. remuneração horária garantida calcula-se pela fórmula (4 000$ × 12) / (52 × n), sendo n o número de horas correspondente ao período normal de trabalho semanal.

Art. 2.º – 1. Não se aplica o disposto no artigo anterior:
  a) Aos funcionários públicos e administrativos, cuja situação será contemplada em diploma próprio;
  b) Aos trabalhadores rurais e empregados domésticos, que ficarão sujeitos a legislação especial;
  c) Aos menores de 20 anos, sem prejuízo do princípio de que, na mesma empresa, a trabalho igual deve corresponder salário igual;
  d) Às empresas com dez ou menos trabalhadores, quando se verifique a inviabilidade económica da remuneração prevista no artigo 1.º

2. A competência para a apreciação das situações previstas na alínea d) do número anterior cabe ao Ministério do Trabalho e ao Ministério responsável pelo sector de actividade em que se integrem as empresas interessadas.

3. Nas empresas de qualquer dimensão em que se tenha verificado intervenção ou assistência do Estado, designadamente nos termos do Decreto-Lei n.º 660/74, de 25 de Novembro, o Ministro responsável pelo sector de actividades em que se integram as mesmas empresas e o Ministro do Trabalho definirão, por despacho conjunto, as condições de aplicabilidade do disposto no artigo 1.º, tendo em conta a situação económico-financeira dessas unidades produtivas.

4. O Governo poderá designar sectores ou áreas geográficas em crise, o que implicará a inaplicabilidade temporária da remuneração mínima garantida pelo artigo 1.º, a adopção de medidas de recuperação ou reconversão económica e as formas de intervenção ou assistência que as circunstâncias aconselharem.

5. Nas situações a que se refere o número anterior, o Ministro do Trabalho e o Ministro responsável pelo sector económico ou pela área de actividade em causa definirão, por portaria conjunta, as regras a observar no tocante à determinação dos salários e outras condições de trabalho.

Art. 3.º – 1. Todas as remunerações iguais ou superiores a 12 000$ mensais não poderão ser alteradas antes de 31 de Dezembro de 1975.

2. Considera-se violação ao congelamento estabelecido no número anterior a atribuição de eficácia retroactiva às cláusulas salariais negociadas ou publicadas após a data ali mencionada.

3. O disposto no n.º 1 aplica-se aos vencimentos e a todas as formas de remuneração de administradores, gerentes, directores ou membros dos órgãos sociais ou similares de quaisquer sociedades ou empresas privadas ou públicas.

4. Não poderão ser aumentados os quantitativos dos prémios, gratificações e outras formas de retribuição percebidas por aqueles que aufiram as remunerações previstas no n.º 1.

5. Com ressalva do disposto nos números anteriores, o âmbito de aplicação da regra de congelamento estabelecida neste artigo corresponde ao da remuneração mínima garantida pelo artigo 1.º

Art. 4.º É fixado em 48 900$ por mês máximo nacional de quaisquer trabalhadores ao serviço de empresas públicas ou privadas e das nacionalizadas, para vigorar nos termos e com as excepções que vierem a ser regulamentados dentro de prazo não superior a trinta dias e a partir da data da entrada em vigor do diploma regulamentar.

Art. 5.º – 1. Os instrumentos de regulamentação colectiva em qualquer modalidade, e os contratos individuais de trabalho só poderão estabelecer, como contrapartida do trabalho prestado, a retribuição a pagar regularmente em cada mês, quinzena, semana ou dia de serviço efectivo.

2. Exceptuam-se ao disposto no número anterior, exclusivamente, o subsídio de férias e o subsídio de Natal, desde que não exceda, qualquer deles, a importância correspondente, nos termos daquele preceito, a um mês de retribuição.

Art. 6.º Serão nulas, na parte correspondente, as cláusulas que infrinjam a disposto no artigo anterior.

Art. 7.º As regras constantes dos artigos anteriores não prejudicam a validade dos contratos em vigor, mas as importâncias nestes fixadas, que excedam os limites estabelecidos pelo artigo 5.º, serão integradas, por fracções iguais, nas prestações previstas no mesmo artigo.

Art. 8.º – 1. As entidades patronais que violarem o estabelecido no artigo anterior incorrem na aplicação de multas de montante equivalente ao dobro da prestação irregularmente paga.

2. O produto das multas reverterá para o Fundo de Desemprego.

Art. 9.º É obrigatória em todas as empresas com trabalhadores ao seu serviço, a afixação do quadro de pessoal, com as correspondentes remunerações, em local bem visível das instalações ou estabelecimento em que se exerça a sua actividade.

CAPÍTULO II
Contratação colectiva

Art. 10.º – 1. Até 31 de Dezembro de 1975, será publicado um diploma regulador das relações colectivas de trabalho.

2. Enquanto não for publicado o diploma referido no número anterior, a contratação colectiva obedecerá às disposições constantes dos artigos seguintes.

Art. 11.º – 1. Deverá ser remetida ao Ministério do Trabalho cópia de qualquer proposta de convenção colectiva de trabalho em curso ou que seja apresentada à entidade destinatária após a entrada em vigor deste diploma.

2. Deverá ser igualmente dado conhecimento ao Ministério de Trabalho do teor das contrapropostas que a entidade destinatária formule.

Art. 12.º O Ministério do Trabalho poderá fornecer às partes um ou mais projectos de solução do conflito, nomeadamente no respeitante a retribuições e categorias profissionais, e promover outras diligências adequadas à resolução do diferendo.

Art.13.º – 1. Por acordo das partes, poderá ser constituída uma comissão arbitral para solucionar o conflito.

2. A comissão será sempre presidida por um delegado do Governo e deverá deliberar no prazo máximo de vinte dias.

3. O recurso à arbitragem implica o compromisso de aceitação da decisão arbitral como solução definitiva do conflito.

Art. 14.º – 1. Quer as propostas e contrapropostas, quer os projectos de solução apresentados pelo Ministério do Trabalho, quer as negociações entre as partes, quer as decisões arbitrais, deverão, em qualquer caso, dar a primazia à determinação do montante global a afectar ao acréscimo de retribuições, em função da capacidade económica das empresas ou sectores de actividade e do aumento do custo de vida.

2. O montante global destinado à actualização de retribuições constará obrigatoriamente de cláusula própria de cada instrumento de regulamentação colectiva, sem o que será denegada a sua publicação, nos termos do artigo 16.º

3. Esgotadas as possibilidades de acordo quanto à fixação do montante global referido neste artigo, poderá o Ministério do Trabalho, ouvido o Conselho Económico, estabelecê-lo, a título definitivo, de harmonia com os critérios indicados no n.º 1 e com as exigências da economia nacional.

4. O montante referido no n.º 1 não poderá, em caso algum, exceder o resultante de limites fixados ou critérios estabelecidos pelo Governo, genericamente ou por sectores de actividade.

5. No caso de fixação pela via referida no n.º 3, serão nulas e de nenhum efeito as cláusulas através das quais esse limite seja excedido, havendo lugar às consequências previstas no artigo 16.º

6. Na distribuição do montante global de aumento não poderão ser fixadas novas remunerações acima de 12 000$.
7. Tanto no cálculo a que se refere o n.º 1 como na determinação de retribuições por categorias, nomeadamente para aplicação do limite de 12 000$ fixado no n.º 6, serão computadas, para alem do salário base, todas as quantias pagas pela entidade patronal ao trabalhador, excepto as que directamente correspondam a deslocações em serviço.
8. Determinado o montante global referido no n.º 1, os critérios da sua distribuição pelos trabalhadores, só serão objecto de mediação ou arbitragem se os interessados se não puserem de acordo, dentro do prazo previamente acordado, ou fixado, se for caso disso, pelo Ministério do Trabalho, acerca da forma como essa distribuição deva ser feita.

Art. 15.º – 1. É vedada a atribuição de eficácia retroactiva, para a data anterior à da apresentação da proposta de convenção, a qualquer das suas cláusulas.
2. É igualmente proibida a fixação de acréscimos salariais diferidos para data posterior a 31 de Dezembro de 1975.
3. O prazo mínimo de vigência das convenções colectivas é fixado em um ano.

Art. 16.º – 1. As cláusulas das convenções colectivas de trabalho na parte em que violem o disposto neste diploma são nulas e de nenhum efeito, podendo ser denegada, com esse fundamento, a sua publicação no *Boletim do Ministério do Trabalho*.
2. A publicação de cláusulas nulas não implica que a sua ilegalidade fique sanada, permanecendo assim a improcedência de quaisquer pretensões individuais que nelas se fundamentem.
3. A nulidade das clausulas não prejudica a sua redução, nos termos do artigo 292.º do Código Civil.
4. As normas do presente capítulo aplicam-se a todos os processos de contratação colectiva a nível de empresa, dependendo a eficácia e validade dos acordos a esse nível celebrados de prévia publicação no Boletim do Ministério do Trabalho.

Art. 17.º – 1. O disposto neste capítulo aplica-se igualmente, aos processos de contratação colectiva pendentes.
2. Porém, nos processos de contratação em que já tenha havido ou esteja em curso a mediação do Ministério do Trabalho, o Governo poderá autorizar a não aplicação de todas ou algumas das normas deste capítulo que estabelecem limites ao objecto da contratação.

CAPÍTULO III
Férias e feriados

Art. 18.º – 1. É assegurado aos trabalhadores por conta de outrem o mínimo de quinze dias consecutivos de férias remuneradas.

2. Em caso algum poderão ser atribuídas a qualquer trabalhador férias de duração superior a trinta dias, incluindo domingos e feriados iniciais, intermédios ou finais, mesmo se gozadas interpoladamente.

3. Os trabalhadores abrangidos por este artigo têm direito a um subsídio de férias equivalente ao da remuneração do respectivo período de férias.

Art. 19.º Nas empresas publicas e nacionalizadas, bem como nas empresas privadas, apenas poderão ser observados, a título de feriados, além do feriado municipal da localidade, os legalmente obrigatórios, a Sexta-Feira Santa ou a segunda-feira posterior ao domingo de Páscoa e o dia 24 de Dezembro.

Art. 20.º – 1. O disposto no artigo 18.º, não se aplica ao trabalho rural, ao serviço doméstico, ao trabalho portuário e ao trabalho de bordo, que serão regidos por legislação especial.

2. Os trabalhadores eventuais e sazonais têm direito a um dia de férias remuneradas por cada mês completo de serviço.

CAPÍTULO IV
Despedimentos

Art. 21.º Fica suspensa, pelo prazo de trinta dias, a faculdade de fazer cessar o contrato individual de trabalho, por decisão unilateral, que o regime jurídico desse contrato reconhece às entidades patronais,

Art. 22.º No prazo referido no artigo anterior será publicada nova legislação sobre a cessação do contrato trabalho e sobre os despedimentos colectivos.

Art. 23.º – 1. O disposto no artigo 21.º não se aplica à rescisão por justa causa, desde que nela concorram as seguintes condições:

a) Ser a causa alegada uma infracção disciplinar grave;
b) Ter sido verificada a infracção através de procedimento disciplinar reduzido a escrito, de que constem, pelo menos, o envio de nota de culpa ao trabalhador arguido e a audiência deste.

2. Não se aplica também o preceituado no artigo 21.º aos casos de caducidade do contrato de trabalho devida ao esgotamento de prazo

certo ou à verificação de impossibilidade superveniente, absoluta definitiva, da prestação de trabalho, desde que, nesta ultima situação, ambos os contraentes conheçam ou devam conhecer o facto determinante da impossibilidade.

3. São igualmente exceptuados do âmbito de aplicação deste diploma os trabalhadores eventuais e sazonais, desde que esta qualidade corresponda à natureza do seu trabalho.

Art. 24.º Os actos extintivos promovidos pela entidade patronal contra o disposto neste decreto-lei são nulos e de nenhum efeito.

CAPÍTULO V
Disposições finais

Art. 25.º – 1. Os administradores, gerentes ou directores das empresas que autorizem ou promovam acréscimos salariais com inobservância do limite fixado no n.º 1 do artigo 3.º incorrem na pena prevista para o crime de desobediência.

2. A sanção indicada no número anterior não prejudica a obrigação de reposição das quantias indevidamente pagas.

Art. 26.º Lei especial a publicar no prazo máximo de trinta dias adaptará, nos termos previstos no n.º 4 do artigo 2.º, as normas referentes ao salário mínimo à situação económica e social da Madeira e dos Açores, áreas geográficas cuja crise é já evidente.

Art. 27.º Este decreto-lei entra imediatamente em vigor.

Visto e aprovado em Conselho de Ministros. – *Vasco dos Santos Gonçalves – Álvaro Cunhal – Francisco José Cruz Pereira de Moura – Joaquim Jorge Magalhães Mota – Mário Alberto Nobre Lopes Soares – Mário Luís da Silva Murteira – José Joaquim Fragoso – José Inácio da Costa Martins.*

Promulgado em 4 de Junho de 1975.

Publique-se.

O Presidente da República, Francisco da Costa Gomes.

XI. Resolução do Conselho da Revolução, de 27 de Novembro de 1975 [14]

Suspende as negociações pendentes dentro do regime de contratação até 31 de Dezembro de 1975.

O Conselho da Revolução, reunido em 27 de Novembro de 1975:
Considerando a grave situação económica do País, que se manifesta na existência de profundos desequilíbrios entre a produção e o consumo e da balança de pagamentos, não permitindo a disponibilidade actual de divisas continuar a financiar indefinidamente aumentos de importações para satisfazer novos acréscimos de procura;

Considerando que o outro aspecto fundamental da crise económica, o problema do desemprego, só poderá resolver-se pela via do investimento produtivo, sem o qual, de resto, não haverá construção de uma nova sociedade em transição para o socialismo.

Considerando que continuam a existir, e se tem até acentuado, grandes diferenciações salariais entre sectores e regiões que importa corrigir, o que implica a progressiva adopção de uma política a nível nacional, norteada pelo princípio socialista de retribuição a cada um segundo o seu trabalho;

Considerando que se torna necessário tomar medidas adicionais que, para além das nacionalizações e da reforma fiscal já efectuada, atinjam as classes que recebem rendimentos que não provêm do trabalho, por forma que todos os portugueses participem nos sacrifícios que a crise económica implica;

Considerando que a situação de emergência que o País atravessa e que impede o normal funcionamento dos órgãos do Governo e da administração pública;

Considerando que após a situação se estabilizar é necessário dar tempo ao Governo para repensar os problemas da economia nacional e publicar, para os resolver, a legislação adequada;

O Conselho de Revolução resolveu:
São suspensas as negociações pendentes dentro do regime de contratação colectiva até 31 de Dezembro de 1975, a fim de, entretanto, ser definida pelo Governo uma política salarial e de rendimentos que vise reduzir

---

[14] *Diário do Governo*, de 27 de Novembro de 1975, I série, 2.º suplemento, número 275, pp. 1912(3)-1912(5).

as desigualdades existentes e as diferenciações salariais excessivas, proteja os salários mais baixos e tenha em conta as possibilidades reais da economia e a progressão do custo de vida.

Presidência da República, 27 de Novembro de 1975. – O Presidente da República, FRANCISCO DA COSTA GOMES.

XII. Decreto-Lei n.° 783/75, de 31 de Dezembro [15]

Suspende qualquer processo de negociação colectiva, quer por via convencional, quer por via administrativa

Tornando-se indispensável definir a nível global uma política económica e financeira;

Sendo essa política incompatível com a subida descontrolada das tabelas insertas nos instrumentos de regulamentação colectiva de trabalho, que têm apenas uma visão sectorial das questões;

Sendo sessenta dias o prazo mínimo julgado indispensável para proceder aos estudos conducentes à desejável programação;

Nestes termos:

Usando da faculdade conferida pelo artigo 3.°, n.° 1, alínea 3), da Lei Constitucional n.° 6/75, de 26 de Março, o Governo decreta e eu promulgo, para valer como lei, o seguinte:

Artigo 1.° Até 29 de Fevereiro de 1976 não pode iniciar-se ou prosseguir qualquer processo de negociação colectiva de trabalho, quer por via convencional, quer por via administrativa.

Art. 2.° Até essa data será publicado o diploma regulador das relações colectivas de trabalho.

Art. 3.° A partir de 1 de Março de 1976, as tabelas salariais dos instrumentos de regulamentação colectiva de trabalho serão revistas de acordo com critérios a definir, nomeadamente no diploma mencionado no artigo anterior.

---

[15] *Diário do Governo*, de 31 de Dezembro de 1975, I série, 7.° suplemento, número 300, pp. 2160(136).

Visto e aprovado em Conselho de Ministros. – *José Baptista Pinheiro de Azevedo – João Pedro Tomás Rosa.*

Promulgado em 31 de Dezembro de 1975.

Publique-se.

O Presidente da República, FRANCISCO DA COSTA GOMES.

XIII. (A) Decreto-Lei n.º 164-A/76, de 28 de Fevereiro [16]

Regulamenta as relações colectivas de trabalho

Considerando que, para além de alguns aspectos parcelares, regulados, em termos conjunturais, pelo Decreto-Lei n.º 292/75, de 16 de Junho, o regime jurídico das relações colectivas de trabalho continua a ser contido no Decreto-Lei n.º 49 212, de 28 de Agosto de 1969, hoje, obviamente, inoperante;

Considerando que, sem prejuízo da liberdade e autenticidade das relações colectivas, é conveniente estruturar-se um corpo de normas básicas que constituam pontos de referência para o comportamento das partes interessadas, nomeadamente no que toca aos mecanismos disponíveis para a solução dos conflitos de trabalho;

Considerando, por outro lado, a necessidade de harmonizar uma atitude geral não intervencionista do Estado com a existência e a problemática própria de importantes sectores e empresas públicos ou nacionalizados;

Considerando, enfim, as vantagens de que este corpo de normas constitua um suporte relativamente estável perante as variações que resultam da dinâmica das forças sociais e da evolução das condições económicas do País;

Nestes termos:

Usando da faculdade conferida pelo artigo 3.º, n.º 1, alínea 3), da Lei Constitucional n.º 6/75, de 26 de Março, o Governo decreta e eu promulgo, para valer como lei, o seguinte:

---

[16] *Diário do Governo*, de 28 de Fevereiro de 1976, I série, suplemento, número 50, pp. 446(2)–446(5).

ARTIGO 1.º
(Âmbito de aplicação)

1. O presente diploma regulamenta as relações colectivas de trabalho que se estabeleçam entre trabalhadores e entidades patronais através das respectivas associações ou entre associações sindicais e entidades patronais.
2. O regime previsto neste diploma aplica-se às empresas públicas, salvo o disposto no número seguinte.
3. O estatuto jurídico e a disciplina da relação de trabalho dos trabalhadores das empresas públicas e nacionalizadas do sector estatizado da comunicação social que constem ou venham a constar dos respectivos estatutos prevalecem sobre o disposto neste diploma.
4. As instituições da previdência social ficarão submetidas às normas deste diploma, sem prejuízo das alterações que lhe vierem a ser introduzidas em decretos regulamentares a publicar pelos Ministérios do Trabalho e dos Assuntos Sociais.
5. O regime jurídico da regulamentação colectiva de trabalho para os trabalhadores do Estado, das autarquias locais, institutos de direito público e pessoas colectivas de direito privado e utilidade pública será objecto de diploma específico dos Ministérios das Finanças, da Administração Interna e do Trabalho.

ARTIGO 2.º
(Modos de regulamentação)

1. A regulamentação das relações colectivas de trabalho é feita por convenção colectiva ou, nos termos do artigo 15.º, por decisão arbitral.
2. A regulamentação das relações colectivas de trabalho pode também ser feita por via administrativa, nos termos dos artigos 20.º e 21.º

ARTIGO 3.º
(Objecto)

Os instrumentos a que se refere o artigo anterior regulamentam as condições de trabalho e as garantias dos trabalhadores.

ARTIGO 4.º
(Limites)

Os instrumentos de regulamentação colectiva de trabalho não podem:
a) Limitar o exercício dos direitos fundamentais constitucionalmente garantidos;
b) Contrariar normas legais imperativas;
c) Incluir qualquer disposição que importe para os trabalhadores tratamento menos favorável do que o legalmente estabelecido;
d) Estabelecer regulamentação das actividades económicas.

ARTIGO 5.º
(Efeitos jurídicos)

1. A regulamentação estabelecida por qualquer dos modos referidos no artigo 2.º não pode ser afastada pelos contratos individuais de trabalho, salvo para restabelecer condições mais favoráveis para os trabalhadores.

2. Sempre que numa empresa se verifique concorrência de convenções colectivas potencialmente aplicáveis a todo o pessoal, prevalecerá aquela que for considerada, no seu conjunto, mais favorável pelo sindicato ou sindicatos representativos da maioria dos trabalhadores abrangidos.

3. A partir da entrada em vigor da convenção colectiva, o sindicato ou sindicatos, nas condições estabelecidas no número anterior, deverão, no prazo de sessenta dias, declarar por escrito à outra parte qual a convenção colectiva que consideram mais favorável para os efeitos do n.º 2.

4. Caso os sindicatos não escolham a convenção mais favorável nos termos e no prazo indicados nos números anteriores, cabe ao Ministro do Trabalhado emitir despacho que determine a prevalência pretendida pelo n.º 2.

ARTIGO 6.º
(Sujeitos)

1. Podem celebrar convenções colectivas de trabalho:
a) As associações sindicais;
b) As entidades patronais ou as associações patronais.

2. Nos sectores em que existam empresas públicas ou nacionalizadas, poderá ser determinada, por despacho conjunto do Ministro do Trabalho e do Ministro de Tutela, a autonomização do processo de negociação quanto a elas.

3. Só as associações sindicais e patronais devidamente registadas nos termos do respectivo regime jurídico podem celebrar convenções colectivas de trabalho.

ARTIGO 7.º
(Forma e capacidade)

1. Sob pena de nulidade, as convenções colectivas serão celebradas por escrito e assinadas pelos representantes das associações sindicais e, conforme os casos, pelos representantes das associações patronais ou das entidades patronais interessadas.

2. Para efeitos do disposto no número anterior, só se consideram como representantes legítimos:
   a) Os membros das direcções das associações sindicais e patronais, com poderes bastantes para contratar;
   b) Os titulares de mandato escrito, conferido pelas direcções das associações acima referidas, em que expressamente se delegue o poder de contratar;
   c) Os administradores, gerentes, funcionários ou representantes das entidades patronais, titulares de mandato escrito, conferido pelos órgãos estatutariamente competentes, em quem expressamente se delegue o poder de contratar;
   d) No caso das empresas nacionalizadas, os membros dos conselhos de gerência ou órgãos equiparados.

3. Com vista às negociações, os representantes legítimos das associações sindicais e patronais deverão oportunamente fazer as necessárias consultas aos trabalhadores e às entidades patronais interessados, não podendo, no entanto, invocar tal necessidade para obter a interrupção do curso do processo.

ARTIGO 8.º
(Conteúdo obrigatório)

1. As convenções colectivas deverão referir obrigatoriamente:
   a) A designação das entidades celebrantes;
   b) A área e âmbito de aplicação;
   c) O prazo de vigência e o processo de denúncia;
   d) A data da celebração.

2. O disposto no número anterior aplica-se, com as necessárias adaptações, às decisões arbitrais e as portarias de regulamentação e extensão.

ARTIGO 9.º
(Âmbito de aplicação)

1. As convenções colectivas de trabalho obrigam as entidades patronais que as subscrevem e as inscritas nas associações patronais signatárias, bem como os trabalhadores ao seu serviço, que sejam membros das associações sindicais celebrantes.

2. As entidades patronais, filiadas em associações patronais no momento do início de um processo de contratação colectiva, ficam vinculadas à convenção colectiva ou à decisão arbitral que vier a resultar daquele processo até ao termo do respectivo período de vigência, mesmo que deixem de ser membros da associação.

3. Em caso de cessão total ou parcial de uma empresa, a entidade patronal cessionária ficará obrigada a observar, até ao termo do respectivo prazo de vigência, o instrumento de regulamentação colectiva que vincula a entidade patronal cedente.

ARTIGO 10.º
(Obrigações das partes)

Os sindicatos e associações patronais devem fazer executar e observar, por parte dos seus associados, as convenções colectivas que tenham celebrado ou que tenham sido celebradas pelas federações, uniões e confederações em que se integram e são responsáveis pelas violações que tenham promovido.

ARTIGO 11.º
(Processo)

1. A proposta de celebração de uma convenção colectiva deve ser apresentada por escrito à entidade com quem se pretende negociar.

2. A resposta deverá ser enviada por escrito até um mês após a apresentação da proposta, salvo se houver sido convencionado prazo menor.

3. Quando se trata de revisão de uma convenção colectiva, a proposta deve ser apresentada até ao termo do prazo para o efeito fixado na convenção ou, na sua falta, até dois meses antes do termo de vigência da convenção.

4. Das propostas e respostas serão enviadas cópias ao Ministério do Trabalho.

ARTIGO 12.º
(Fixação prévia do acréscimo global de encargos)

1. As partes deverão, sempre que possível, atribuir prioridade às negociações referentes à matéria da retribuição de trabalho através do ajuste do acréscimo global de encargos.

2. O Ministério do Trabalho e o Ministério responsável pelo sector de actividade fornecerão às partes todo o apoio técnico que por elas seja requerido.

ARTIGO 13.º
(Conciliação)

1. Os conflitos colectivos de trabalho que resultem da celebração ou revisão de uma convenção colectiva poderão ser solucionados por conciliação nos termos dos números seguintes.

2. A conciliação pode ser promovida em qualquer altura:
 a) Por acordo das partes;
 b) Por uma das partes, no caso de falta de resposta à proposta de celebração ou de revisão, ou, fora desse caso, mediante pré-aviso de oito dias por escrito à outra parte.

3. Na falta de processo convencional de conciliação ou de acordo escrito dos interessados, expressamente firmado para o efeito, aquela será efectuada pelos serviços de conciliação do Ministério do Trabalho, assessorados, sempre que necessário, pelos serviços competentes de qualquer outro Ministério que tenha interesse directo na resolução do diferendo.

4. Os conflitos colectivos de trabalho que resultem da celebração ou revisão de uma convenção colectiva aplicável a empresas públicas ou nacionalizadas podem ser obrigatoriamente submetidos a conciliação por despacho conjunto dos Ministros interessados.

ARTIGO 14.º
(Mediação)

1. A todo o tempo, as partes podem acordar em submeter a arbitragem nos termos que definirem ou, na falta de definição, nos termos dos números seguintes, os conflitos colectivos que resultem da celebração ou revisão de uma convenção colectiva.

2. O mediador será escolhido pelas partes e deverá remeter a estas a sua proposta por carta registada no prazo de vinte dias, a contar da sua nomeação.

3. A proposta do mediador considerar-se-á recusada se não houver comunicação escrita de ambas as partes a aceitá-la, no prazo de dez dias a contar da sua recepção.

4. O mediador comunicará às partes a aceitação ou a recusa da contraparte até cinco dias após o termo do prazo referido no número anterior.

5. Até ao termo do prazo fixado no número anterior, o mediador poderá realizar todos os contactos, com cada uma das partes em separado, que considere convenientes e viáveis no sentido da obtenção de um acordo.

ARTIGO 15.º
(Arbitragem)

1. A todo o tempo as partes podem acordar em submeter a arbitragem nos termos que definirem ou, na falta de definição, segundo o disposto nos números seguintes, os conflitos colectivos que resultem da celebração ou revisão de uma convenção colectiva.

2. A arbitragem será realizada por três árbitros, um nomeado por cada uma das partes e o terceiro escolhido pelos árbitros de parte.

3. Não podem ser árbitros os gerentes, administradores, representantes, empregados, consultores e todos aqueles que tenham interesse financeiro directo nas entidades interessadas na arbitragem ou nas empresas das entidades patronais interessadas ou dos associados das organizações interessadas e ainda os cônjuges, parentes e afins em linha recta ou até ao 2.º grau da linha colateral, adoptantes e adaptados das pessoas indicadas.

4. Os árbitros poderão ser assistidos por peritos e têm direito a obter das associações sindicais e patronais e das empresas interessadas, por parte do Ministério do Trabalho e dos Ministérios interessados, todos os elementos de informação de que necessitem.

5. A decisão arbitral será tomada por maioria.

6. As decisões arbitrais não podem diminuir direitos ou garantias consagrados em convenções colectivas de trabalho anteriores.

7. Os árbitros enviarão o texto da decisão às partes e ao Ministério do Trabalho no prazo de quinze dias.

8. A decisão arbitral tem os mesmos efeitos jurídicos da convenção colectiva.

ARTIGO 16.º
(Arbitragem obrigatória)

1. Nos conflitos colectivos inerentes à celebração ou revisão de uma convenção colectiva aplicável a empresas públicas ou nacionalizadas poderá ser tornada obrigatória a realização de arbitragem por despacho do Ministro do Trabalho e do Ministro de Tutela.

2. No caso previsto no número anterior, o eventual desacordo entre as partes quanto à nomeação do terceiro árbitro poderá ser suprido por despacho do Ministro de Tutela.

ARTIGO 17.º
(Adesão)

As associações sindicais e as associações patronais ou as entidades patronais podem acordar em aderir às convenções colectivas de trabalho.

ARTIGO 18.º
(Comissões paritárias)

1. As convenções colectivas podem prever a constituição de comisões formadas por igual número de representantes de entidades signatárias com competência para interpretar e integrar as suas lacunas.

2. O funcionamento das comissões referidas número anterior reger-se-á pelo disposto nas convenções colectivas.

3. As comissões paritárias só podem deliberar desde que esteja presente metade dos membros efectivos representantes de cada parte.

4. As deliberações tomadas por unanimidade consideram-se para todos os efeitos como regulamentação do instrumento a que respeitem e serão depositadas e publicadas nos mesmos termos das convenções colectivas.

5. A deliberações tomadas por unanimidade são automaticamente aplicáveis às entidades patronais e aos trabalhadores abrangidos pelas portarias de extensão das convensões que forem interpretadas ou integradas.

6. A pedido da comissão poderá participar nas reuniões, sem direito a voto, um representante do Ministério do Trabalho.

ARTIGO 19.º
(Depósito)

1. As convenções colectivas de trabalho, as decisões arbitrais e os acordos de adesão deverão ser depositados no Ministério do Trabalho.

2. O depósito será recusado se os referidos instrumentos de regulamentação não obedecerem ao disposto no artigo 8.º deste diploma.

ARTIGO 20.º
(Portarias de extensão)

1. O Ministro do Trabalho, ouvido o Ministro de tutela, pode, por portaria, mandar aplicar, no todo ou em parte, convenções colectivas de trabalho e decisões arbitrais a entidades patronais do mesmo sector económico e a trabalhadores da mesma profissão ou de profissão análoga, desde que exerçam a sua actividade na área e âmbito naquele fixado.

2. O Ministro do Trabalho pode, por portaria, mandar aplicar, no todo ou em parte, convenções colectivas de trabalho e decisões arbitrais a entidades patronais e a trabalhadores do sector económico e profissional regulado que exerçam a sua actividade em área diversa da do instrumento que se pretende alargar, quando não existam associações sindicais ou patronais e se verifique identidade ou semelhança económicas e sociais.

3. Para efeito do disposto nos números anteriores, o Ministro do Trabalho mandará publicar um aviso no *Boletim do Ministério do Trabalho* definindo o âmbito da portaria a emitir.

4. Nos quinze dias seguintes ao da publicação do aviso, podem os interessados no processo de extensão deduzir oposição fundamentada.

ARTIGO 21.º
(Portarias de regulamentação)

1. Nos casos em que se mostre absolutamente impossível a celebração de uma convenção colectiva por inexistência de entidades legitimadas ou por falta de iniciativa negocial, sendo também inviável o recurso à extensão de uma convenção ou decisão arbitral existente, poderá ser emitida uma portaria de regulamentação colectiva de trabalho, depois de ouvida a Comissão Nacional de Preços e Rendimentos, pelos Ministros do Trabalho, de Tutela e pelo Secretário de Estado do Planeamento, os quais poderão delegar as suas funções.

2. Para os efeitos do disposto no número anterior será constituída, por despacho do Ministro do Trabalho, ouvidos os Ministros interessados, uma comissão, à qual competirá a elaboração dos estudos preparatórios da portaria.

3. Na comissão referida no número anterior serão incluídos, sempre que possível, representantes das partes.

4. Da portaria cabe recurso para o Conselho de Ministros.

ARTIGO 22.°
(Publicação e entrada em vigor)

1. Os instrumentos de regulamentação colectiva serão publicados no *Boletim do Ministério do Trabalho* nos quinze dias seguintes ao depósito a que se refere o artigo 19.°, sendo caso disso.
2. Os instrumentos de regulamentação colectiva de trabalho entrarão em vigor após a sua publicação, nos mesmos termos das leis.

ARTIGO 23.°
(Prazo de vigência)

1. O prazo de vigência das convenções colectivas e decisões arbitrais não poderá ser inferior a um ano.
2. As convenções colectivas e as decisões arbitrais mantêm-se, porém, em vigor até serem substituídas por novos instrumentos de regulamentação colectiva de trabalho.
3. O disposto no número anterior aplica-se igualmente às portarias de regulamentação e de extensão.

ARTIGO 24.°
(Anulação de cláusulas ilegais)

As associações sindicais e patronais, bem como os trabalhadores e entidades patronais interessados, podem propor acção de anulação, perante os tribunais de trabalho, das cláusulas dos instrumentos de regulamentação colectiva de trabalho

ARTIGO 25.°
(Sanções)

1. Sem prejuízo das sanções especialmente previstas na lei, as entidades patronais que infringirem os preceitos dos instrumentos de regulamentação colectiva de trabalho serão punidas com multa de 200$ a 1 000$ por cada trabalhador em relação ao qual se verificar infracção.
2. Quando a infracção respeitar a uma generalidade de trabalhadores, a multa aplicável será de 5 000$ a 50 000$.
3. As infracções aos preceitos que estipulam retribuições serão punida com multa que poderá ir até ao dobro do montante das importâncias em dívida.

4. Conjuntamente com as multas, serão sempre cobradas as indemnizações que forem devidas aos trabalhadores prejudicados, as quais reverterão a favor dos referidos trabalhadores.

5. Salvo se pena mais grave for prevista pela lei penal geral, sempre que a infracção for acompanhada de coacção, falsificação, simulação ou qualquer meio fraudulento, será punida com multa de 5 000$ a 50 000$, e a tentativa com multa de 1 000$ a 10 000$.

6. No caso de reincidência, as multas serão elevadas ao dobro.

7. A infracção do disposto no n.º 4 do artigo 11.º será punida com multa de 1 000$ a 10 000$.

8. O produto das multas reverterá para o Fundo de Desemprego.

ARTIGO 26.º
(Entrada em vigor)

Este diploma entra imediatamente em vigor e revoga o Decreto-Lei n.º 49 212. de 28 de Agosto de 1969, na redacção dada pelo Decreto-Lei n.º 492/70, de 22 de Outubro; o artigo 14.º do Decreto-Lei n.º 196/72, de 12 de Junho; o Decreto-Lei n.º 377/73, de 24 de Julho; o Decreto-Lei n.º 698/73, de 27 de Dezembro, e o capítulo II do Decreto-Lei n.º 292/75, de 16 de Junho.

Visto e aprovado em Conselho de Ministros. – *José Baptista Pinheiro de Azevedo – João de Deus Pinheiro Farinha – João Pedro Tomás Rosa.*

Promulgado em 28 de Fevereiro de 1976.

Publique-se.

O Presidente da República, FRANCISCO DA COSTA GOMES.

(B) Decreto-lei n.º 887/76, de 29 de Dezembro [17]

Altera o Decreto-Lei n.º 164-A/76, de 28 de Fevereiro

1. A Constituição Portuguesa prevê, no n.º 4 do artigo 58.º, que seja legalmente estabelecida a disciplina básica das relações colectivas de tra-

---

[17] *Diário da República*, de 29 de Dezembro de 1976, I série, número 301, pp. 2871--2875.

balho, tendo especialmente em vista a importância fundamental de que se reveste o correspondente mecanismo de criação de normas jurídico-laborais.

2. O regime contido no Decreto-Lei n.º 164-A/76, de 28 de Fevereiro, apareceu claramente orientado pelo propósito de assegurar o máximo de garantias à livre expressão da vontade negocial dos sujeitos colectivos e constituiu por isso um marco significativo na evolução do sistema jurídico, até mesmo pelo lugar central que a sua temática ocupava e ocupa no quadro do desenvolvimento das relações sociais. A sua revisão parcial acha-se prevista no Programa do Governo, por razões bem definidas que a experiência da contratação colectiva tem vindo a salientar – nomeadamente a necessidade imperiosa de se estabelecerem mecanismos preventivos da dilação das negociações, bem como da precoce radicalização dos conflitos, circunstâncias que têm contribuído fortemente para a distorção da própria ideia de negociação colectiva, acarretando o frequente recurso – quase sempre indesejável, na mesma lógica do sistema – à regulamentação das condições de trabalho por via administrativa.

3. O presente diploma serve o propósito de efectuar a prevista revisão parcial da regulamentação em vigor. Com esta revisão pretendem criar-se condições indispensáveis à eficácia e ao equilíbrio dos processos de contratação colectiva. Assim se esclarece melhor o âmbito de aplicação do regime geral das relações colectivas de trabalho, afastando dele, nomeadamente, os aspectos que a Constituição reserva à competência legislativa da Assembleia da República; aperfeiçoa-se o sistema de soluções aplicáveis aos casos de sucessão e concorrência de convenções; estabelece-se a possibilidade de serem tomadas obrigatórias a negociação conjunta e a conciliação e, em geral, rectifica-se ou completa-se o texto primitivo do diploma em pontos de pormenor que, todavia, nalguns suscitavam dificuldades práticas graves.

Por forma a dar cumprimento aos princípios consignados na Constituição tomaram parte na elaboração do presente diploma comissões de trabalhadores e associações sindicais, que para o efeito foram ouvidas pelo Ministério do Trabalho, sendo diversas das sugestões por eles apresentadas incorporadas no texto final.

Nestes termos:

O Governo decreta, nos termos da alínea a) do n.º 1 do artigo 201.º da Constituição, o seguinte:

Artigo 1.º Os artigos 1.º 2.º, 4.º, 5.º, 6.º, 7.º, 8.º,10.º, 11.º, 13.º, 16.º, 18.º, 19.º, 20.º, 21.º, 22.º, 23.º, 24.º e 25.º do Decreto-Lei n.º 164-A/76, de 28 de Fevereiro, passam a ter a seguinte redacção:

ARTIGO 1.º
(Âmbito de aplicação)

1. ....

2. O regime estabelecido neste diploma não se aplica aos funcionários e agentes do Estado, autarquias locais o serviços municipalizados, os quais serão objecto de lei especial, nos termos da alínea *m*) do artigo 167.º da Constituição da República Portuguesa.

3. O presente diploma aplica-se às empresas públicas e nacionalizadas, com ressalva do disposto na respectiva regulamentação legal e nos estatutos de cada uma delas.

4. O regime jurídico da regulamentação colectiva de trabalho para os trabalhadores das instituições de previdência será objecto de diploma específico dos Ministérios da Administração Interna, das Finanças, do Trabalho e dos Assuntos Sociais.

ARTIGO 2.º
(Modos de regulamentação)

1. A regulamentação colectiva das relações de trabalho é feita por convenção colectiva ou, nos termos do artigo 15.º, por decisão arbitral.

2. A regulamentação colectiva das relações de trabalho pode também ser feita por via administrativa, nos termos dos artigos 20.º e 21.º

ARTIGO 4.
(Limites)

1. Os instrumentos de regulamentação colectiva de trabalho não podem:
   a) Limitar o exercício dos direitos fundamentais constitucionalmente garantidos;
   b) Contrariar normas legais imperativas;
   c) Incluir qualquer disposição que importe para os trabalhadores tratamento menos favorável do que o estabelecido por lei;
   d) Estabelecer regulamentação das actividades económicas;
   e) Estabelecer e regular benefícios complementares dos assegurados pelas instituições de previdência;
   f) Conferir a qualquer das suas cláusulas eficácia retroactiva para além da data em que se tenha esgotado no n.º 2 do artigo 10.º, ou, no caso de revisão de convenção anterior, para além do termo de vigência desta.

2. Sem prejuízo do disposto na alínea e) do número anterior, podem ser estabelecidos benefícios complementares do subsídio de doença até ao limite de vinte dias por ano, seguidos ou interpolados.

3. A restrição decorrente da alínea e) do n.º 1 e do n.º 2 não afecta a subsistência dos benefícios complementares anteriormente fixados por convenção colectiva ou regulamentação interna das empresas.

4. As condições de trabalho fixadas por instrumento de regulamentação colectiva só podem ser reduzidas por novo instrumento de cujo texto conste, em termos expressos, o seu carácter globalmente mais favorável, sem prejuízo do disposto nas alíneas b) e c) do n.º 1.

5. A redução prevista no número anterior prejudica os direitos adquiridos por força do instrumento de regulamentação colectiva substituído, com ressalva do disposto no n.º 3.

ARTIGO 5.º
(Efeitos jurídicos)

1. ....

2. Sempre que numa empresa se verifique concorrência de convenções aplicáveis a alguns trabalhadores prevalecerá aquela que for considerada, no seu conjunto, mais favorável pelo sindicato representativo do maior número daqueles trabalhadores.

3. A partir da entrada em vigor das convenções em causa, o sindicato nas condições estabelecidas no número anterior deverá, no prazo de sessenta dias, declarar por escrito à entidade patronal interessada qual a que considera mais favorável para os efeitos do n.º 2.

4. Caso o sindicato não escolha a convenção mais favorável, nos termos e no prazo indicados nos números anteriores, será aplicável a convenção escolhida pela maioria dos trabalhadores em relação aos quais se verifique a concorrência.

5. Se for manifestamente impossível obter deliberação maioritária, cabe ao Ministro do Trabalho proferir despacho que determine a prevalência referida no n.º 2.

6. A declaração, a deliberação e o despacho previstos nos números anteriores são irrevogáveis até ao termo da vigência efectiva da convenção por qualquer desses modos designada.

7. Independentemente do disposto nos números anteriores, a entrada em vigor de um instrumento de regulamentação colectiva das relações de trabalho num ramo de actividade faz cessar automaticamente a vigência das convenções cujo âmbito se defina por profissão ou profissões, relati-

vamente àquele ramo de actividade e aos trabalhadores também abrangidos pelo primeiro.

ARTIGO 6.º
(Sujeitos)

1. Podem celebrar convenções colectivas de trabalho:
   a) As associações sindicais;
   b) As entidades patronais e as associações patronais;
   c) As empresas públicas ou nacionalizadas,
2. Só as associações sindicais e patronais devidamente registadas nos termos do respectivo regime jurídico podem celebrar convenções colectivas de trabalho.
3. Nos sectores em que existam empresas públicas ou nacionalizadas poderá ser determinada, por despacho conjunto do Ministro do Trabalho e do Ministro da Tutela, a autonomização do processo de negociação quanta a elas, devendo esse processo, em qualquer caso, abranger todos os trabalhadores ao seu serviço.
4. Se existirem várias empresas públicas ou nacionalizadas num mesmo ramo de actividade, a forma de representação conjunta delas nos processos de negociação será previamente definida por despacho do Ministro da Tutela, a solicitação de qualquer dos respectivos conselhos de gerência ou órgãos equiparados, ou das associações sindicais interessadas.

ARTIGO 7.º
(Forma a capacidade)

1. Sob pena de nulidade, as convenções colectivas serão celebradas por escrito e assinadas pelos representantes das associações sindicais e, conforme os casos, pelos representantes das associações patronais ou das entidades patronais interessadas.
2. Para efeitos do disposto no número anterior, só se consideram como representantes legítimos;
   a) Os membros das direcções das associações sindicais e patronais com poderes bastantes para contratar;
   b) Os portadores de mandato escrito conferido pelas direcções das associações acima referidas, do qual constem expressamente poderes para contratar;
   c) Os administradores, gerentes, representantes ou mandatários das entidades patronais com poderes para contratar;

d) No caso das empresas públicas e nacionalizadas, os membros dos conselhos de gerência ou órgãos equiparados, ou os detentores de mandato escrito de que expressamente constem poderes para contratar, bem como os designados nos termos do n.º 4 do artigo 6.º

3. No início das negociações os representantes das partes deverão identificar-se e exibir os respectivos títulos de representação.

4. A revogação do mandato só é eficaz após comunicação à outra parte e ao Ministério do Trabalho.

5. Com vista às negociações, os representantes legítimos das associações sindicais e patronais deverão oportunamente fazer as necessárias consultas aos trabalhadores e às entidades patronais interessadas, não podendo, no entanto, invocar tal necessidade para obterem a suspensão ou interrupção do curso do processo.

ARTIGO 8.º
(Conteúdo obrigatório)

1. ....
a) ....
b) ....
c) ....

2. O disposto no número anterior aplica-se, com as necessárias adaptações, às revisões parciais de convenções colectivas, às decisões arbitrais e às portarias de regulamentação e extensão.

ARTIGO 10.º
(Obrigações das partes)

1. As associações sindicais, as associações patronais e as empresas devem respeitar, nos processos de negociação colectiva, os princípios da boa fé, nomeadamente respondendo com brevidade a propostas e contrapropostas e fazendo-se representar em contactos e reuniões destinados à prevenção ou resolução dos conflitos.

2. Os sindicatos e associações patronais devem fazer executar e observar, por parte dos seus associados, as convenções colectivas que tenham celebrado ou que tenham sido celebradas pelas federações, reuniões e confederações em que se integram e são responsáveis pelas violações que tenham promovido.

ARTIGO 11.º
(Processo)

1. ....
2. A resposta deverá ser enviada por escrito até um mês após a apresentação da proposta, salvo se prazo diverso houver sido convencionado.
3. ....
4. As propostas e respostas serão fundamentadas mediante a ponderação dos índices de custo de vida e da capacidade económica das empresas ou sectores, bem como das condições de trabalho e remuneração praticadas em empresas ou sectores afins e em actividades profissionais idênticas ou similares, devendo ainda, sempre que possível, conter indicações referentes ao número de trabalhadores por categoria abrangida, ao aumento de encargos directos e indirectos resultante das tabelas salariais e ao aumento de encargos com remunerações complementares e horas extraordinárias.
5. Na falta de fundamentação da proposta ou resposta, a parte destinatária poderá legitimamente recusar-se a negociar com base nela.
6. Das propostas e respostas, bem como das actas das reuniões de negociação, serão enviadas cópias ao Ministério do Trabalho.
7. As partes deverão fixar, por acordo escrito, que obedecerá ao disposto no número anterior, o calendário das negociações.
8. Poder ser tornada obrigatória a negociação conjunta de convenções colectivas, por despacho fundamentado dos Ministros do Trabalho e da Tutela.
9. O despacho previsto no número anterior será proferido nos quinze dias posteriores à recepção da proposta a que se refere o n.º 1 deste artigo e fixará os termos em que deverá efectivar-se a negociação e as consequências da sua inobservância.

ARTIGO 13.º
(Conciliação)

1. ....
2. ....
3. ....
4. No procedimento conciliatório será sempre dada prioridade à definição das matérias sobre as quais o mesmo irá incidir.
5. Os conflitos colectivos de trabalho que resultem da celebração ou revisão de uma convenção colectiva podem ser obrigatoriamente submetidos a conciliação por despacho conjunto dos Ministros interessados.

ARTIGO 16.º
(Arbitragem obrigatória)

1. ....
2. No caso previsto no número anterior, o eventual desacordo entre as partes quanto à nomeação do terceiro árbitro poderá ser suprido por despacho do Ministro do Trabalho.

ARTIGO 18.º
(Comissões paritárias)

1. As convenções colectivas podem prever a constituição de comissões formadas por igual número de representantes de entidades signatárias com competência para interpretar as suas disposições.
2. ....
3. ....
4. ....
5. ....
6. ....

ARTIGO 19.º
(Depósito)

1. ....
2. O depósito será recusado se os referidos instrumentos de regulamentação não obedecerem ao disposto no artigo 8.º deste diploma ou se não forem acompanhados dos títulos de representação exigidos pelo artigo 7.º

ARTIGO 20.º
(Portarias de extensão)

1. Ouvidos os sindicatos e as associações patronais ou empresas interessadas, pode, por portaria conjunta dos Ministros do Trabalho, do Plano e Coordenação Económica e da Tutela, ser determinada a extensão total ou parcial de convenções colectivas de trabalho e decisões arbitrais a entidades patronais do mesmo sector económico e a trabalhadores da mesma profissão ou de profissão análoga, desde que exerçam a sua actividade na área e âmbito naquelas fixado.

2. Pode, pela mesma forma, ser determinada extensão de convenções colectivas de trabalho e decisões arbitrais a entidades patronais e a trabalhadores do sector económico e profissional regulado que exerçam a sua actividade em área diversa da do instrumento que se pretende alargar, quando não existam associações sindicais ou patronais e se verifique identidade ou semelhança económica e social.

3. As portarias de extensão, salvo referência expressa em contrário, não são aplicáveis às empresas relativamente às quais exista regulamentação colectiva.

4. Para o efeito do disposto nos números anteriores, a Ministro do Trabalho mandará publicar um aviso no *Boletim do Ministério do Trabalho*, definindo o âmbito e a área da portaria a emitir.

5. Nos quinze dias seguintes ao da publicação do aviso, podem os interessados no processo de extensão deduzir oposição fundamentada.

ARTIGO 21.º
(Portarias de regulamentação)

1. Nos casos em que seja inviável o recurso à portaria de extensão prevista no artigo anterior poderá ser emitida pelos Ministros do Trabalho, do Plano e Coordenação Económica e da Tutela uma portaria de regulamentação de trabalho sempre que se verifique uma das seguintes condições.

a) Inexistência de associações sindicais ou patronais;
b) Recusa reiterada de uma das partes em negociar;
c) Prática de actos ou manobras manifestamente dilatórias ou que, de qualquer modo, impeçam o andamento normal do processo de negociação.

2. Serão igualmente reguladas por portaria, emitida pelos Ministros do Trabalho e da Tutela, as relações de trabalho em que sejam partes pessoas colectivas de direito privado e utilidade pública.

3. Para os afeitos do disposto no número anterior, será constituída, por despacho do Ministro do Trabalho, ouvidos os Ministros interessados, uma comissão, à qual competirá a elaboração dos estudos preparatórios da portaria.

4. Na comissão referida no número anterior serão incluídos, sempre que possível, representantes das partes.

5. Nos casos previstos nas alíneas *b)* e *c)* do n.º 1 e no n.º 2, o Ministro do Trabalho promoverá, previamente, uma tentativa de conciliação entre as partes, salvo se, quanto ao ponto litigioso, já tiver sido realizada tal diligência.

6. Sempre que a portaria de regulamentação de trabalho contenha matérias de natureza pecuniária, será ouvida a Comissão Nacional de Preços e Rendimentos.

7. Da portaria cabe recurso para o Conselho de Ministros para os Assuntos Económicos.

ARTIGO 22.º
(Publicação e entrada em vigor)

1. Os instrumentos de regulamentação colectiva de trabalho serão publicados no *Boletim do Ministério do Trabalho* nos quinze dias seguintes ao depósito a que se refere o artigo anterior, sendo caso disso.

2. ....

ARTIGO 23.º
(Prazo de vigência)

1. O prazo de vigência das convenções colectivas e decisões arbitrais não poderá ser inferior a dezoito meses.

2. As convenções colectivas e as decisões arbitrais mantêm-se, porém, em vigor até serem substituídas por novos instrumentos de regulamentação colectiva de trabalho.

3. O disposto no número anterior aplica-se igualmente às portarias de regulamentação e de extensão.

4. As convenções colectivas e as decisões arbitrais não podem ser denunciadas antes de decorrido um ano sobre a data da sua publicação.

ARTIGO 24.º
(Anulação de cláusulas ilegais)

As associações sindicais e patronais, bem como trabalhadores e entidades patronais interessados, podem propor acção de anulação, perante os tribunais do trabalho, das cláusulas dos instrumentos de regulamentação colectiva de trabalho que tenham por contrárias à lei.

ARTIGO 25.º
(Sanções)

1. Sem prejuízo das sanções especialmente previstas na lei, as entidades patronais que infringirem os preceitos dos instrumentos de regula-

mentação colectiva de trabalho serão punidas com multa de 500$ a 3 000$ por cada trabalhador em relação ao qual se verificar a infracção.
2. Quando a infracção respeitar a uma generalidade de trabalhadores, a multa aplicável será de 15 000$ a 150 000$.
3. As infracções aos preceitos relativos a retribuições serão punidas com multa que poderá ir até ao dobro do montante das importâncias em dívida.
4. Conjuntamente com as multas, serão sempre cobradas as indemnizações que forem devidas aos trabalhadores prejudicados, as quais reverterão a favor dos referidos trabalhadores.
5. Sem prejuízo da aplicação de pena mais grave prevista pela lei geral, sempre que a infracção for acompanhada de coacção, falsificação, simulação ou qualquer meio fraudulento, será a mesma punida com multa de 15 000$ a 150 000$, e a tentativa, com multa de 3 000$ a 30 000$.
6. No caso de reincidência, as multas serão elevadas ao dobro.
7. A infracção ao disposto no n.º 6 do artigo 11.º será punida com multa de 3 000$ a 30 000$.
8. O produto das multas reverterá para o Fundo de Desemprego.

Art. 2.º – 1. A recusa injustificada de negociações ou de participação em qualquer acto ou fase daquelas por parte de uma associação sindical, de uma associação patronal ou de uma empresa que para o efeito tenha sido notificada, através de carta registada com aviso de recepção, pelo Ministro do Trabalho faz incorrer aquelas entidades em multa de 20 000$ a 100 000$.
2. A reincidência determina o agravamento dos limites da multa para o dobro e, no caso de se tratar de uma empresa, poderá constituir índice justificativo da intervenção do Estado no sector ou empresa em causa, nos termos do Decreto-Lei n.º 422/76, de 29 de Maio.
3. A competência para a notificação a que se refere o n.º 1 pode ser delegada.
4. O levantamento do auto de notícia referente às infracções previstas neste, artigo é da competência da entidade notificante.
5. Confirmado o auto superiormente, será o transgressor notificado para, no prazo de dez dias, pagar voluntariamente a multa, cujo montante será depositado na Secretaria-Geral do Ministério ou nas secretarias dos serviços regionais respectivos, fora de Lisboa.
6. Na falta de pagamento voluntário, o auto de notícia, acompanhado de certidão da notificação, será remetido ao tribunal do trabalho competente para os devidos efeitos legais.

7. O produto das multas reverte a favor do Fundo de Desemprego.

Visto e aprovado em Conselho de Ministros. – *Mário Soares*.
Promulgado em 9 de Dezembro de 1976.
Publique-se.
O Presidente da República, ANTÓNIO RAMALHO EANES.

(C) Decreto-Lei n.º 353-G/77, de 29 de Agosto [18]

Dá nova redacção aos artigos 1.º, 6.º, 16.º, 19.º e 22.º do Decreto-Lei n.º 164-A/76, de 28 de Fevereiro, alterados pelo Decreto-Lei n.º 887/76, de 29 de Dezembro (regulamenta as relações colectivas de trabalho)

As modificações decretadas na regulamentação das empresas do sector público ou a ele ligadas aconselham a consequente adaptação de alguns preceitos da lei das relações colectivas de trabalho.

Nestes termos:

O Governo decreta, nos termos da alínea *a)* do n.º 1 do artigo 201.º da Constituição, o seguinte:

Artigo único. Os artigos 1.º, 6.º, 16.º, 19.º e 22.º do Decreto-Lei n.º 164-A/76, de 28 de Fevereiro, com a redacção que lhes foi dada pelo Decreto-Lei n. 887/76, de 29 de Dezembro, passam a ter a seguinte redacção:

Art. 1.º – 1. ....
2. ....
3. O presente diploma aplica-se às empresas públicas e de capitais públicos, com ressalva do disposto na respectiva regulamentação legal e nos estatutos de cada uma delas.
4. ....
....

Art. 6.º – 1. ....
2. ....
3. Nos sectores em que existam empresas públicas ou de capitais públicos poderá ser determinada, por despacho conjunto do Ministro do Trabalho e do Ministro da tutela, a autonomização do processo de nego-

---

[18] *Diário da República*, de 29 de Agosto de 1977, I série, número 199, pp. 2080(15)--2080(16).

ciação quanto a elas, devendo esse processo, em qualquer caso, abranger todos os trabalhadores ao seu serviço.

4. ....
....

Art. 16.º Nos conflitos colectivos inerentes à celebração ou revisão de uma convenção colectiva aplicável a empresas públicas ou de capitais públicos poderá ser tornada obrigatória a realização de arbitragem, por despacho dos Ministros do Trabalho e da tutela.

....

Art. 19.º – 1. ....

2. – O depósito será recusado:
a) Se os referidos instrumentos de regulamentação não obedecerem ao disposto no artigo 8.º deste diploma;
b) Se não forem acompanhados dos títulos de representação exigidos pelo artigo 7.º;
c) Se não tiver decorrido o prazo mínimo de vigência obrigatória do instrumento de regulamentação colectiva de trabalho que se visa alterar ou substituir;
d) Se, envolvendo empresas públicas ou de capitais públicos, não houver autorização ou aprovação tutelar competente;
e) Nos demais casos previstos na lei.

3. No caso de o instrumento substituir ou alterar vários instrumentos de regulamentação colectiva com prazos de vigência diversos, poderá ser depositado, desde que tenha decorrido um dos prazos mínimos de vigência sem prejuízo do disposto no artigo 22.º, n.º 3.

....

Art. 22.º – 1. ....
2. ....

3. Ainda que depositados e publicados, os instrumentos de regulamentação colectiva de trabalho só podem entrar em vigor após decorrido o prazo de vigência obrigatório dos instrumentos que pretendam alterar ou substituir.

Visto e aprovado em Conselho de Ministros. – *Mário Soares* –. *António Francisco Barroso de Sousa Gomes* – *Henrique Medina Carreira* – *António Manuel Maldonado Gonelha.*

Promulgado em 29 de Agosto de 1977.

Publique-se.

O Presidente da República, ANTÓNIO RAMALHO EANES

XIV. (A) Decreto-Lei n.° 49-A/77, de 12 de Fevereiro [19]

Estabelece medidas tendentes a condicionar os aumentos salariais através da contratação colectiva e também a limitar remunerações complementares

1. A difícil situação económica em que Portugal se encontra suscita ao Governo a preocupação fundamental de, na linha do Programa que apresentou e foi aprovado pela Assembleia da República, harmonizar na máxima medida possível a necessidade de estabelecer condições favoráveis ao relançamento da economia e a de atender desde já, em termos abertamente preferenciais, à situação das camadas mais desfavorecidas da população trabalhadora.

Neste sentido, para alem das medidas de fixação e actualização de remunerações mínimas garantidas, matéria de diploma autónomo, os objectivos principais que nortearão a actuação do Governo, quanto à política salarial a prosseguir de imediato e até fins de 1977, serão os de uniformização progressiva dos benefícios complementares do salário base, de redução do leque de remunerações e de manutenção do poder de compra aos trabalhadores com mais baixos salários.

2. Entende o Governo que a referida linha de actualização, traduzindo-se num esforço de redução das graves distorções existentes em matéria de rendimentos de trabalho, impõe necessariamente a limitação de benefícios já usufruídos ou apenas esperados pelos trabalhadores em situação relativamente mais favorável. Sem esquecer que o desejável relançamento da economia deverá projectar-se, essencialmente, na progressiva elevação do nível de vida do conjunto dos trabalhadores portugueses, crê o Governo que, no imediato, o sacrifício relativo dos mais beneficiados é o pressuposto comum à satisfação das necessidades prementes dos menos favorecidos e à criação de condições favoráveis à melhoria da situação económica portuguesa.

3. Aliás, cabe sublinhar que a subordinação das alterações, das remunerações mais elevadas e dos respectivos complementos, por um lado, à consecução efectiva das remunerações mínimas garantidas, e, por outro, à garantia da manutenção do poder de compra dos trabalhadores mais desfavorecidos, tem de ser enquadrada no conjunto de medidas, já tomadas ou

---

[19] *Diário da República*, de 12 de Fevereiro de 1977, I série, 2.° suplemento, número 36, pp. 224(8)-224(11).

a concretizar brevemente, através das quais se concretizará a política de rendimento anunciada no seu Programa.

4. Na elaboração do presente diploma e em cumprimento dos princípios consignados nos artigos 56.º alínea d), e 58.º, n.º 2, alínea a) da Constituição, participaram comissões de trabalhadores e trabalhadores, os quais tiveram ensejo de apresentar as suas sugestões ao Ministério do Trabalho.

Nestes termos:

O Governo decreta, nos termos da alínea a) do n.º 1 do artigo 201.º da Constituição, o seguinte:

Artigo 1.º Até 31 de Dezembro de 1977 as condições de trabalho a estabelecer pelos instrumentos de regulamentação colectiva ou pelos contratos individuais ficam sujeitas ao disposto no presente diploma.

Art. 2.º – 1. Constará obrigatoriamente de todas as convenções colectivas de trabalho e decisões arbitrais a classificação das profissões abrangidas, de harmonia com o quadro de níveis de qualificação anexo ao presente diploma.

2. A Secretaria de Estado da População e emprego apoiará tecnicamente o cumprimento do requisito no número anterior.

3. Será recusado pelos serviços competentes o depósito de qualquer convenção colectiva ou decisão arbitral de que não conste a mencionada classificação profissional.

4. O disposto no n.º 1 aplica-se igualmente às portarias de regulamentação de trabalho.

Art. 3.º Enquanto não for estabelecida uma norma nacional negociada entre as associações de classe e o Governo, ouvido o Conselho Nacional de Rendimentos e Preços, a actualização de remunerações obedecerá às regras constantes dos artigos seguintes:

Art. 4.º – 1. Na revisão de instrumentos de regulamentação de trabalho é vedado afectar à actualização da tabela de remunerações mínimas montante global superior a 15% do total de remunerações resultantes da aplicação das tabelas constantes dos instrumentos a rever.

2. Nos instrumentos de regulamentação colectiva para trabalhadores até aí não abrangidos por regulamentação convencional específica é vedado afectar à fixação da tabela de remunerações mínimas montante global superior a 15 % do total de remunerações de base efectivas praticadas no sector.

3. A remuneração mensal efectiva auferida em 31 de Dezembro de 1976 por qualquer trabalhador por conta de outrem não poderá sofrer

aumento superior a 15 %, a menos que tal seja imposto por instrumento de regulamentacão colectiva.

4. Nas empresas públicas, os níveis máximos serão fixados por portaria conjunta dos Ministros do Plano e Coordenação Económica, do Trabalho e da Tutela, não podendo os aumentos exceder, em caso algum, os montantes fixados nos números anteriores.

Art. 5.º É proibida a fixarão de acréscimos de remuneração diferidos para além de 31 de Dezembro de 1977.

Art. 6.º – 1. O montante global das prestações complementares da remuneração de base e de quaisquer outras prestações com expressão pecuniária atribuídos aos trabalhadores por contrato individual ou instrumento de regulamentação colectiva não poderá exceder, em caso algum, 50% do valor da remuneração de base por eles efectivamente auferida.

2. O somatório da remuneração de base e das restantes prestações previstas no número anterior não pode, em caso algum, exceder o valor da remuneração máxima nacional.

3. Não serão computadas para os efeitos dos números anteriores as seguintes prestações:

a) Subsídio de férias;
b) Subsídio de Natal;
c) Ajudas de custo e despesas de deslocação, até aos montantes fixados para os funcionários públicos;
d) Diuturnidades;
e) Prémios de produtividade;
f) Comissões de vendas.

4. O disposto nos números anteriores é aplicável aos contratos de trabalho em vigor.

Art. 7.º Os instrumentos de regulamentação colectiva de trabalho a publicar até 31 de Dezembro de 1977 deverão atribuir prioridade à uniformização progressiva dos estatutos dos trabalhadores situados nos diversos níveis de qualificação, no respeitante aos complementos de remuneração e outras regalias com expressão pecuniária, na medida em que as condições económicas dos sectores de actividade e das empresas o permitam.

Art. 8.º – 1. O Ministério do Trabalho promoverá as diligências necessárias a que todos os trabalhadores por conta de outrem fiquem abrangidos por instrumentos de regulamentação colectiva de trabalho.

2. Para efeitos do disposto no número anterior, o Ministério do Trabalho determinará, em cooperação com as associações de classe interessadas, todas as situações de inexistência de regulamentação colectiva, quer de âmbito regional, quer por sectores de actividade.

3. Quando se não verifique iniciativa negocial das entidades legitimadas para o efeito, poderão ser emitidas pelo Ministro do Trabalho portarias de extensão ou de regulamentação de trabalho, nos termos da legislação aplicável, tendo em vista o objectivo referido no n.º 1 deste artigo.

Art. 9.º 1. São nulas as disposições ou cláusulas dos instrumentos de regulamentação colectiva de trabalho ou de contratos individuais de trabalho que violem o disposto nos artigos 4.º, 5.º e 6.º do presente diploma.

2. Os serviços competentes poderão recusar o depósito de qualquer convenção colectiva ou decisão arbitral que não se conforme ao preceituado nos artigos referidos no número anterior.

Art. 10.º – 1. A efectivação de prestações complementares que excedam os limites fixados no artigo 6.º sujeita a entidade patronal a multa de valor igual às quantias indevidamente pagas e os trabalhadores à reposição do valor excedente das prestações recebidas.

2. O produto das multas e reposições a que se refere o número anterior reverte para o Fundo de Desemprego.

Art. 11.º Este diploma entra em vigor no dia seguinte ao da sua publicação.

Visto e aprovado em Conselho de Ministros. – *Mário Soares – Francisco Manuel Marcelo Monteiro Curto.*

Promulgado em 4 de Fevereiro de 1977.

Publique-se.

O Presidente da República, ANTÓNIO RAMALHO EANES.

ESTRUTURA DOS NÍVEIS DE QUALIDADE

Níveis	Funções	Formação	Exemplos
0 – **Dirigentes**	Definição da política geral da empresa ou funções consultivas na organização da mesma.	Conhecimentos de planificação e coordenação das actividades fundamentais da empresa.	0 – Inspector-geral, secretário-geral, administrador, comandante de navio.
1 – **Quadros superiores** 1.1 – Técnicos da produção e outros.	Trabalho de criação ou adaptação de métodos e processos técnico-científicos.	Conhecimentos de planificação e coordenação das actividades fundamentais do campo em que está situado e que obrigue ao estudo e investigação de problemas de grande responsabilidade e nível técnico.	1.1 – Engenheiro, economista, professor do ensino secundário, chefe de departamento industrial.
1.2 – Técnicos administrativos.			1.2 – Chefe de divisão, chefe de departamento, chefe de serviço, analista de sistemas.
2 – **Quadros médios** 2.1 – Técnicos da produção e outros.	Funções de organização e adaptação da planificação estabelecida superiormente e directamente ligadas a trabalhos de carácter executivo.	Formação profissional técnica de nível médio, visando trabalhos de execução, estudo e planificação num campo bem definido ou de coordenação em vários campos.	2.1 – Agente técnico de engenharia, topógrafo, professor de ensino primário, encarregado geral, chefe de serviços de produção.
2.2 – Técnicos administrativos.			2.2 – Chefe de secção administrativa, gerente, tesoureiro, programador.
3.1 – **Encarregados, contramestres**	Orientação de um grupo de trabalho, segundo directrizes fixadas superiormente, mas exigindo o conhecimento dos processos de actuação.	Formação profissional completa, com especialização em determinado campo.	3.1 – Mestre, encarregado, chefe de secção fabril ou de produção, chefe de mesa.
3.2 – **Profissionais altamente qualificados** (administrativos, comércio, produção e outros).	Funções de execução de exigente valor técnico enquadradas em directivas gerais fixadas superiormente.	Formação profissional completa que, para além de conhecimentos teóricos e práticos, exija uma especialização.	3.2 – Comissário, assistente de bordo, desenhador da construção civil, dietista, técnico radiologista, serralheiro mecânico (ajustador, fresador).

4 – **Profissionais qualificados**....	4.1 – Administrativos	Funções de carácter executivo complexas ou delicadas e normalmente não rotineiras enquadradas em directivas gerais bem definidas, exigindo o conhecimento do seu plano de execução.	4.1 – Escriturário, empregado de escritório, operador mecanográfico.
	4.2 – Comércio............	Formação profissional completa num ofício ou profissão (intelectual ou manual) que implique conhecimentos teóricos e práticos.	4.2 – Caixeiro-viajante, caixa de balcão.
	4.3 – Produção e outros.		4.3 – Rectificador especializado (fabrico em série), canteiro, tratador de gado, ponteador, auxiliar de enfermagem.
5 – **Profissionais semiqualificados (especializados)** (administrativos, comércio, produção e outros).		Funções de execução, totalmente planificadas e definidas, de carácter predominantemente mecânico ou manual, pouco complexas, normalmente rotineiras e por vezes repetitivas. Formação profissional num campo limitado ou conhecimentos profissionais práticos e elementares.	5 – Registador-medidor, telefonista, tintureiro, brochador mecânico, ajudante de cozinha, operador de cravadeira.
6 – **Profissionais não qualificados (indiferenciados)**		Tarefas simples, diversas e normalmente não especificadas, totalmente determinadas. Conhecimentos de ordem prática susceptíveis de serem adquiridos num curto espaço de tempo.	6 – Assentador de carris, cantoneiro, servente, guarda-nocturno, contínuo, embalador (cortiça).
X – **Praticantes e aprendizes**.....	X-4.1 – Praticante qualificado – administrativo.	Estágio para o desempenho da função. De base idêntica, mas sem prática, à dos profissionais do nível ocupacional a que pertencem.	X-4.1 – Praticante e paquete.
	X-4.2.1 – Praticante qualificado – comércio.		X-4.2.1 – Praticante de balcão.
	X-4.2.2 – Aprendiz qualificado – comércio.		X-4.2.2 – Marçano, aprendiz, mandarete.
	X-4.3.1 – Praticante qualificado – produção.		X-4.3.1 – Praticante, pré-oficial.
	X-4.3.2 – Aprendiz qualificado – produção.		X-4.3.2 – Aprendiz.
	X-5.1 – Praticante semi qualificado.		X-5.1 – Praticante.
	X-5.2 – Aprendiz semi-qualificado.		X-5.2 – Aprendiz.

O Ministro do Trabalho, *Francisco Manuel Marcelo Monteiro Curto.*

(B) Decreto-Lei n.º 288-A/77, de 16 de Julho [20]

Adita os artigos 12.º e 13.º ao Decreto-Lei 49-A/77, de 12 de Fevereiro (condicionamento dos aumentos salariais e das remunerações complementares)

O Decreto-Lei n.º 49-A/77, de 12 de Fevereiro, veio introduzir uma série de medidas de política salarial, que vigorarão até 31 de Dezembro de 1977.

A prática de aplicação deste diploma não invalidou os seus princípios orientadores, mas tem vindo a suscitar justificadas dúvidas quanto à interpretação teleológica do seu dispositivo, que, a não serem dissipadas em sede legal, originariam situações de injustiça social grave.

São os casos da existência de processos de regulamentação colectiva que haviam concluído à sombra da legislação diversa, e da revisão de instrumentos de regulamentação colectiva de trabalho com períodos de vigência desfasados no tempo, alguns anteriores ao 25 de Abril de 1974, cuja ressalva determinará condições sócio-económicas manifestamente desfavoráveis para os trabalhadores abrangidos.

Com efeito, a aplicação rígida do Decreto-Lei n.º 49-A/79 em relação aos instrumentos de regulamentação colectiva de trabalho diferentes no tempo, contendo os mais antigos condições económicas inferiores, significaria o acentuar de graves distorções quanto aos trabalhadores com mais baixos salários, pelo que há que considerar tais situações como subtraídas ao espírito que informa aquele diploma, sem que isso signifique alteração ou desvio aos seus princípios.

Na formulação agora dada às novas disposições legais participaram directamente, com contributos críticos e sugestões, as organizações sindicais e de trabalhadores, encontrando-se assim preenchidos os requisitos do artigo 56.º, alínea d), e artigo 58.º, n.º 2, alínea a), da Constituição.

Nestes termos:

O Governo decreta, nos termos da alínea a) do n.º 1 do artigo 201.º da Constituição, o seguinte:

Artigo 1.º São aditados ao Decreto-Lei n.º 49-A/77, de 12 de Fevereiro, os artigos 12.º e 13.º, com a seguinte redacção:

Art. 12.º – 1. O disposto nos artigos 2.º e 4.º do presente diploma não é aplicável aos instrumentos de regulamentação colectiva de trabalho cujos processos estivessem concluídos à data da sua entrada em vigor.

---

[20] *Diário da República*, de 16 de Julho de 1977, I série, número 163, pp. 1772(1)--1772(2).

2. Para os efeitos do número anterior, considera-se que estavam concluídos os processos em que havia já outorga das associações ou entidades patronais e dos sindicatos interessados ou cujo montante global a afectar à actualização da tabela das remunerações mínimas tivesse sido fixado por despacho governamental em data anterior à vigência do Decreto-Lei n.º 49-A/77.

Art. 13.º – 1. O disposto no artigo 4.º do presente diploma não é igualmente aplicável à revisão de instrumentos de regulamentação colectiva de trabalho publicados até 31 de Dezembro de 1975 ou em relação aos quais se sobreponham razões de distorção e ajustamento salariais.

2. Nos casos previstos no número anterior o montante global a afectar à actualização da tabela de remunerações mínimas, quando superior 15%, será fixado por despacho conjunto dos Ministros do Trabalho, do Plano e Coordenação Económica e da Tutela, precedendo estudo económico-financeiro, que justifique a comportabilidade dos sectores a que respeita.

Art. 2.º As disposições anteriores são parte integrante do Decreto-Lei n.º 49-A/77 e produzem efeitos desde a data de entrada em vigor deste, sem prejuízo da manutenção de todos os instrumentos regulamentação colectiva publicados até aquela data.

Visto e aprovado em Conselho de Ministros. – *Mário Soares – António Manuel Maldonado Gonelha*

Promulgado em 13 de Julho de 1977.

Publique-se.

O Presidente da República, ANTÓNIO RAMALHO EANES.

(C) Decreto-Lei n.º 565/77, de 31 de Dezembro[21]

Prorroga o regime jurídico definido nos artigos 2.º e seguintes do Decreto-Lei n.º 49-A/77, de 12 de Fevereiro, com o aditamento introduzido pelo Decreto-Lei n.º 288-A/77, de 16 de Julho

1. O Decreto-Lei n.º 49-A/77, de 12 de Fevereiro, definiu um regime jurídico excepcional e transitório condicionador das condições de trabalho

---

[21] *Diário da República*, de 31 de Dezembro de 1977, I série, 7.º suplemento, número 302, p. 3178(84).

a estabelecer por instrumentos de regulamentação colectiva ou por contratos individuais de trabalho, exigido por razões e circunstâncias conjunturais expressas no respectivo preâmbulo.

2. Aproximando-se o termo do período de vigência fixado para o regime jurídico, verifica-se que se mantêm as referidas circunstâncias estruturais.

A economia nacional e princípios de justiça distributiva exigem, assim, que não seja deixado sem sucedâneo normativo adequado o regime jurídico cuja caducidade ocorrerá em 31 de Dezembro do ano corrente; para o efeito, acham-se já em curso os estudo preparatórios de novo regime, que será necessariamente informado pelas normas do Plano para o ano de 1978, pelo qual se prosseguirão os mesmos objectivos de salvaguarda da economia nacional e de novas ou maiores distorções salariais.

Enquanto tais estudos não se achem concluídos impõe-se assegurar a prorrogação do regime definido no Decreto-lei n.º 49-A/77, tanto mais que se mantêm inalterados os pressupostos materiais e formais que determinaram e possibilitaram a elaboração do referido diploma.

Nestes termos:

O Governo decreta, nos termos da alínea *a*) do n.º 1 do artigo 201.º da Constituição, o seguinte:

Artigo 1.º O regime jurídico definido nos artigos 2.º e seguintes do Decreto-lei n.º 49-A/77, de 16 de Fevereiro, com o adiantamento introduzido pelo Decreto-Lei n.º 288-A/77, de 16 de Julho, é prorrogado até que novo regime jurídico o revogue expressamente.

Art. 2.º As referências a 31 de Dezembro de 1977 contidas nos artigos 5.º e 7.º , do referido diploma passam a entender-se como reportadas a 31 de Dezembro de 1978.

Art. 3.º Este diploma produz efeitos a partir de 1 de Janeiro de 1978.

Mário Soares – Henrique Teixeira Queirós de Barros – Joaquim Jorge de Pinho Campinos – António Manuel Maldonado Gonelha.

Promulgado em 31 de Dezembro de 1977.

Publique-se.

O Presidente da República, ANTÓNIO RAMALHO EANES.

XV. Decreto-Lei n.º 23/78, de 27 de Janeiro [22]

Transfere para a Secretaria Regional do Trabalho do Governo Regional da Região Autónoma da Madeira diversas competências

A Constituição da República Portuguesa e o Estatuto Provisório, aprovado pelo Decreto-Lei n.º 318-D/76, de 30 de Abril, com a redacção dada pelo Decreto-Lei n.º 427-F/76, de 1 de Junho, consagram a autonomia da Região Autónoma da Madeira.

Com o presente diploma pretende-se transferir para a Secretaria Regional do Trabalho e seus órgãos a competência que faculte ao executivo regional, no sector do trabalho, os meios necessários para uma efectiva regionalização.

Assim, o Governo decreta, nos termos da alínea *a*) do n.º 1 do artigo 201.º da Constituição, o seguinte:

Artigo 1.º – 1. São transferidas para a Secretaria Regional do Trabalho do Governo Regional da Região Autónoma da Madeira as seguintes competências:

a) Regulamentar, por via administrativa, nos termos da legislação nacional que vigorar, as condições de trabalho de sectores de actividade profissional ou económica circunscritos exclusivamente ao território da Região Autónoma;

b) Participar, nos termos da legislação nacional que vigorar, na negociação das convenções colectivas de trabalho cujo âmbito não ultrapasse os limites do território da Região Autónoma;

c) Exercer, quanto às relações colectivas de trabalho, cujo âmbito não ultrapasse os limites do território da Região Autónoma, todas as competências atribuídas ao Ministério do Trabalho pela legislação nacional que vigorar em matéria de celebração de convenções colectivas de trabalho;

d) Proceder ao registo e depósito das convenções colectivas de trabalho, decisões arbitrais e acordos de adesão cujo âmbito não ultrapasse os limites do território da Região Autónoma, bem como os estatutos das associações sindicais e patronais de âmbito territorial da Região, sem prejuízo da sua publicação no *Boletim do Trabalho e Emprego*;

---

[22] *Diário da República*, de 27 de Janeiro de 1978, I série, número 23, pp. 259-261.

e) Participar nas tentativas de resolução dos conflitos de trabalho cujo âmbito não ultrapasse os do interesse e território da Região Autónoma;

f) Apreciar os respectivos pedidos e conceder as aprovações e autorizações relativas a prestação de trabalho e previstas na lei;

g) De uma maneira geral, todas as atribuições que pertençam à delegação da Direcção de Serviços das Relações Colectivas de Trabalho no âmbito territorial da Região, com ressalva do cominado no artigo 4.° e daquelas que devam ser atribuídas a outros serviços.

Art. 2.° – 1. A vigência dos instrumentos de regulamentação de trabalho convencional ou não de âmbito territorial da Região depende da respectiva publicação no Jornal Oficial da Região Autónoma da Madeira, tendo em consideração o disposto no n.° 2.

2. Sem prejuízo do disposto no número anterior, os instrumentos de regulamentação de trabalho devem ser publicados no *Boletim do Trabalho e Emprego*.

Art. 3.° – 1. Na regulamentação colectiva de trabalho de âmbito não regional deverá ser cumprido o disposto no n.° 2 do artigo 231.° da Constituição.

2. Os instrumentos de regulamentação colectiva de trabalho referidos no número anterior serão obrigatoriamente publicados no Jornal Oficial da Região, sem prejuízo da sua entrada em vigor a partir da publicação no *Boletim do Trabalho e Emprego*.

Art. 4.° Mantém-se em tudo o legalmente estabelecido no que respeita às comissões de conciliação e julgamento e aos tribunais do trabalho.

Art. 5.° – 1. Em função da transferência provisória de competências consagrada no artigo 1.°, é extinta a delegação da Direcção de Serviços das Relações Colectivas de Trabalho, da Secretaria de Estado do Trabalho, que funcionava na Região Autónoma da Madeira, na dependência do Governo da República.

2. As atribuições e competências em matérias de inspecção do trabalho na Região Autónoma da Madeira continuam a caber à Inspecção--Geral doTrabalho, do Ministério do Trabalho.

3. A Secretaria Regional do Trabalho terá, transitoriamente, competência para ordenar directamente aos serviços situados na Região Autónoma as acções de inspecção do trabalho inerentes ao exercício das suas competências ou por ela dirigidas.

Art. 6.º – 1. O pessoal adstrito ao serviço extinto por força do dis-posto no artigo anterior transita para a Secretaria Regional do Trabalho, com dispensa de qualquer formalidade, nos termos gerais definidos quanto aos restantes serviços extintos ou integrados na Região Autónoma.
2. Não estão abrangidos pelo disposto no número anterior os delegados e subdelegados da Secretaria de Estado do Trabalho, os quais poderão passar a prestar serviço no Governo Regional, nos termos gerais da requisição, mediante as devidas formalidades.
3. Não estão igualmente abrangidos pelo disposto no n.º 1 os funcionários da Inspecção-Geral do Trabalho, os quais manterão a situação actual.
4. Enquanto não for definido o quadro de pessoal da Secretaria Regional do Trabalho, os funcionários e servidores integrados manterão a respectiva situação actual.
5. O pessoal integrado nos termos dos números anteriores ficará sujeito ao disposto no artigo 49.º do Decreto-Lei n.º 318-D/76, de 30 de Abril.

Art. 7.º Todos os bens e património em geral afectos aos serviços extintos por força do disposto no artigo 5.º transitam para o Governo Regional, com dispensa de qualquer formalidade.

Art. 8.º – 1. Será assegurado pelo Ministério do Trabalho e pela Secretaria Regional do Trabalho o intercâmbio das informações técnicas sobre problemas de trabalho.
2. Será assegurado pelo Ministério do Trabalho e pela Secretaria de Estado da Administração Pública, quando solicitado pela Secretaria Regional do Trabalho, de acordo com as capacidades daquelas entidades, todo o apoio técnico relativo à definição das carreiras profissionais.

Art. 9.º O Ministro da República garantirá a articulação entre os serviços dependentes do Ministério do Trabalho e os serviços da Secretaria Regional do Trabalho.

Art. 10.º A partir de 1 de Janeiro de 1978, as despesas com os serviços agora integrados serão orçamentadas e garantidas pelo orçamento regional.

Art. 11.º As dúvidas suscitadas na interpretação do presente diploma serão resolvidas por despacho conjunto dos Ministros da República para a Madeira e do Trabalho.

Visto e aprovado em Conselho de Ministros. – *Mário Soares – Lino Dias Miguel – Henrique Medina Carreira – António Manuel Maldonado Gonelha.*

Promulgado em 16 de Janeiro de 1978.

Publique-se.

O Presidente da República, ANTÓNIO RAMALHO EANES.

XVI. (A) Decreto-Lei n.º 121/78, de 2 de Junho [23]
Fixa medidas relativas às condições de trabalho a estabelecer pelos instrumentos de regulamentação colectiva ou pelos contratos individuais

1. Na caracterização da situação da economia nacional mantêm-se os factores e as circunstâncias conjunturais que exigiram, no ano transacto, a definição de regime jurídico excepcional e condicionador das condições de trabalho de natureza pecuniária a estabelecer em instrumento de regulamentação colectiva ou através de contratos individuais de trabalho (Decreto-Lei n.º 49-A/,77, de 12 de Fevereiro). Por isso é que, no Programa do Governo, em especial na rubrica dedicada ao «Programa económico de estabilização para 1978», aparece como dominante, entre outros, o princípio da modernização dos aumentos salariais, a informar por uma política adequada, que procure embora a manutenção do poder de compra dos trabalhadores. Correspondentemente, no enunciado da política sectorial do trabalho, apontam-se limites máximos de crescimento salarial e princípios disciplinadores da sua adequação à evolução do custo de vida, bem como os indicadores que devem reger a fixação dos níveis salariais, em nome de defesa da economia nacional e dos princípios de justiça distributiva.

2. Ante este conjunto de razões e princípios de política económico--laboral, é indispensável que se instaure entre nós o clima de concertação social necessário para que, de futuro embora com a assistência do

---

[23] *Diário da República,* de 2 de Junho de 1978, I série, número 126, pp. 992-995.

Governo, compita primordial e mesmo exclusivamente aos representantes legítimos dos empresários e dos trabalhadores acordar os princípios de actuação e as soluções que, com o mínimo de custos sociais, dêem satisfação às exigências resultantes das conjunturas.

3. Como, porém, tal ainda se não verifica, vê-se o Governo obrigado a determinar sobre a matéria, de modo necessariamente genérico e abstracto, que exigirá, em cada situação concreta, dentro dos limites estabelecidos, a ponderação realista de comportável por cada sector de actividade e pela economia nacional. Ao fazê-lo, porém, mantém a esperança na viabilidade de uma norma salarial nacional, que de futuro possa vir a ser negociada entre as associações de classe e o Governo, apontando como sede mais adequada, para o efeito, o Conselho Nacional de Rendimentos e Preços. Por isso, o regime agora definido deve ser entendido, na parte em que disciplina as condições pecuniárias da prestação do trabalho, como supletivo de uma falta de acordo social, que se espera possa ser alcançado.

4. No presente diploma, para além da reposição devidamente actualizada dos princípios e preceitos constantes do Decreto-Lei n.º 49-A/77, de 12 de Fevereiro, introduzem-se dois princípios inovadores, tendentes um à atenuação das limitações exigidas e outro à obtenção de uma maior responsabilidade das associações de classe, na celebração das convenções colectivas de trabalho.

Assim, por um lado, permite-se a revisão de instrumentos de regulamentação colectiva, na parte que fixa remunerações mínimas e outras prestações com expressão pecuniária, após o decurso de um período mínimo de vigência de doze meses. Por outro lado, condiciona-se o depósito das convenções colectivas de trabalho e das decisões arbitrais, não só à apresentação de prova bastante da observância dos limites legais impostos – o que implica o conhecimento da estrutura do elemento trabalho do sector de actividade da empresa –, como também à correcta definição de funções, classificação e integração em níveis de qualificação das profissões a abranger.

5. Aquando da elaboração do presente decreto-lei, foi dado cumprimento ao disposto nos artigos 56.º e 58.º, da Constituição.

Nestes termos:

O Governa decreta, nos termos da alínea a) do n.º 1 do artigo 201.º da Constituição, o seguinte:

Artigo 1.º As condições de trabalho a estabelecer pelos instrumentos de regulamentação colectiva ou pelos contratos individuais ficam sujeitas ao disposto no presente diploma.

Art. 2.º – 1 – A actualização de remunerações mínimas através de instrumento de regulamentação colectiva fica sujeita ao disposto nos números seguintes.

2 – É vedado afectar aos aumentos de remunerações mínimas montante global superior a 20% do total das remunerações resultantes da aplicação das tabelas constantes dos instrumentos de regulamentação colectiva aplicáveis, desde que estes tenham sido publicados em 1977.

3 – É vedado afectar aos aumentos de remunerações mínimas montante global superior a 30 % do total das remunerações resultantes da aplicação das tabelas constantes dos instrumentos de regulamentação colectiva aplicáveis desde que estes tenham sido publicados em 1976.

4 – Nos casos previstos no número anterior, o montante global dos aumentos de remunerações mínimas nunca poderá ser superior, porém, a 20 % do total das remunerações de base efectivas praticadas em 31 de Dezembro de 1977.

5 – É vedado afectar aos aumentos de remunerações mínimas montante global superior a 20 % do total das remunerações de base efectivas praticadas em 31 de Dezembro de 1977 quando se trate de actualização de tabelas constantes de instrumentos de regulamentação colectiva publicadas até 31 Dezembro de 1975, inclusive.

Art. 3.º Nos instrumentos de regulamentação colectiva para trabalhadores não abrangidos por qualquer instrumento de regulamentação colectiva, é vedado afectar à fixação da tabela de remunerações mínimas montante global superior em mais do que 20% ao total de remunerações de base efectivas praticadas em 31 de Dezembro de 1977.

Art. 4.º Na actualização e na fixação através de instrumentos de regulamentação colectiva, de remunerações mínimas aplicáveis a empresas públicas, o limite máximo dos aumentos permitidos será fixado por portaria conjunta dos Ministros das Finanças e Plano, do Trabalho e da Tutela, não podendo nunca exceder os limites estabelecidos, consoante os casos, nos artigos 2.º e 3.º

Art. 5.º É permitida a fixação em instrumento de regulamentação colectiva de acréscimo de remuneração diferidos, desde que o montante global das remunerações resultantes da aplicação da tabela mais elevada não ultrapasse os limites fixados, consoante os casos, nos artigos 2.º e 3.º

Art. 6.º – 1 – A menos que tal seja imposto por lei ou por instrumento de regulamentação colectiva, os trabalhadores não poderão receber, individualmente, aumento de remuneração de montante superior a 20 % do valor da remuneração mensal efectiva por ele auferida em 31 de Dezembro de 1977.

2 – Não estão sujeitos ao limite fixado no número anterior nem contam para o mesmo os aumentos de remuneração mensal efectiva devidos ao pagamento de diuturnidades, desde que previstas em instrumento de regulamentação colectiva, ou à reclassificação ou promoção dos trabalhadores.

Art. 7.º – 1 – O prazo de vigência dos instrumentos de regulamentação colectiva, no que respeita às tabelas salariais e às cláusulas com expressão pecuniária, será de doze meses.

2 – Os instrumentos de regulamentação colectiva, na parte prevista no número anterior, não podem ser denunciados antes de decorridos dez meses sobre a data da sua publicação.

3 – No processo de revisão previsto neste artigo as fases de negociação directa, conciliação e mediação não poderão prolongar-se por mais de quatro meses a contar do início do prazo para a apresentação da proposta.

4 – Decorrido o prazo de quatro meses fixado número anterior e caso tenha sido apresentada proposta de revisão, é legítimo o recurso à via administrativa, nos demais termos legais .

5 – O disposto nos números anteriores é aplicável aos instrumentos de regulamentação colectiva em vigor na data da publicação do presente diploma.

6 – Os instrumentos de regulamentação colectiva revistos de acordo com o disposto neste artigo só podem produzir efeitos a partir do termo da vigência de doze meses estabelecida no n.º 1.

Art. 8.º – 1 – Os instrumentos de regulamentação colectiva não poderão:
   a) Estabelecer quaisquer diferenciações entre homens e mulheres, na fixação de remunerações mínimas para profissões idênticas;
   b) Fixar remunerações mínimas para trabalhadores do nível «não qualificado» superiores em mais do que 60 % à remuneração mínima garantida (salário mínimo nacional) respectiva;
   c) Alterar para montantes ou valores percentuais superiores qualquer prestação complementar ou com expressão pecuniária já existente.

2 – O disposto nas alíneas *b*) e *c*) do número anterior não prejudica as disposições constantes de instrumento de regulamentação colectiva em vigor.

3 – Não são abrangidos pelo disposto na alínea *c*) do n.º 1 deste artigo os prémios de produtividade ou devidos em função do mérito.

Art. 9.º – 1 – O montante global das prestações complementares da remuneração de base e de quaisquer outras prestações com expressão pecuniária atribuídas por contrato individual ou instrumento de regulamentação colectiva não poderá exceder, em caso algum, 50 % do valor da remuneração de base por eles efectivamente auferida.

2 – O limite imposto pelo número anterior pode ser observado em média mensal, desde que seja reportada a um período consecutivo não superior a três meses.

3 – Não serão computadas para os efeitos dos números anteriores as seguintes prestações.

a) Diuturnidades e outras prestações devidas em função da antiguidade;
b) Prémios de produtividade e outros em função do mérito;
c) Subsídio de férias;
d) Subsídio de Natal;
e) Ajudas de custo e despesas de deslocação até aos montantes máximos fixados para os funcionários públicos;
f) Comissões de vendas;
g) Abonos para falhas;
h) Prestações complementares dos subsídios da Previdência ou similares, quando ainda sejam devidas.

4 – O disposto nos números anteriores é aplicável aos contratos de trabalho em vigor.

Art.10.º – 1 – Sempre que o montante de cada uma das prestações referidas no n.º 1 do artigo anterior ultrapasse os valores ou taxas mínimas fixados na lei geral do trabalho ou, na sua falta, os máximos fixados para os funcionários públicos, os trabalhadores beneficiários descontarão 25 % da parte excedente recebida para o Fundo de Desemprego.

2 – O desconto estatuído no número anterior não prejudica os demais previstos na lei.

Art. 11.º – 1 – As tabelas salariais fixadas em instrumento de regulamentação colectiva conterão obrigatoriamente valores salariais expressos para todas as profissões e categorias profissionais nela previstas.

2 – Constará obrigatoriamente de todos os instrumentos de regulamentação colectiva a definição das funções inerentes às profissões abrangidas, bem como a respectiva classificação e integração em níveis de qualificação, de harmonia com o quadro anexo ao presente diploma.

3 – Será recusado pelos serviços competentes do Ministério do Trabalho o depósito de qualquer convenção colectiva ou decisão arbitral que não satisfaça os requisitos exigidos nos números anteriores.

4 – No caso de a classificação e integração das profissões em níveis de qualificação constante de convenção colectiva ou decisão arbitral se revelar desconforme com o quadro anexo referido no n.º 2, os serviços competentes do Ministério do Trabalho garantirão a apoio necessário à sua rectificação.

Art. 12.º Os instrumentos de regulamentação colectiva deverão atribuir prioridade à uniformização progressiva dos estatutos dos trabalhadores situados nos diversos níveis de qualificação, no montante aos complementos de remuneração e outras regalias com expressão pecuniária, na medida em que as condições económicas dos sectores de actividade e das empresas o permitam.

Art. 13.º – 1 – O Ministério do Trabalho promoverá as diligências necessárias a que todos os trabalhadores por conta de outrem fiquem abrangidos por instrumentos de regulamentação colectiva de trabalho.

2 – Para efeitos do disposto no número anterior, o Ministério do Trabalho determinará, em cooperação com as associações de classe interessadas, todas as situações de inexistência de regulamentação colectiva, quer de âmbito regional, quer por sectores de actividade.

3 – Quando se não verifique iniciativa negocial das entidades legitimadas para o efeito, poderão ser emitidas pelo Ministério do Trabalho portarias de extensão ou de regulamentação de trabalho, nos termos da legislação aplicável, tendo em vista o objectivo referido no n.º 1 deste arquivo.

Art. 14.º – São nulas as disposições ou cláusulas dos instrumentos de regulamentação colectiva ou de contratos individuais que violem o disposto no presente diploma.

Art. 15.º – 1 – As convenções colectivas de trabalho e as decisões arbitrais serão acompanhadas obrigatoriamente, para efeito de depósito, de fundamentação económica-financeira justificativa dos aumentos de remunerações consagrados, bem como de prova bastante de que as condições acordadas ou decididas se contêm nos limites fixados nos artigos 2.º a 5.º e 9.º

2 – Será recusado pelos serviços competentes do Ministério do Trabalho o deposito de qualquer convenção colectiva de trabalho ou decisão arbitral que não seja acompanhada da prova bastante exigida no número anterior.

Art.16.º – 1 – A efectivação de remunerações ou de prestações complementares e outras com expressões pecuniária que violem o disposto no presente diploma sujeita a entidade patronal a multa de valor igual ao quíntuplo das quantias indevidamente pagas.

2 – O não cumprimento do estatuído no artigo 11.º sujeita a entidade patronal a multa de valor igual ao quíntuplo das quantias não descontadas.

3 – As multas previstas no número anterior revertem para o Fundo de Desemprego.

Art.17.º – São revogados os Decretos-Leis n.ᵒˢ 49-A/77, de 12 de Fevereiro, 288-A/77, de 16 de Julho, e 565/77, de 31 de Dezembro.

Art. 18.º – Este diploma entra em vigor no dia seguinte ao da sua publicação.

Visto e aprovado em Conselho de Ministros. – *Mário Soares – Vítor Manuel Ribeiro Constâncio – António Manuel Maldonado Gonelha.*

Promulgado, nos termos do artigo 135.º da Constituição da República Portuguesa, em 24 de Maio de 1978.

Publique-se.

O Presidente da República Interino, VASCO DA GAMA FERNANDES.

Estrutura dos níveis de qualificação

Níveis		Funções	Formação
1 – Quadros superiores		Definição da política geral da empresa ou funções consultivas na organização da mesma. Trabalho de criação ou adaptação de métodos e processos técnico-científicos.	Conhecimentos de planificação e coordenação das actividades fundamentais da empresa. Conhecimentos de planificação e coordenação das actividades fundamentais do campo em que está situado e que obrigue ao estudo e investigação de problemas de grande responsabilidade e nível técnico.
2 – Quadros médios	2.1 – Técnicos administrativos.	Funções de organização e adaptação da planificação estabelecida superiormente e directamente ligadas a trabalhos de carácter executivo.	Formação profissional técnica de nível médio, visando trabalhos de execução, estudo e planificação num campo bem definido ou de coordenação em vários campos.
	2.2 – Técnicos da produção e outros.		
3 – Encarregados, contramestres, mestres e chefes de equipa.		Orientação de um grupo de trabalho, segundo directrizes fixadas superiormente, mas exigindo o conhecimento dos processos de actuação.	Formação profissional completa, com especialização em determinado campo.
4 – Profissionais altamente qualificados.	4.1 – Administrativos, comércio e outros.	Funções de execução de exigente valor técnico, enquadradas em directivas gerais fixadas superiormente.	Formação profissional completa que, para além de conhecimentos teóricos e práticos, exija uma especialização.
	4.2 – Produção		
5 – Profissionais qualificados.	5.1 – Administrativos....	Funções de carácter executivo complexas ou delicadas e normalmente não rotineiras, enquadradas em directivas gerais bem definidas, exigindo o conhecimento do seu plano de execução.	Formação profissional completa num ofício ou profissão (intelectual ou manual) que implique conhecimentos teóricos e práticos.
	5.2 – Comércio		
	5.3 – Produção		
	5.4 – Outros...................		
6 – Profissionais semiqualificados (especializados).	6.1 – Administrativos, comércio e outros.	Funções de execução, totalmente planificadas e definidas, de carácter predominantemente mecânico ou manual, pouco complexas, normalmente rotineiras e por vezes repetitivas.	Formação profissional num campo limitado ou conhecimentos profissionais práticos e elementares.
	6.2 – Produção		
7 – Profissionais não qualificados (indiferenciados).	7.1 – Administrativos, comércio e outros.	Tarefas simples, diversas e normalmente não especificadas, totalmente determinadas.	Conhecimentos de ordem prática susceptíveis de serem adquiridos num curto espaço de tempo.
	7.2 – Produção		
Estágio e aprendizagem			
A – Praticantes e aprendizes.	A-1 – Praticantes administrativos.	Estágio para o desempenho da função.	De base idêntica, mas sem prática, à dos profissionais do nível de qualificação a que pertencem.
	A-2 – Praticantes do comércio.		
	A-3 – Praticantes da produção.		
	A-4 – Aprendizes da produção.		

O Ministro *do Trabalho, António Manuel Maldonado Gonelha.*

(B) Decreto-Lei n.° 409/78, de 19 de Dezembro [24]

Altera o Decreto-Lei n.° 121/78, de 2 de Junho

O recente diploma legislativo, relativo à regulamentação colectiva das relações de trabalho, estabeleceu um conjunto de orientações principais directamente justificadas pela situação da economia nacional. A persistência da mesma situação conjuntural crítica, bem como a competência constitucionalmente limitada do Governo, não permite que se proceda a modificações fundamentais no conjunto das soluções estabelecidas.

Todavia, o exame dos resultados da aplicação da lei permitiu concluir pela conveniência em modificar alguns aspectos do regime, bem como adoptar soluções possíveis no sentido de reduzir as demoras inconvenientes no depósito e publicação das convenções colectivas de trabalho.

Aquando da elaboração do presente decreto-lei, foi dado cumprimento ao disposto nos artigos 56.° e 58.° da Constituição da República Portuguesa.

Nestes termos:

O Governo decreta, nos termos da alínea a) do n.° 1 do artigo 201.° da Constituição, o seguinte:

Artigo 1.° O artigo 5.° do Decreto-Lei n.° 121/78, de 2 de Junho, passa a ter a seguinte redacção:

1 – É permitida a fixação em instrumento de regulamentação colectiva de acréscimos de remuneração diferidos, desde que o aumento global das remunerações resultante da aplicação das duas tabelas não ultrapasse, durante o prazo mínimo de vigência respectivo, o aumento global admitido, no mesmo prazo, com a aplicação dos artigos 2.° e 3.°

2 – Na revisão do instrumento de regulamentação colectiva que estabeleça acréscimos de remuneração diferidos, nos termos do número anterior, será considerada como remuneração mínima em vigor para cada profissão e categoria profissional abrangidas a média das remunerações mínimas constantes das duas tabelas.

Art. 2.° Não são consideradas para os efeitos do disposto no n.° 1 do artigo 9.° do Decreto-Lei n.° 121/78, de 2 de Junho, sem prejuízo do referido no n.° 3 do mesmo artigo, as seguintes prestações:

---

[24] *Diário da República*, de 19 de Dezembro de 1978, I série, número 290, pp. 2680-2681.

a) Subsídio de turno, na parte correspondente ao valor mínimo fixado em regulamentação colectiva;

b) Subsídio por risco e outros devidos em função de circunstâncias, previamente definidas, particularmente penosas ou insalubres.

Art. 3.º O artigo 11.º do Decreto-Lei n.º 121/78, de 2 de Junho, passa a ter a seguinte redacção:

1 – ....

2 – ....

3 – Será recusado pelos serviços competentes do Ministério do Trabalho o depósito de qualquer convenção colectiva ou decisão arbitral que não satisfaça os requisitos exigidos nos números anteriores, não constituindo, porém, impedimento àquele depósito a falta da classificação e integração das profissões abrangidas em níveis de qualificação.

4 – No caso previsto na parte final do número anterior, os serviços competentes do Ministério do Trabalho farão elaborar e publicar, no prazo de trinta dias, a classificação e integração das profissões abrangidas em níveis de qualificação.

Visto e aprovado em Conselho de Ministros. – *Alfredo Jorge Nobre da Costa – António de Seixas da Costa Leal.*

Promulgado em 30 de Novembro de 1978.

Publique-se.

O Presidente da República, ANTÓNIO RAMALHO EANES.

(C) Decreto-Lei n.º 34/79, 28 de Fevereiro [25]

Altera a redacção de alguns artigos do Decreto-Lei n.º 121/78, de 2 de Junho (condicionamento dos aumentos salariais)

O Decreto-Lei n.º 121/78, de 2 de Junho, não fixou a si próprio um período de vigência limitado a 31 de Dezembro de 1978. No entanto, flui do contexto em que a sua emissão surgiu e resulta também indiciado por alguns dos seus dispositivos que a aplicação do regime condicionador dos aumentos salariais dele constante está sujeito a reponderações periódicas,

---

[25] *Diário da República*, de 28 de Fevereiro de 1979, suplemento, I série, número 49, pp. 314(1)-314(2).

ainda que não predeterminadas no tempo. Essas reponderações impõem-se logo que se torne visível ter passado a existir um desfasamento sensível entre a previsão normativa e a evolução dos factores determinantes da realidade social por ela abrangida, o que, no caso do Decreto-Lei n.º 121/78, ocorrerá com a frequência e a acuidade suscitadas pela natureza das matérias que nele se contemplam.

Neste contexto, entende o Governo que se justifica, no quadro da política de moderação dos aumentos salariais que a situação económico-financeira do País exige, proceder agora à revisão do montante máximo daqueles aumentos, situando-o no nível aconselhado pelo combate à inflação e pela necessidade de nunca dissociar tais acréscimos da capacidade global e sectorial da nossa economia para os suportar. E teve-se presente, na fixação desse nível, que ele não deve ser concebido em termos de aplicação uniforme e generalizada, já que se trata de um máximo e, como tal atendível apenas para situações de limite, nomeadamente para aqueles que, mostrando capacidade económica, careçam de progressão salarial mais acentuada, em ordem a atenuar injustificadas assimetrias.

Está, pois, a razão dos ajustamentos parcelares a que se precede no articulado do Decreto-Lei n.º 121/78, de 2 de Junho. Sentindo embora a conveniência de reconsiderem logo que possível outros aspectos do regime jurídico nele contido, decidiu-se não protelar a sua revisão pontual, sem embargo de se ter aproveitado a oportunidade para, no limitado alcance desta revisão, corrigir uma ou outra solução que a experiência já demonstrou ser inadequada e introduzir ligeiros aperfeiçoamentos técnicos tendentes a corrigir remissões manifestamente erradas do articulado da versão actual do diploma.

Nestes termos, e cumprindo o disposto nos artigos 56.º e 58.º da Constituição da República:

O Governo decreta, nos termos da alíneas *a*) do n.º 1 do artigo 201.º da Constituição, o seguinte:

Artigo 1.º Os artigos 2.º, 3.º e 6.º do Decreto-Lei n.º 121/78, de 2 de Junho, passam a ter a seguinte redacção:
    Art. 2.º O acréscimo total de remunerações mínimas resultante de actualização das tabelas constantes de instrumentos de regulamentação colectiva publicados em 1978 nunca poderá exceder 18 % do total das remunerações mínimas fixadas nessas tabelas.
    Art. 3.º Na actualização das remunerações mínimas constantes de instrumentos de regulamentação colectiva publicados até 31 de Dezembro de 1977, bem como nos instrumentos de regulamentação

colectiva para trabalhadores não abrangidos por qualquer instrumento de regulamentação colectiva, é vedado afectar à fixação da tabela de remunerações mínimas montante global superior em mais do que 18 % ao total das remunerações de base efectivas praticadas em 31 de Dezembro de 1978.

Art. 6.º – 1 – Os trabalhadores não poderão receber, individualmente, aumento de remuneração de montante superior a 18 % do valor da remuneração de base mensal efectiva por eles auferida em 31 de Dezembro de 1978.

2 – São, porém, permitidos, independentemente dos aumentos individuais de remuneração decorrentes de normas legais ou de instrumentos de regulamentação colectiva, aumentos individuais de montante superior ao consentido pelo disposto no número anterior, desde que deles nunca resulte uma remuneração média efectiva, praticada em cada empresa, superior em mais de 18% à remuneração média de base efectiva observada, na mesma empresa, em 31 de Dezembro de 1978.

3 – Não estão sujeitos aos limites fixados nos números anteriores, nem contam para os mesmos, os aumentos de remuneração devidos ao pagamento de diuturnidades, de acordo com o regime jurídico correspondente que já estiver fixado em instrumentos de regulamentação colectiva, bem como os emergentes de promoção dos trabalhadores.

Art. 2.º O artigo 15.º e o n.º 2 do artigo 16.º do Decreto-Lei n.º 121/78, de 12 de Junho, passam a ter a seguinte redacção:

Art. 15.º – 1 – As convenções colectivas de trabalho e as decisões arbitrais serão acompanhadas obrigatoriamente, para efeito de depósito, de fundamentação económico-financeira justificativa dos aumentos de remunerações consagrados, bem como de prova bastante de que as condições acordadas ou decididas se contêm nos limites fixados, nos artigos 2.º a 5.º e 8.º

2 – Será recusado pelos serviços competentes do Ministério do Trabalho o depósito de qualquer convenção colectiva de trabalho ou decisão arbitral que não seja acompanhada da prova bastante exigida no número anterior e viole alguns dos preceitos nele citados.

Art. 16.º – 1 – ....

2 – O não cumprimento do estatuído no artigo 10.º sujeita a entidade patronal a multa de valor igual ao quíntuplo das quantias não descontadas.

3 – ....

Art. 3.º Enquanto não forem revistas as remunerações mínimas garantidas constantes do Decreto-Lei n.º 113/78, de 29 de Maio, é transitoriamente elevada em mais 20% a percentagem fixada no artigo 8.º n.º 1, alínea b), do Decreto-Lei n.º 121/78, de 2 Junho.

Art. 4.º É revogado o artigo 1.º do Decreto n.º 409/78, de 19 de Dezembro, e reposto em vigor o artigo 5.º do Decreto-Lei n.º 121/78, de 2 de Junho, com a sua redacção inicial.

Art. 5.º Aos instrumentos de regulamentação colectiva outorgados ou assinados antes de data de entrada em vigor do presente diploma e entregues para depósito na vigência do Decreto-Lei n.º 121/78, de 2 de Junho, com a redacção inicial, são aplicáveis disposições dele constantes.

Art. 6.º Este diploma entra em vigor no dia seguinte ao da sua publicação.

Visto e aprovado em Conselho de Ministros – *Carlos Alberto da Mota Pinto* – *Manuel Jacinto Nunes* – *Eusébio Marques de Carvalho*.

Promulgado em 26 de Fevereiro de 1979.

Publique-se.

O Presidente da República, ANTONIO RAMALHO EANES.

(D) Resolução n.º 100/79, de 14 de Abril [26]

Recusa a ratificação do Decreto-Lei n.º 34/79, de 28 de Fevereiro

A Assembleia da República, reunida em 2 de Abril de 1979, recusou a ratificação do Decreto-Lei n.º 34/79, de 28 de Fevereiro (altera a redacção de alguns artigos do Decreto-Lei n.º 121/78, de 2 de Junho – Condicionamento dos aumentos salariais).

Assembleia da República, 2 de Abril de 1979. – O Presidente da Assembleia da República, *Teófilo Carvalho dos Santos*.

---

[26] *Diário da República*, de 14 de Abril de 1979, I série, número 87, p. 599.

(E) Decreto-Lei n.º 490/79, de 19 de Dezembro [27]

Altera a redacção de alguns artigos do Decreto-Lei n.º 121/78, de 2 de Junho (regime jurídico excepcional e condicionador das condições de trabalho de natureza pecuniária)

O Decreto-Lei n.º 121/78, de 2 de Junho, definiu um regime jurídico excepcional e condicionador das condições de trabalho de natureza pecuniária e estabeleceu um instrumento de regulamentação colectiva ou através de contratos individuais de trabalho.

Posteriormente, o Decreto-Lei n.º 34/79, de 28 de Fevereiro, introduziu alterações àquele diploma, mas a Assembleia da Republica veio a recusar a sua ratificação através da Resolução n.º 100/79, de 14 de Abril.

Nos termos do n.º 2 do artigo 231.º da Constituição, foram ouvidas as regiões autónomas, sendo desse facto reflexo expresso o disposto no n.º 2 do artigo 4.º

Na sequência e nos termos da Lei n.º 16/79, de 26 de Maio, foi posto à discussão pública, por via de publicação na separata n.º 1 do *Boletim de Trabalho e Emprego*, de 11 de Junho de 1979, um projecto de diploma de revisão do Decreto-Lei n.º 121/78, de 2 de Junho, com uma alteração em relação ao n.º 34/79, de 28 de Fevereiro, que consistia na alteração da taxa permitida de aumentos salariais de 18 % para 20 %.

Ponderadas, porém, as posições dos partidos políticos expendidas aquando discussão na Assembleia da República do Decreto-Lei n.º 34/79 e as opiniões dos parceiros sociais entretanto emitidas, o Governo apreciadas cuidadosamente as consequências, considera ser possível neste momento, e sem prejuízo de reposição futura se as circunstâncias o vierem a aconselhar, abolir o tecto salarial.

Para esta decisão, e para além das opiniões e posições já referidas, contribuíram, entre outras, algumas razões que vão desde o reconhecimento da crescente co-responsabilização, aliás indispensável, dos parceiros sociais à sensível melhoria da situação financeira do País face ao exterior, sem esquecer a provisoriedade inerente a uma política salarial de máximo prefixado. Pretende-se, desde modo, normalizar a negociação colectiva pela aplicação do principio de liberdade negocial.

Por outro lado, a urgência de uma solução nesta matéria não permitiu uma revisão global do Decreto-Lei n.º 121/78, como seria desejável, pelo que esta se limitou à alteração dos artigos directamente relacionados com o

---

[27] *Diário da República*, de 19 de Dezembro de 1979, I série, número 291, p. 3266.

tecto salarial, tendo-se, porém, aproveitado a oportunidade para integrar no presente diploma as disposições do Decreto-Lei n.° 409/78, de 19 de Dezembro, evitando-se, assim, a sempre criticável proliferação de legislação.
Nestes termos:
O Governo decreta, nos termos da alínea *a)* do n.° 1 do artigo 201.° da Constituição, o seguinte:

Artigo 1.° São revogados os artigos 2.°, 3.°, 5.° e 6.° do Decreto-Lei n.° 121/78, de 2 de Junho.

Art. 2.° Os artigos 4.°, 9.°, 11.°, 15.° e 16.° do Decreto-Lei n.° 121/78, de 2 de Junho, passam a ter a seguinte redacção:

Art. 4.° – 1 – Na actualização e fixação, através de instrumentos de regulamentação colectiva, de remunerações mínimas aplicáveis a empresas públicas, o limite, máximo dos aumentos permitidos será fixado por portaria conjunta dos Ministros das Finanças, da Coordenação Económica e do Plano, do Trabalho e da tutela.

2 – Os Governos Regionais têm competência para dispor sobre a actualização e fixação de remunerações mínimas aplicáveis em empresas públicas de âmbito exclusivamente regional.

Art. 9.° – 1 – ....
2 – ....
3 – ....
a) ....
b) ....
c) ....
d) ....
e) ....
f) ....
g) ....
h) ....
i) Subsídio de turno, na parte correspondente ao valor mínimo fixado em regulamentação colectiva;
j) Subsídio por risco e outros devidos em função de circunstâncias, previamente definidas, particularmente penosas ou insalubres.

Art.11.° – 1 – ....
2 – ....
3 – Será recusado pelos serviços competentes do Ministério do Trabalho o depósito de qualquer convenção colectiva ou decisão arbitral que não satisfaça os requisitos exigidos nos números ante-

riores, não constituindo, porém, impedimento àquele depósito a falta de classificação e integração das profissões abrangidas em níveis de qualificação.

4 – No caso previsto na parte final do número anterior, os serviços competentes do Ministério do Trabalho farão elaborar e publicar, no prazo de trinta dias, a classificação e integração das profissões abrangidas em níveis de qualificação.

Art. 15.º As convenções colectivas de trabalho e as decisões arbitrais serão acompanhadas obrigatoriamente, para efeito de depósito, de fundamentação económico-financeira justificativa dos aumentos de remunerações consagrados, os quais deverão ter em conta a capacidade económica do sector.

Art. 16.º – 1 – ....
2. O não cumprimento do estatuído no artigo 10.º sujeita a entidade patronal a multa de valor igual ao quíntuplo das quantias não descontadas.
3. ....

Art. 3.º É revogado o Decreto-Lei n.º 409/78, de 19 de Dezembro.

Art. 4.º Este diploma entra em vigor no dia seguinte ao da sua publicação.

Visto o aprovado em Conselho de Ministros de 22 de Novembro de 1979. – *Maria de Lourdes Ruivo da Silva Matos Pintasilgo – Jorge de Carvalho Sá Borges.*

Promulgado em 6 de Dezembro de 1979.

Publique-se.

O Presidente da República, ANTÓNIO RAMALHO EANES

XVII. Decreto-Lei n.º 243/78, de 19 de Agosto [28]

Transfere para a Região Autónoma dos Açores certas competências no sector do trabalho

A Constituição da República Portuguesa e o Estatuto Provisório, aprovado pelo Decreto-Lei n.º 318-B/76, de 30 de Abril, com a redacção

---

[28] *Diário da República*, de 19 de Agosto de 1978, I série, número 190, pp. 1677-1678.

dada pelo Decreto-Lei n.º 427-D/76, de 1 de Junho, consagram a autonomia da Região Autónoma dos Açores.

Com o presente diploma pretende-se transferir para a Região Autónoma a competência que faculte ao executivo regional, no sector do trabalho e emprego, os meios necessários para uma efectiva regionalização. Assim, o Governo decreta, nos termos da alínea *a*) do n.º 1 do artigo 201.º da Constituição, o seguinte:

Artigo 1.º São transferidas para a Região Autónoma dos Açores as seguintes competências:

a) Regulamentar, por via administrativa, nos termos da legislação nacional que vigorar, as condições de trabalho de sectores de actividade profissional ou económica circunscritos exclusivamente ao território da Região Autónoma;

b) Participar, nos termos da legislação nacional que vigorar, na negociação das convenções colectivas de trabalho cujo âmbito não ultrapasse os limites do território da Região Autónoma;

c) Exercer, quanto às relações colectivas de trabalho cujo âmbito não ultrapasse os limites do território da Região Autónoma, todas as competências atribuídas ao Ministério do Trabalho pela legislação nacional que vigorar em matéria de celebração de convenções colectivas de trabalho;

d) Proceder ao registo e depósito das convenções colectivas de trabalho, decisões arbitrais e acordos de adesão cujo âmbito não ultrapasse os limites do território da Região Autónoma, bem como os estatutos das associações sindicais e patronais de âmbito territorial da Região, sem prejuízo da sua publicação no Boletim do Trabalho e Emprego;

e) Participar nas tentativas de resolução dos conflitos de trabalho cujo âmbito não ultrapasse os do interesse e território da Região Autónoma;

f) Apreciar os respectivos pedidos e conceder as aprovações e autorizações relativas a prestação de trabalho e previstas na lei;

g) De uma maneira geral, todas as atribuições que pertençam à delegação da Direcção-Geral das Relações Colectivas de Trabalho no âmbito territorial da Região, com ressalva do cominado no artigo 4.º e daquelas que devam ser atribuídas a outros serviços;

h) Elaborar e tratar informações sobre os problemas de emprego, promover o ajustamento entre a procura e a oferta de emprego e

participar na orientação e apoio aos emigrantes, em articulação com os programas de âmbito nacional;
i) Administrar e gerir o sistema de protecção no desemprego;
j) Apoiar e levar a efeito acções de formação e reabilitação e criar as condições indispensáveis à sua realização.

Art. 2.º – 1. A vigência dos instrumentos de regulamentação de trabalho convencional ou não de âmbito territorial da Região depende da respectiva publicação no jornal oficial da Região Autónoma dos Açores, tendo em consideração o disposto no n.º 2.

2. Sem prejuízo do disposto no número anterior, os instrumentos de regulamentação de trabalho devem ser publicados no *Boletim do Trabalho e Emprego*.

Art. 3.º – 1. Na regulamentação colectiva de trabalho de âmbito não regional deverá ser cumprido o disposto no n.º 2 do artigo 231.º da Constituição.

2. Os instrumentos de regulamentação colectiva de trabalho referidos no número anterior serão obrigatoriamente publicados no jornal oficial da Região, sem prejuízo da sua entrada em vigor a partir da publicação no *Boletim do Trabalho e Emprego*.

Art. 4.º Mantém-se em tudo o legalmente estabelecido no que respeita às comissões de conciliação e julgamento e aos tribunais do trabalho.

Art. 5.º – 1. Em função da transferência provisória de competências consagrada no artigo 1.º, são extintas as delegações da Direcção-Geral das Relações Colectivas de Trabalho, os centros permanentes de emprego e o Centro de Formação Profissional n.º 18, que funcionavam na Região Autónoma dos Açores, na dependência do Governo da República.

2. As atribuições e competências em matérias de inspecção do trabalho na Região Autónoma dos Açores continuam a caber à Inspecção do Trabalho, do Ministério do Trabalho.

3. Compete igualmente à Inspecção do Trabalho a recolha dos mapas de quadros de pessoal mensais e anuais, a que se refere o Decreto-Lei n.º 439/77, de 25 de Outubro, podendo, no entanto, os órgãos do Governo Regional ter acesso aos mesmos e deles obter todos os elementos necessários.

4. Os órgãos do Governo Regional poderão solicitar directamente aos serviços da Inspecção do Trabalho situados na Região Autónoma as acções inerentes ao exercício das suas competências.

Art. 6.º – 1. O pessoal adstrito aos serviços extintos por força do disposto no artigo anterior transita para a Secretaria Regional do Trabalho, com dispensa de qualquer formalidade, nos termos gerais definidos quanto aos restantes serviços extintos ou integrados na Região Autónoma.

2. Não estão abrangidos pelo disposto no número anterior os delegados e subdelegados da Direcção-Geral das Relações Colectivas de Trabalho, da Secretaria de Estado do Trabalho, os quais poderão passar a prestar serviço no Governo Regional, nos termos gerais da requisição, mediante as devidas formalidades.

3. Não estão igualmente abrangidos pelo disposto no n.º 1 os funcionários da Inspecção do Trabalho, os quais manterão a situação actual.

4. Enquanto não for definido o quadro de pessoal da Secretaria Regional do Trabalho, os funcionários e servidores integrados manterão a respectiva situação actual.

5. O pessoal integrado nos termos dos números anteriores ficará sujeito ao disposto no artigo 49.º do Decreto-Lei n.º 318-B/76, de 30 de Abril.

Art. 7.º A administração de todos os bens e património em geral afectos aos serviços extintos por força do disposto no artigo 5.º transita para o Governo Regional, com dispensa de qualquer formalidade.

Art. 8.º – 1. Será assegurado pelo Ministério do Trabalho e pela Secretaria Regional do Trabalho o intercâmbio das informações técnicas sobre problemas de trabalho e emprego.

2. Será assegurado pelo Ministério do Trabalho e pela Secretaria de Estado da Administração Pública, quando solicitado pela Secretaria Regional do Trabalho, de acordo com as capacidades daquelas entidades, todo o apoio técnico relativo à definição das carreiras profissionais.

Art. 9.º O Ministro da República garantirá a articulação entre os serviços dependentes do Ministério do Trabalho e os serviços da Secretaria Regional do Trabalho.

Art. 10.º A partir de 1 de Janeiro de 1979, as despesas com os serviços agora integrados serão orçamentadas e garantidas pelo orçamento regional.

Art. 11.º As dúvidas suscitadas na interpretação do presente diploma serão resolvidas por despacho conjunto dos Ministros da República para os Açores e do Trabalho.

Visto e aprovado em Conselho de Ministros. – *Mário Soares – António Manuel Maldonado Gonelha.*

Promulgado em 10 de Agosto de 1978.

Publique-se.

O Presidente da República, ANTÓNIO RAMALHO EANES.

XVIII. Decreto-Lei n.° 294/78, 22 de Setembro [29]

Transfere para a Região Autónoma da Madeira certas competências no sector do trabalho

A Constituição da República Portuguesa e o Estatuto Provisório, aprovado pelo Decreto-Lei n.° 318-D/76, de 30 de Abril, com a redacção dada pelo Decreto-Lei n.° 427-F/76, de 1 de Junho, consagram a autonomia da Região Autónoma da Madeira.

Através do Decreto-Lei n.° 23/78, de 27 de Janeiro, operou-se a transferência para a Região Autónoma de um conjunto de competências para facultar ao executivo regional os meios necessários a uma efectiva regionalização, no sector do trabalho.

Entretanto, na formação do II Governo Constitucional da República, a Secretaria de Estado da População e Emprego foi integrada no Ministério do Trabalho, nos termos do artigo 9.° do Decreto-Lei n.° 41-A/78, de 7 de Março.

Esta modificação orgânica implica necessariamente igualdade de tratamento no objectivo da regionalização quanto aos seus serviços, o que se faz pelo presente diploma, à semelhança do que se dispõe nesta data também para a Região Autónoma dos Açores.

Assim, o Governo decreta, nos termos da alínea *a*) do n.° 1 do artigo 201.° da Constituição, o seguinte:

Artigo 1.° São transferidas para a Região Autónoma da Madeira as seguintes competências:

a) Regulamentar, por via administrativa, nos termos da legislação nacional que vigorar, as condições de trabalho de sectores de actividade profissional ou económica circunscritos exclusivamente ao território da Região Autónoma;

b) Participar, nos termos da legislação nacional que vigorar, na negociação das convenções colectivas de trabalho cujo âmbito não ultrapasse os limites do território da Região Autónoma;

c) Exercer, quanto às relações colectivas de trabalho, cujo âmbito não ultrapasse os limites do território da Região Autónoma, todas as competências atribuídas ao Ministério do Trabalho pela legislação nacional que vigorar em matéria de celebração de convenções colectivas de trabalho;

---

[29] *Diário da República*, de 22 de Setembro de 1978, I série, número 219, pp. 2008--2009.

d) Proceder ao registo e depósito das convenções colectivas de trabalho, decisões arbitrais e acordos de adesão cujo âmbito não ultrapasse os limites do território da Região Autónoma, bem como os estatutos das associações sindicais e patronais de âmbito territorial da Região, sem prejuízo da sua publicação no *Boletim do Trabalho e Emprego*;

e) Participar nas tentativas de resolução dos conflitos de trabalho cujo âmbito não ultrapasse os do interesse e território da Região Autónoma;

f) Apreciar os respectivos pedidos e conceder as aprovações e autorizações relativas a prestação de trabalho e previstas na lei;

g) De uma maneira geral, todas as atribuições que pertençam à Delegação da Direcção-Geral das Relações Colectivas de Trabalho no âmbito territorial da Região, com ressalva do cominado no artigo 4.º e daquelas que devam ser atribuídas a outros serviços;

h) Elaborar e tratar informações sobre os problemas de emprego, promover o ajustamento entre a procura e a oferta de emprego e participar na orientação e apoio aos emigrantes, em articulação com os programas de âmbito nacional;

i) Administrar e gerir o sistema de protecção no desemprego;

j) Apoiar e levar a efeito acções da formação e reabilitação e criar as condições indispensáveis à sua realização.

Art. 2.º – 1 – A vigência dos instrumentos de regulamentação de trabalho convencional ou não de âmbito territorial da Região depende da respectiva publicação no jornal oficial da Região Autónoma da Madeira, tendo em consideração o disposto no n.º 2.

2 – Sem prejuízo do disposto no número anterior, os instrumentos de regulamentação de trabalho devem ser publicados no *Boletim do Trabalho e Emprego*.

Art. 3.º – 1 – Na regulamentação colectiva de trabalho de âmbito não regional deverá ser cumprido o disposto no n.º 2 do artigo 231.º da Constituição.

2 – Os instrumentos de regulamentação colectiva de trabalho referidos no número anterior serão obrigatoriamente publicados no jornal oficial da Região, sem prejuízo da sua entrada em vigor a partir da publicação no *Boletim do Trabalho e Emprego*.

Art. 4.º – 1 – Mantém-se o legalmente estabelecido no que respeita aos tribunais do trabalho.

2 – As atribuições das comissões de conciliação e julgamento consideram-se igualmente transferidas para a Secretaria Regional do Trabalho, logo que entre em vigor a nova lei reguladora.

Art. 5.º – 1 – da no artigo 1.º, são extintos a Delegação da Direcção-Geral das Relações Colectivas de Trabalho, da Secretaria de Estado do Trabalho, o Centro Permanente de Emprego e o Centro de Formação Profissional n.º 17, que funcionavam na Região Autónoma da Madeira, na dependência do Governo da República.

2 – As atribuições e competências em matérias de inspecção do trabalho na Região Autónoma da Madeira continuam a caber à Inspecção do Trabalho, do Ministério do Trabalho.

3 – Os órgãos do Governo Regional poderão solicitar directamente aos serviços da Inspecção do Trabalho situados na Região Autónoma as acções inerentes ao exercício das suas competências.

Art. 6.º – 1 – O pessoal adstrito aos serviços extintos por força do disposto no artigo anterior transita para a Secretaria Regional do Trabalho, com dispensa de qualquer formalidade, nos termos gerais definidos quanto aos restantes serviços extintos ou integrados na Região Autónoma.

2 – Não estão abrangidos pelo disposto no número anterior os delegados e subdelegados da Direcção-Geral das Relações Colectivas de Trabalho, da Secretaria de Estado do Trabalho, os quais poderão passar a prestar serviço no Governo Regional nos termos gerais da requisição, mediante as devidas formalidades.

3 – Não estão igualmente abrangidos pelo disposto no n.º 1 os funcionários da Inspecção do Trabalho, os quais manterão a situação actual.

4 – Enquanto não for definido o quadro de pessoal da Secretaria Regional do Trabalho, os funcionários e servidores integrados manterão a respectiva situação actual.

5 – O pessoal integrado nos termos dos números anteriores ficará sujeito ao disposto no artigo 49.º do Decreto-Lei n.º 318-D/76, de 30 de Abril.

Art. 7.º A administração de todos os bens e património em geral afectos aos serviços extintos por força do disposto no artigo 5.º transita para o Governo Regional, com dispensa de qualquer formalidade.

Art. 8.º – 1 – Será assegurado pelo Ministério do Trabalho e pela Secretaria Regional do Trabalho o intercâmbio das informações técnicas sobre problemas de trabalho e emprego.

2 – Será assegurado pelo Ministério do Trabalho e pela Secretaria de Estado da Administração Pública, quando solicitado pela Secretaria Regional do Trabalho, de acordo com as capacidades daquelas entidades, todo o apoio técnico relativo à definição das carreiras profissionais.

Art. 9.º O Ministro da República garantirá a articulação entre os serviços dependentes do Ministério do Trabalho e os serviços da Secretaria Regional do Trabalho.

Art. 10.º A partir de 1 de Janeiro de 1978, as despesas com os serviços agora integrados serão orçamentadas e garantidas pelo orçamento regional.

Art. 11.º As dúvidas suscitadas na interpretação do presente diploma serão resolvidas por despacho conjunto dos Ministros da República para a Madeira e do Trabalho.

Art. 12.º Fica revogado o Decreto-Lei n.º 23/78, de 27 de Janeiro.

Visto e aprovado em Conselho de Ministros. – *Mário Soares – António Manuel Maldonado Gonelha – Lino Dias Miguel.*

Promulgado em 24 de Agosto de 1978.

Publique-se.

O Presidente da República, ANTÓNIO RAMALHO EANES.

IXX. Resolução n.º 354-A/79, de 18 de Dezembro [30]

Reforça a verba de subsídios à exploração das empresas públicas

Verifica-se com frequência que os acréscimos de encargos com pessoal, resultantes da aplicação de convenções colectivas de trabalho em empresas públicas, ultrapassam as percentagens fixadas nas respectivas portarias conjuntas.

Associando este facto de agravamento de custos ao facto de os aumentos de preços e tarifas nem sempre acompanharem os agravamentos de encargos verificados, assiste-se à deterioração da situação financeira

---

[30] *Diário da República,* de 18 de Dezembro de 1979, I série, número 290, 1.º suplemento, pp. 3254(1)-3254(2).

nalgumas empresas, com reflexos desfavoráveis para o Estado, que é chamado a reforçar a verba de subsídios à exploração das empresas públicas.

Atendendo a que se torna necessário adoptar uma política global concertada que enquadre a visão de cada um dos Ministérios de tutela sobre matérias laborais, por forma a habilitar os conselhos de gerência das empresas públicas com uma linha orientadora que represente a perspectiva do Governo, e que, por esse facto, terá de ser escrupulosamente seguida;

Considerando, ainda, as orientações constantes da Resolução do Conselho de Ministros n.º 311/79, de 19 de Setembro, publicada no *Diário da República*, 1.ª série, de 31 de Outubro:

O Conselho de Ministros, reunido em 11 de Dezembro de 1979, resolveu:

1 – Os limites fixados em portaria para o agravamento da massa salarial, em empresas públicas, terão de ser rigorosamente respeitados, tendo-se em atenção que os mesmos englobam todos os encargos e não apenas os aumentos da tutela salarial.

2 – Sempre que, por razões ponderosas, haja que alterar os limites referidos no número anterior, tal alteração será efectuada através de portaria dos Ministros da tutela, das Finanças, do Trabalho e da Coordenação Económica, devendo o Ministério da tutela apontar, em documento justificativo, as razões da alteração.

3 – Para aprovação, as convenções colectivas de trabalho que abranjam empresas públicas, terão de ser acompanhadas de relatórios circunstanciados dos conselhos de gerência, onde se estimem os encargos globais resultantes da aplicação dos CCT e ACT negociados, o acréscimo absoluto e percentual relativamente ao CCT anterior e respectivo enquadramento no orçamento de exploração da empresa.

4 – Sempre que, por deficiência de informação ou cálculo, os agravamentos de custos nas empresas públicas forem superiores ao limites fixados na respectiva portaria, esse acréscimo de encargos não poderá ser coberto por contrapartida da dotação de subsídios à exploração.

5 – É vedado aos conselhos de gerência alargar regalias sociais, assumir compromissos ou autorizar encargos não contemplados nos respectivos instrumentos de contratação colectiva, ficando o Ministro da tutela com o incumbência de informar o Conselho de Ministros dos casos de incumprimento, para definição da acção a adoptar.

Presidência do Conselho de Ministros, 11 de Dezembro de 1979. – O Primeiro-Ministro, *Maria de Lourdes Ruivo da Silva Matos Pintasilgo.*

XX. (A) Decreto-Lei n.° 519-C1/79, de 29 de Dezembro [31]

Regime jurídico das relações colectivas de trabalho

O regime jurídico das relações colectivas de trabalho decorre, presentemente dos preceitos do Decreto-Lei n.° 164-A/76, de 28 de Fevereiro, e do conjunto de diplomas que, subsequentemente, o vieram alterar e complementar.

A abundante produção legislativa nesta matéria tem procurado, assim, acompanhar a evolução de uma realidade social extremamente complexa e delicada, na tentativa de obtenção de um tendencial e equilíbrio entre os princípios de livre negociação colectiva internacionalmente reconhecidos e consagrados na lei constitucional portuguesa e a intervenção do Governo, tida ainda como necessária, mas que, gradualmente, se tem vindo a procurar restringir e aperfeiçoar.

A prática dos últimos anos, no que representa de inovação e de enriquecimento de experiência para os parceiros sociais e para o próprio Governo e o carácter fundamental da negociação colectiva como instrumento responsável de progresso social, justificam a prioridade dada a revisão do normativo regulador desta área jus-laboral extremamente sensível.

Pelo presente diploma visa estabelecer um sistema inovador e coerente de relações colectivas de trabalho, baseado em duas opções fundamentais que nele encontram tradução: por um lado, a tentativa de devolução às partes do processo negocial dotado agora de regras mais claras e rigorosas em ordem à sua responsabilização na auto-regulamentação dos interesses em presença: por outro lado, a aceleração, simplificação e melhoramento das instâncias de intervenção do Governo nesta matéria.

Assim, e para além de numerosas melhorias de técnica jurídica, prevê-se, designadamente, a definição precisa dos intervenientes e destinatários do processo negocial, a fundamentação das propostas e contrapropostas com base em elementos de informação efectivamente disponíveis para as partes, e a fixação, em novos moldes, do prazo mínimo de vigência obrigatória das convenções colectivas por forma a evitar a negociação permanente.

Por outro lado, a intervenção do Governo, quando necessária, é assumida em termos inovadores, não só pela fixação de prazos para o depósito das convenções colectivas e para o funcionamento das comis-

---

[31] *Diário da República*, de 29 de Dezembro de 1979, I série, 3.° suplemento, número 299, pp. 3446(49)-3446(56).

sões técnicas encarregadas dos estudos preparatórios das portarias de regulamentação de trabalho como e fundamentalmente pela adopção de medidas que permitam, em cada momento, habilitar o Governo com informação actualizada e capacidade de resposta imediata às questões que lhe são postas. Assim, preconiza-se solução inovadora e que se crê pragmática para a articulação interdepartamental entre os vários Ministérios interessados e o Ministério do Trabalho, atribuindo-se, em exclusivo, aos Ministérios da tutela ou responsáveis por sectores económicos a intervenção nos processos de regulamentação colectiva e a necessária articulação com os Ministérios das Finanças e da Coordenação Económica e do Plano e criando-se simultânea e convergentemente um esquema funcional de consulta e participação permanente, pela designação, anual, de responsáveis por questões jus-laborais, a nível de cada Ministério da tutela ou responsável por sector económico.

O Governo, para dar cumprimento à Lei n.º 16/79, de 26 de Maio, e ao n.º 2 do artigo 231.º da Constituição, publicou em separata do *Boletim do Trabalho e Emprego* três projectos de diplomas sobre relações colectivas do trabalho.

Referindo-se de uma maneira sucinta as principais críticas recolhidas, dir-se-á o seguinte:

Continua a estabelecer-se a regulamentação de trabalho por via administrativa para os trabalhadores das instituições de previdência, uma vez que, caminhando-se para a sua integração na função pública, outra não poderia ser a solução adoptada.

No que se refere às comissões paritárias, não obstante se entender que será possível ir mais longe, considerando os princípios da OIT, optou-se pela manutenção da legislação em vigor, com ligeiras alterações.

Continua, igualmente, a ser fixado na lei um prazo mínimo obrigatório de vigência dos instrumentos de regulamentação colectiva, embora a nível de princípios, tal não seja aconselhável. Considerou-se, no entanto, que não há ainda um perfeito entendimento entre as partes por forma que as vantagens superassem os inconvenientes da ausência da sua fixação, embora se defenda o carácter transitório da medida.

Apesar das críticas, entende-se ainda que não existe nos fundamentos da recusa de depósito uma usurpação dos poderes dos tribunais. Com efeito, a impugnação de cláusulas ilegais só pode ser feita judicialmente e a existência daquelas não é fundamento de recusa de depósito.

Não se abandona, ainda, o recurso às portarias de regulamentação de trabalho, por se considerar não existirem ainda condições para a sua substituição por outros instrumentos mais adequados aos princípios informadores deste campo. Criam-se, no entanto, os condicionalismos para que essa via seja expedita e adequada às realidades sócio-económicas.

Foram acolhidas as críticas relativas à morosidade e burocratização do processo negocial, criando-se dispositivos que permitem o seu aceleramento, dispositivos esses já atrás, genericamente, referidos.

Respeitando as sugestões recolhidas sobre a matéria, não ficou consagrado no diploma o serviço nacional de mediação e arbitragem. Entendeu o Governo que se justificavam as críticas que foram tecidas a tal serviço pelas associações sindicais de cúpula.

Na sequência da discussão pública, pronunciou-se, ainda, uma associação patronal.

Acolhendo uma das suas sugestões, tornou-se obrigatória a indicação do aumento de encargos com remunerações complementares. Por outro lado, deixou de se fixar na lei o recurso para o Conselho de Ministros para os Assuntos Económicos, acolhendo-se, assim, a sugestão feita nesse sentido.

Deixou de se exigir no entanto, para efeitos de depósito, a indicação do prazo de vigência, por se entender aconselhável. Na verdade, fixando a lei um prazo mínimo de vigência obrigatório, a prática demonstrou que as partes se limitavam a repeti-lo.

Foi ainda criticado o facto de, nos termos deste diploma, da adesão não poder resultar modificação no conteúdo da convenção. Entende o Governo, no entanto, que só assim deixa de ser pervertido o instituto da adesão, que tem como característica essencial o ser expediente rápido. Por outro lado, as partes não são de forma alguma prejudicadas, pois que têm sempre a possibilidade de, embora acordando num novo instrumento, adoptar grande número das cláusulas de um qualquer outro que contemple a sua realidade laboral.

Por último, refira-se que, relativamente às portarias de extensão, se optou, com ligeiras alterações, pelo regime já em vigor.

Nestes termos, O Governo decreta, ao obrigo da alínea *a*) do n.º 1 do artigo 201.º da Constituição, o seguinte:

CAPÍTULO I
Âmbito de aplicação

ARTIGO 1.º

1 – O presente diploma regulamenta as relações colectivas de trabalho que se estabeleçam entre trabalhadores e entidades patronais através

das respectivas associações ou entre associações sindicais e entidades patronais.

2 – O regime estabelecido neste diploma não se aplica aos funcionários e agentes do Estado, autarquias locais e serviços municipalizados, os quais serão objecto de lei especial nos termos da alínea *m*) do artigo 167.° da Constituição da República Portuguesa, nem aos institutos de direito público.

3 – O presente diploma aplica-se às empresas públicas e de capitais públicos. com ressalva do disposto na respectiva regulamentação legal e nos estatutos de cada uma delas.

4 – O regime jurídico de regulamentação colectiva de trabalho para os trabalhadores das instituições de previdência será objecto de diploma específico dos Ministérios da Administração Interna. das Finanças, do Trabalho e dos Assuntos Sociais.

5 – Às pessoas colectivas de direito privado e utilidade pública aplica-se o disposto no n.° 2 do artigo 36.°

ARTIGO 2.°

1 – A regulamentação colectiva das relações de trabalho é feita por convenção colectiva, por decisão arbitral ou por acordo de adesão.

2 – A regulamentação colectiva das relações de trabalho pode também ser feita por via administrativa, nos termos dos artigos 29.° e 36.°

3 – Para os efeitos deste diploma, designam-se por contratos colectivo as convenções celebradas entre associações sindicais e associações patronais; acordos colectivos, as outorgadas por associações sindicais e uma pluralidade de entidades patronais para uma pluralidade de empresas; acordos de empresa, as subscritas por associações sindicais e uma só entidade patronal para uma só empresa.

CAPÍTULO II
Capacidade negocial

ARTIGO 3.°

1 – Apenas têm capacidade para celebrar convenções colectivas de trabalho:
a) As associações sindicais;
b) As entidades patronais e as associações patronais.

2 – Só as associações sindicais e patronais registadas nos termos do respectivo regime jurídico podem celebrar convenções colectivas de trabalho.

3 – Nos sectores em que existam empresas públicas ou de capitais públicos poderá ser determinada por despacho conjunto do Ministro do Trabalho e do Ministério da tutela, a autonomização do processo de negociação quanto a elas, devendo esse processo em qualquer caso abranger todos os trabalhadores ao seu serviço.

ARTIGO 4.º

1 – Sob pena de nulidade, as convenções serão celebradas por escrito e assinadas pelos representantes das associações sindicais e, conforme os casos, pelos representantes das associações ou das entidades patronais interessadas.

2 – Para efeitos do disposto no número anterior, só se consideram como representantes legítimos:
   a) Os membros das direcções das associações sindicais e patronais com poderes bastantes para contratar;
   b) Os portadores de mandato escrito conferido pelas direcções das associações acima referidas, do qual constem expressamente poderes para contratar;
   c) Os administradores, gerentes, representantes ou mandatários das entidades patronais com poderes para contratar;
   d) No caso das empresas públicas e nacionalizadas, os membros dos conselhos de gerência ou órgãos equiparados, ou os detentores de mandato escrito de que expressamente constem poderes para contratar.

3 – A revogação do mandato só é eficaz após comunicação à outra parte e ao Ministério do Trabalho.

CAPÍTULO III
Objecto da regulamentação colectiva

ARTIGO 5.º

As convenções colectivas de trabalho podem regular:
   a) As relações entre as partes outorgantes, nomeadamente no que toca a verificação do cumprimento da convenção e aos meios de resolução de conflitos decorrentes da sua aplicação e revisão;

b) Os direitos e deveres recíprocas dos trabalhadores e das entidades patronais vinculados por contratos individuais de trabalho, nomeadamente aqueles cuja fixação a lei remete para a regulamentação colectiva.

ARTIGO 6.º

1 – Os instrumentos de regulamentação colectiva de trabalho não podem:
   a) Limitar o exercício dos direitos fundamentais constitucionalmente garantidos;
   b) Contrariar normas legais imperativas;
   c) Incluir qualquer disposição que importe para os trabalhadores tratamento menos favorável do que o estabelecido por lei;
   d) Estabelecer regulamentação das actividades económicas, nomeadamente no tocante aos períodos de funcionamento das empresas no regime fiscal e à formação dos preços;
   e) Estabelecer e regular benefícios complementares dos assegurados pelas instituições de previdência;
   f) Conferir eficácia retroactiva a qualquer das suas cláusulas, salvo o disposto no artigo 13.º.

2 – A restrição constante da alínea *e*) do número anterior não afecta a subsistência dos benefícios complementares anteriormente fixados por convenção colectiva, os quais se terão por reconhecidos, no mesmo âmbito, pelas convenções subsequentes, mas apenas em termos de contrato individual de trabalho.

CAPITULO IV
Efeitos das convenções colectivas

SECÇÃO 1
Âmbito pessoal

ARTIGO 7.º

1 – As convenções colectivas de trabalho obrigam as entidades patronais que as subscrevem e as inscritas nas associações patronais signatárias, bem como os trabalhadores ao seu serviço que sejam membros quer das associações sindicais celebrantes, quer das associações sindicais representadas pelas associações sindicais celebrantes.

2 – As convenções outorgadas pelas uniões, federações e confederações obrigam as entidades patronais empregadoras e os trabalhadores inscritos, respectivamente, nas associações patronais e nos sindicatos representados nos termos dos estatutos daquelas organizações, quando outorguem em nome próprio ou em conformidade com os mandatos a que se refere o artigo 4.º

ARTIGO 8.º

Para os efeitos deste diploma, consideram-se abrangidos pelas convenções colectivas os trabalhadores e as entidades patronais que estivessem filiados nas associações signatárias no momento do início do processo negocial, bem como os que nelas se filiem durante o período de vigência das mesmas convenções.

ARTIGO 9.º

Em caso de cessão, total ou parcial, de uma empresa ou estabelecimento, a entidade patronal cessionária ficará obrigada a observar, até ao termo do respectivo prazo de vigência, o instrumento de regulamentação colectiva que vincula a entidade patronal cedente.

SECÇÃO II
Âmbito temporal

ARTIGO 10.º

1 – Os instrumentos de regulamentação colectiva de trabalho entrarão em vigor após a sua publicação, nos mesmos termos das leis.

2 – Considera-se que a data da publicação dos instrumentos de regulamentação colectiva é a da distribuição do *Boletim do Trabalho e Emprego* em que sejam inseridos.

ARTIGO 11.º

1 – As convenções colectivas e as decisões arbitrais vigoram pelo prazo que delas constar expressamente.

2 – O prazo de vigência não poderá ser inferior a dois anos, salvo o disposto no número seguinte.

3 – As tabelas salariais poderão ser revistas anualmente.

4 – Sem prejuízo do disposta no n.º 2, o processo de revisão de convenções colectivas terá de coincidir sempre com um processo de revisão das tabelas salariais.

5 – A convenção colectiva ou a decisão arbitral mantêm-se em vigor até serem substituídas por outro instrumento de regulamentação colectiva.

6 – Ainda que depositados e publicados, os instrumentos de regulamentação colectiva de trabalho só podem entrar em vigor após decorrido o prazo de vigência obrigatória das convenções que pretendam alterar ou substituir.

ARTIGO 12.º

A entrada em vigor de um instrumento de regulamentação colectiva das relações de trabalho num ramo de actividade faz cessar automaticamente a vigência das convenções cujo âmbito se define por profissão ou profissões relativamente àquele ramo de actividade e aos trabalhadores também abrangidos por aquele instrumento.

ARTIGO 13.º

Pode ser atribuída eficácia retroactiva às tabelas salariais, até à data em que se tenha esgotado o prazo de resposta à proposta de negociação ou, no caso de revisão de uma convenção anterior, até ao termo da vigência mínima obrigatória desta.

SECÇÃO III
Concorrência e sucessão de convenções

ARTIGO 14.º

1 – A regulamentação estabelecida por qualquer dos modos referidos no artigo 2.º não pode ser afastada pelos contratos individuais de trabalho, salvo para estabelecer condições mais favoráveis para os trabalhadores.

2 – Sempre que numa empresa se verifique concorrência de instrumentos de regulamentação colectiva aplicáveis a alguns trabalhadores, serão observados os seguintes critérios de prevalência:
  a) Sendo um dos instrumentos concorrentes ou um acordo colectivo ou um acordo de empresa, será esse o aplicável;
  b) Em todos os outros casos, prevalecerá o instrumento que for considerado, no seu conjunto, mais favorável pelo sindicato representativo do maior número dos trabalhadores em relação aos quais se verifica a concorrência desses instrumentos.

3 – No caso previsto na alínea *b*) do número anterior, o sindicato competente deverá comunicar por escrito à entidade patronal interessada e à Inspecção do Trabalho, no prazo de trinta dias a contar da entrada em vigor do último dos instrumentos concorrentes, qual o que considera mais favorável.

4 – Caso a faculdade prevista no número anterior não seja exercida pelo sindicato respectivo no prazo consignado, tal faculdade defere-se aos trabalhadores da empresa em relação aos quais se verifique concorrência, que, no prazo de trinta dias, deverão, por maioria, escolher o instrumento mais favorável.

5 – A declaração e a deliberação previstas nos números anteriores são irrevogáveis até ao termo da vigência efectiva do instrumento por elas adoptado.

6 – Na ausência de escolha, quer pelos sindicatos quer pelos trabalhadores, será aplicável o instrumento de publicação mais recente.

ARTIGO 15.º

1 – As condições de trabalho fixadas por instrumento de regulamentação colectiva só podem ser reduzidas por novo instrumento de cujo texto conste, em termos expressos, o seu carácter globalmente mais favorável, sem prejuízo do disposta nas alíneas *a*), *b*) e *c*) do n.º 1 do artigo 6.º

2 – A redução prevista no número anterior prejudica os direitos adquiridos por força de instrumento de regulamentação colectiva de trabalho substituído, com ressalva do disposto no n.º 2 do artigo 6.º

CAPITULO V
Processo de negociação

ARTIGO 16.º

1 – O processo de negociação inicia-se com a apresentação da proposta de celebração de uma convenção colectiva.

2 – As convenções colectivas e as decisões arbitrais não podem ser denunciadas antes de decorridos vinte ou dez meses, conforme se trate das situações previstas, respectivamente, nos n.º 2 e 3 do artigo 11.º

3 – A proposta deve revestir forma escrita e só se terá por válida se contiver os seguintes elementos:
    a) Designação das entidades que subscrevem a proposta em nome próprio e em representação de outras;
    b) Indicação da convenção que se pretende rever, sendo caso disso.

4 – A proposta deve ser apresentada na data da denúncia, sob pena de esta não ter validade.

5 – Das propostas, bem como da documentação que deve acompanhá-las, nomeadamente a fundamentação económica, serão enviadas cópias ao Ministério do Trabalho.

ARTIGO 17.º

1 – As entidades destinatárias da proposta devem responder nos trinta dias seguintes à recepção daquela, salvo se prazo diverso tiver sido convencionado.

2 – A resposta deve revestir forma escrita e conter os elementos referidos na alínea a) do n.º 3 do artigo 16.º e dela será enviada cópia ao Ministério do Trabalho.

3 – Da resposta deve ainda constar contraproposta relativa a todas as cláusulas da proposta que não sejam aceites.

4 – A falta de resposta no prazo fixado no n.º 1 nos termos dos n.ºs 2 e 3 legitima a entidade proponente a requerer conciliação, nos termos do artigo 31.º

ARTIGO 18.º

1 – As propostas e as respostas serão fundamentadas mediante a ponderação da evolução dos índices de preços no consumidor, dos de produtividade e de capacidade económica das empresas ou sectores, dos volumes de vendas, do aumento de encargos com remunerações complementares, bem como das condições de trabalho praticadas em empresas e sectores afins e em actividades profissionais idênticas ou similares, devendo, ainda, sempre que possível, conter indicações referentes ao número de trabalhadores por categoria abrangida e ao aumento de encargos directos e indirectos resultantes das tabelas salariais.

2 – Na falta de fundamentação da proposta ou da resposta, a parte destinatária poderá, legitimamente, recusar-se a negociar com base nela.

ARTIGO 19.º

1 – As negociações deverão ter início nos quinze dias seguintes à recepção da resposta à proposta, salvo se outro prazo tiver sido convencionado.

2 – As partes deverão fixar, por protocolo escrito, o calendário e as regras a que obedecerão os contactos negocias.

3 – Do protocolo a que se refere o número anterior será remetida cópia ao Ministério do Trabalho e ao Ministério responsável pelo sector de actividade ou da tutela.

4 – No início das negociações, os representantes das partes deverão identificar-se e trocar os respectivos títulos de representação.

ARTIGO 20.º

Na preparação das propostas e contrapropostas e durante as negociações, o Ministério do Trabalho e o Ministério responsável pelo sector da actividade ou de tutela fornecerão às partes todo o apoio técnico que por elas seja requerido.

ARTIGO 21.º

1 – As partes deverão, sempre que possível, atribuir prioridade à matéria da retribuição de trabalho, tendo em vista o ajuste do acréscimo global de encargos daí resultante.

2 – A inviabilidade do acordo inicial sobre a matéria referida no número anterior não justifica a ruptura de negociação.

ARTIGO 22.º

1 – As associações sindicais, as associações patronais e as entidades patronais devem respeitar, no processo de negociação colectiva, os princípios de boa fé, nomeadamente respondendo com a máxima brevidade possível às propostas e contrapropostas, respeitando o protocolo negocial e fazendo-se representar em reuniões e contactos destinados à prevenção ou resolução de conflitos.

2 – Os representantes legítimos das associações sindicais e patronais deverão, oportunamente, fazer as necessárias consultas aos trabalhadores e às entidades patronais interessadas, não podendo, no entanto, invocar tal necessidade para obterem a suspensão ou interrupção do curso do processo.

3 – Cada uma das partes do processo deverá, na medida em que daí não resulte prejuízo para a defesa dos seus interesses, facultar à outra os elementos ou informações que ela solicitar.

4 – Não pode ser recusado no decurso de processos de negociação de acordos colectivos e acordos de empresa o fornecimento dos relatórios e contas das empresas já publicados e, em qualquer caso, do número de trabalhadores por categoria profissional envolvidos no processo que se situem no âmbito da aplicação do acordo a celebrar.

ARTIGO 23.º

O texto final das convenções colectivas e das decisões arbitrais deverá referir obrigatoriamente:
 a) A designação das entidades celebrantes;
 b) A área e âmbito de aplicação;
 c) A data da celebração.

CAPÍTULO VI
Depósito e publicação

ARTIGO 24.º

1 – As convenções colectivas, as decisões arbitrais e os acordos de adesão são entregues para depósito nos serviços competentes do Ministério do Trabalho (Direcção-Geral do Trabalho).

2 – O depósito considera-se feito se não for recusado nos quinze dias seguintes à entrada dos instrumentos nos serviços referidos no número anterior.

3 – O depósito será recusado:
 a) Se os instrumentos não obedecerem ao disposto no artigo 23.º;
 b) Se não forem acompanhados dos títulos de representação exigidos no artigo 4.º;
 c) Se, envolvendo empresas públicas ou de capitais públicos, não forem acompanhados de documento comprovativo de autorização ou aprovação tutelar, emanado do Ministério da tutela, que, para o efeito, articulará com os demais Ministérios competentes;
 d) Se não tiver decorrido o prazo mínimo legal
 e) Nos demais casos expressamente previstos ria lei.

4 – No caso de o instrumento substituir ou alterar vários instrumentos de regulamentação colectiva com prazo de vigência diversos, poderá ser depositado, desde que tenha decorrido um dos prazos mínimos de vigência, sem prejuízo do disposto no n.º 5 do artigo 11.º

5 – O despacho de recusa do depósito, com a respectiva fundamentação, será imediatamente notificado às partes.

ARTIGO 25.º

1 – Só por acordo das partes, e enquanto o depósito não for efectuado, pode ser introduzida qualquer alteração formal ou substancial ao conteúdo das convenções entregues para esse efeito.

2 – A alteração referida no número anterior interrompe o prazo de depósito.

ARTIGO 26.º

1 – É obrigatória a publicação das convenções, das decisões arbitrais e dos acordos de adesão depositados nos termos do artigo 24.º

2 – Os instrumentos referidos no número anterior são publicados no *Boletim do Trabalho e Emprego* nos quinze dias seguintes ao depósito.

CAPÍTULO VII
Extensão de convenções colectivas

ARTIGO 27.º

O âmbito de aplicação definido nas convenções colectivas pode ser entendido, após a sua publicação, por acordo de adesão e por portarias de extensão.

ARTIGO 28.º

1 – As associações sindicais, as associações patronais e as entidades patronais podem aderir a convenções colectivas publicadas.

2 – A adesão opera-se por acordo entre a entidade interessada e aquela ou aquelas que se lhe contraporiam na negociação da convenção, se nela houvesse participado.

3 – Da adesão não pode resultar modificação do conteúdo da convenção, ainda que destinada a aplicar-se somente no âmbito da entidade aderente.

4 – Aos acordos de adesão aplicam-se as disposições referentes ao depósito e à publicação das convenções colectivas.

ARTIGO 29.º

1 – Ouvidas as associações sindicais e as associações ou entidades patronais interessadas, pode, por portaria conjunta dos Ministros do Trabalho, da tutela ou Ministro responsável pelo sector de actividade, ser determinada a extensão total ou parcial das convenções colectivas ou decisões arbitrais a entidades patronais do mesmo sector económico e a trabalhadores da mesma profissão ou profissão análoga, desde que exerçam a

sua actividade na área e no âmbito naquelas fixados e não estejam filiados nas mesmas associações.

2 – Pode, por portaria conjunta dos mesmos Ministros, e sob sua iniciativa, ser determinada a extensão de convenções colectivas a empresas e a trabalhadores do sector económico e profissional regulado, que exerçam a sua actividade em área diversa daquela em que a mesma convenção se aplica, quando não existam associações sindicais ou patronais e se verifique identidade ou semelhança económica e social.

3 – Quando as portarias de extensão abrangerem empresas públicas ou de capitais públicos, compete ao Ministério da tutela assegurar, previamente à emissão, o cumprimento das disposições legais e estatutárias referentes à intervenção dos Ministérios das Finanças e da Coordenação Económica e do Plano.

4 – As portarias de extensão, salvo referência expressa em contrário, não são aplicáveis às empresas relativamente às quais exista regulamentação colectiva específica.

5 – Para os efeitos dos números anteriores, o Ministro do Trabalho mandará publicar um aviso no *Boletim do Trabalho e Emprego*, definindo o âmbito e a área da portaria a emitir.

6 – Nos quinze dias seguintes ao da publicação do aviso, podem os interessados no processo de extensão deduzir oposição fundamentada.

7 – Aplica-se às portarias de extensão o disposto neste diploma sobre a publicação e entrada em vigor das convenções colectivas de trabalho.

CAPÍTULO VIII
Conflitos colectivos de trabalho

SECÇÃO I
**Conflitos relativos à celebração
ou revisão de convenções colectivas**

SUBSECÇÃO I
Conciliação

ARTIGO 30.º

1 – Os conflitos colectivos de trabalho que resultem da celebração ou revisão de uma convenção colectiva podem ser solucionados por conciliação.

2 – Na falta de regulamentação convencional da conciliação, aplicam-se as disposições constantes dos artigos seguintes.

ARTIGO 31.º

1 – A conciliação pode ser promovida em qualquer altura:
a) Por acordo das partes;
b) Por uma das partes, no caso de falta de resposta à proposta de celebração ou de revisão, ou, fora desse caso, mediante pré-aviso de oito dias, por escrito, à outra parte.

2 – A conciliação será efectuada pelos serviços de conciliação do Ministério do Trabalho, assessorados, sempre que necessário, pelos serviços competentes de qualquer outro Ministério que tenha interesse directo na resolução do diferendo.

3 – No processo conciliatório será sempre dada prioridade à definição das matérias sobre as quais o mesmo irá incidir.

ARTIGO 32.º

Nos casos previstos no n.º 1 do artigo anterior, as partes serão convocadas para o início do processo de conciliação dentro dos quinze dias seguintes à apresentação do pedido no Ministério do Trabalho.

SUBSECÇÃO II
Mediação

ARTIGO 33.º

1 – A todo o tempo as partes podem acordar submeter a mediação, ou, na falta dessa definição, termos dos números seguintes, os conflitos colectivos que resultem da celebração ou revisão de uma convenção colectiva.

2 – O mediador será escolhido pelas partes e deverá remeter a estas a sua proposta por carta registada no prazo de vinte dias a contar da sua nomeação.

3 – Para a elaboração da proposta, o mediador poderá solicitar às partes e a qualquer departamento do Estado os dados e informações que considere necessários.

4 – A proposta do mediador considerar-se-á recusada se não houver comunicação escrita de ambas as partes a aceitá-la no prazo de dez dias a contar da sua recepção.

5 – Decorrido o prazo fixado no número anterior, o mediador comunicará, em simultâneo, a cada uma das partes, no prazo de cinco dias, a aceitação ou recusa das partes.

6 – Até ao termo do prazo referido no número anterior, o mediador poderá realizar todos os contactos, com cada uma das partes em separado, que considere convenientes e viáveis no sentido da obtenção de um acordo.

7 – O mediador está obrigado a guardar sigilo de todas as informações colhidas no decurso do processo que não sejam conhecidas da outra parte.

SUBSECÇÃO III
Arbitragem

ARTIGO 34.º

1 – A todo o tempo as partes podem acordar em submeter a arbitragem nos termos que definirem ou, na falta de definição, segundo o disposto nos números seguintes, os conflitos colectivos que resultem da celebração ou revisão de uma convenção colectiva.

2 – A arbitragem será realizada por três árbitros, um nomeado por cada uma das partes e o terceiro escolhido pelos árbitros de parte.

3 – Não podem ser árbitros os gerentes, administradores, representantes, empregados, consultores e todos aqueles que tenham interesse financeiro directo nas entidades interessadas na arbitragem ou nas empresas das entidades patronais interessadas ou dos associados das organizações interessadas e ainda os cônjuges, parentes e afins em linha recta ou até ao 2.º grau da linha colateral, adoptantes e adaptados das pessoas indicadas.

4 – Os árbitros poderão ser assistidos por peritos e têm direito a obter das partes e de qualquer departamento do Estado todos os dados e informações que considerem necessários.

5 – A decisão arbitral será tomada por maioria.

6 – As decisões arbitrais não podem diminuir direitos ou garantias consagrados em convenções colectivas de trabalho anteriores,.

7 – Os árbitros enviarão o texto da decisão às partes e ao Ministério do Trabalho no prazo de quinze dias.

8 – A decisão arbitral tem os mesmos efeitos jurídicos da convenção colectiva.

ARTIGO 35.º

1 – Nos conflitos colectivos inerentes à celebração ou revisão de uma convenção colectiva aplicável a empresas públicas ou de capitais públicos poderá ser tornada obrigatória a realização de arbitragem por despacho dos Ministros do Trabalho e da tutela.

2 – No caso previsto no numero anterior, o eventual desacordo entre as partes quanto à nomeação do terceiro árbitro poderá ser suprido por despacho do Ministro da tutela.

SUBSECÇÃO IV
Portarias de regulamentação de trabalho

ARTIGO 36.º

1 – Nos casos em que seja inviável o recurso a portaria de extensão prevista no artigo 29.º, poderá ser emitida pelos Ministros do Trabalho e da tutela ou responsável pelo sector de actividade uma portaria de regulamentação de trabalho sempre que se verifique uma das seguintes condições:
  a) Inexistência de associações sindicais ou patronais;
  b) Recusa reiterada de uma das partes em negociar;
  c) Prática de actos ou manobras manifestamente dilatórias que, de qualquer modo, impeçam o andamento normal do processo de negociação.

2 – Serão igualmente reguladas por portaria, emitida pelos Ministros do Trabalho e da tutela ou responsável pelo sector de actividade, as relações de trabalho em que sejam partes pessoas colectivas de direito privado e utilidade publica.

3 – Para efeitos do disposto nos números anteriores, compete ao Ministro da tutela, assegurar previamente à emissão, o cumprimento das disposições legais e estatutárias referentes a intervenção dos Ministérios das Finanças e da Coordenação Económica e do Plano.

4 – Para os efeitos do disposto nos n.os 1 e 2, será constituída por despacho do Ministro do Trabalho uma comissão, a qual competirá a elaboração dos estudos preparatórios da portaria.

5 – Na comissão técnica serão incluídos, sempre que se mostre possível assegurar a necessária representação, assessores designados pelas entidades patronais e pelos trabalhadores interessados.

6 – O número dos assessores será fixado no despacho constitutivo da comissão.

7 – Nos casos previstos nas alíneas b) e c) do n.º 1, o Ministro do Trabalho promoverá, previamente, uma tentativa de conciliação entre as partes, salvo se, quanto ao ponto litigioso, já tiver sido realizada tal diligência.

8 – Sempre que a portaria de regulamentação de trabalho contenha matérias de natureza pecuniária, será ouvido o Conselho Nacional de Rendimentos e Preços.

ARTIGO 37.º

1 – Entre a data do despacho estabelecido no n.º 3 do artigo anterior e o termo dos trabalhos da comissão técnica não poderão decorrer mais de noventa dias.

2 – O prazo previsto no número anterior só poderá ser prorrogado por requerimento fundamentado do representante do Ministério do Trabalho, na comissão técnica, ao Ministro do Trabalho.

ARTIGO 38.º

A entrada em vigor de uma convenção colectiva aplicável no âmbito de uma portaria de regulamentação de trabalho faz cessar automaticamente a vigência desta relativamente aos trabalhadores e entidades patronais abrangidos pela convenção.

ARTIGO 39.º

As portarias de regulamentação de trabalho são publicadas no *Boletim do Trabalho e Emprego* e entram em vigor após a publicação, nos termos previstos para as convenções colectivas de trabalho.

ARTIGO 40.º

As infracções aos preceitos das portarias de regulamentação de trabalho são punidas nos termos definidos na lei relativamente às convenções colectivas de trabalho e às decisões arbitrais.

SECÇÃO II
Conflitos sobre a aplicação das convenções

ARTIGO 41.º

1 – As convenções colectivas devem prever a constituição de comissões formadas por igual número de representantes de entidades signatárias com competência para interpretar as suas disposições.

2 – O funcionamento das comissões referidas no número anterior reger-se-á pelo disposto nas convenções colectivas.

3 – As comissões paritárias só podem deliberar desde que esteja presente metade dos membros efectivos representantes de cada parte.

4 – As deliberações tomadas por unanimidade consideram-se para todos os efeitos como regulamentação do instrumento a que respeitem e serão depositadas e publicadas nos mesmos termos das convenções colectivas.

5 – As deliberações tomadas por unanimidade são automaticamente aplicáveis às entidades patronais e aos trabalhadores abrangidos pelas portarias de extensão das convenções que forem interpretadas ou integradas.

6 – A pedido da comissão poderá participar nas reuniões, sem direito a voto, um representante do Ministério do Trabalho.

CAPÍTULO IX
Disposições finais

ARTIGO 42.º

1 – Os Ministérios da tutela ou responsáveis pelos sectores de actividade deverão, para cada ano civil, indicar ao Ministério do Trabalho, até 30 de Janeiro, um representante efectivo e um representante suplente para acompanhar os processos de regulamentação de trabalho de cada ramo.

2 – Os representantes designados nos termos do número anterior integrarão as comissões técnicas constituídas para regulamentação de trabalho nos respectivos sectores de actividade.

ARTIGO 43.º

As associações sindicais e patronais, bem como os trabalhadores e entidades patronais interessados, podem propor acção de anulação, perante os tribunais de trabalho, das cláusulas dos instrumentos de regulamentação colectiva de trabalho que tenham por contrárias à lei.

ARTIGO 44.º

1 – Sem prejuízo das sanções especialmente previstas na lei, as entidades patronais que infringirem os preceitos dos instrumentos de regulamentação colectiva de trabalho serão punidas com multa de 500$ a 3 000$ por cada trabalhador em relação ao qual verificar a infracção.

2 – Quando a infracção respeitar a uma generalidade de trabalhadores, a multa aplicável será é 15 000$ a 150 000$.

3 – As infracções aos preceitos relativos a retribuições serão punidas com multa, que poderá ir até ao dobro do montante das importâncias em dívida.

4 – Conjuntamente com as multas, serão sempre cobradas as indemnizações que forem devidas aos trabalhadores prejudicados, as quais reverterão a favor dos referidos trabalhadores.

5 – Sem prejuízo da aplicação de pena mais grave prevista pela lei geral, sempre que a infracção for acompanhada de coacção, falsificação, simulação ou qualquer meio fraudulento, será a mesma punida com multa de 15 000$ a 150 000$, e a tentativa, com multa de 3 000$ a 30 000$.

6 – No caso de reincidência, as multas serão elevadas ao dobro.

7 – A infracção ao disposto no n.º 4 do artigo 16.º e no n.º 2 do artigo 18.º será punida com multa de 3 000$ a 30 000$.

8 – O produto das multas reverterá para o Fundo de Desemprego.

ARTIGO 45.º

1 – Este diploma entra imediatamente em vigor, mas só se aplica aos processos de negociação colectiva, que venham a ter início após a sua publicação.

2 – Relativamente aos instrumentos já entregues para depósito à data da entrada em vigor do presente diploma, o prazo referido no n.º 2 do artigo 24.º conta-se a partir daquela data.

3 – É revogado o Decreto-Lei n.º 164/76, de 28 de Fevereiro, com as alterações introduzidas pelos Decretos-Leis n.ºs 887/76, de 29 de Dezembro, e 353-G/77, de 29 de Agosto.

Visto e aprovado em Conselho de Ministros de 11 de Dezembro de 1979. *Maria de Lourdes Ruivo da Silva Matos Pintasilgo – Jorge de Carvalho Sá Borges.*

Promulgado em 20 de Dezembro de 1979.

Publique-se.

O Presidente da República, ANTÓNIO RAMALHO EANES.

(B) Decreto-Lei n.º 87/89, de 23 de Março[32]

Altera a disposição do Decreto-Lei n.º 519-C1/79, de 29 de Dezembro, sobre a negociação colectiva das relações de trabalho

O Decreto-Lei n.º 519-C1/79, de 29 de Dezembro, prevê no n.º 1 do artigo 11.º que as convenções colectivas e as decisões arbitrais vigorem pelo prazo que delas conste expressamente.

Não obstante, fixaram-se prazos mínimos de vigência obrigatória, embora no preâmbulo se refira que a nível de princípios tal não é aconselhável.

Razões de política macroeconómica associadas à necessidade de preservação da estabilidade das relações laborais não permitem ainda devolver integralmente aos parceiros sociais a livre fixação dos períodos mínimos de vigência.

Porém, considerando-se que o tempo decorrido desde a entrada em vigor do Decreto-Lei n.º 519-C1/79, de 29 de Dezembro, permitiu amadurecer e consolidar o sistema de relações profissionais, julga-se oportuno proceder a alguns reajustamentos no que toca à vigência das convenções colectivas e das decisões arbitrais.

Assim, sem prejuízo da reafirmação do princípio geral da entrada em vigor após a publicação, prevê que os prazos para a denúncia e depósito dos referidos instrumentos passem a contar-se da data da sua entrega para depósito. Deste modo, aproxima-se a vigência das convenções do momento em que as partes as concluem sem, por um lado, prescindir da certeza e segurança asseguradas pela intervenção administrativa.

Quanto às empresas públicas e de capitais exclusivamente públicos, a necessidade do requisito adicional da autorização tutelar impõe a adaptação do respectivo regime de depósito em termos de, satisfeitos os demais requisitos, este só se tornar definitivo após a junção de documento comprovativo daquele acto. Permite-se, assim, que a Administração exerça de modo eficaz os seus poderes de tutela, ao mesmo tempo que se preserva a unidade do sistema.

Finalmente, julga-se oportuno unificar o regime da vigência das convenções colectivas e das decisões arbitrais, não distinguindo entre revisões e alterações de tabelas salariais e de cláusulas de expressão pecuniá-

---

[32] *Diário da República*, de 23 de Março de 1989, I série, número 69, pp. 1264--1271.

ria e revisões da restante regulamentação. Com efeito, no tempo decorrido desde a data da entrada em vigor do Decreto-Lei n.º 519-C1/79, de 29 de Dezembro, foi possível proceder, por várias vezes, a revisões de toda a regulamentação, mostrando a experiência não ter havido, nessas situações, alterações significativas de conflitualidade laboral. Por isso, crê-se poder dar mais um passo no sentido da atenuação das restrições do conteúdo da negociação.

Por último, prosseguindo o mesmo objectivo, aproveita-se a oportunidade para revogar os preceitos que subtraem as pessoas colectivas de direito privado e utilidade pública ao regime geral da negociação colectiva e para proceder à revogação do Decreto-Lei n.º 121/78, de 2 de Junho, e do Decreto-Lei n.º 490/79, de 19 de Dezembro, recuperando apenas destes últimos diplomas as normas que a experiência mostrou haver vantagem em manter.

No âmbito da apreciação pública do projecto de diploma feita através da sua publicação na separata n.º 3 do *Boletim do Trabalho e Emprego*, de 9 de Dezembro de 1988, foram formuladas algumas propostas de alteração, vindas da área sindical, no sentido de serem eliminadas todas as restrições substantivas e formais ao processo da negociação colectiva.

Contém este preâmbulo o esclarecimento do alcance da presente revisão, quantificando-a como um passo intermédio que visa aumentar as oportunidades de negociação e melhorar a sua eficácia, sem prejuízo de uma futura alteração substancial do regime actualmente em vigor.

Por isso não se considerou oportuno o acolhimento das profundas alterações propostas ao regime em vigor, tendo-se aceitado as sugestões que, sem dúvida, favorecem uma melhor interpretação de certas normas.

Assim:

Nos termos da alínea *a*) do n.º 1 do artigo 201.º da Constituição, o Governo decreta o seguinte:

Artigo 1.º Os artigos 11.º, 13.º, 16.º, 23.º, 24.º, 25.º e 26.º do Decreto-Lei n.º 519-C1/79, de 29 de Dezembro, passam a ter a seguinte redacção:

Art. 11.º – 1 – ....

2 – A convenção colectiva e a decisão arbitral mantêm-se em vigor até serem substituídas por outro instrumento de regulamentação colectiva.

Art. 13.º Pode ser atribuída eficácia retroactiva às tabelas salariais até à data em que se tenha esgotado o prazo de resposta à proposta de negociação ou, no caso de revisão de uma convenção anterior, até ao termo do prazo de doze meses após a data da sua entrega para depósito.

Art. 16.º – 1 – ....

2 – As convenções colectivas e arbitrais não podem ser denunciadas antes de decorridos dez meses após a data da sua entrega para depósito.

3 – ....
4 – ....
5 – ....

Art. 23.º – 1 – O texto final das convenções colectivas e das decisões arbitras deverá referir obrigatoriamente:

a) A designação das entidades celebrantes;
b) A área e âmbito de aplicação;
c) A data da celebração.

2 – As tabelas salariais devem conter valores salariais expressos para todas as profissões e categorias profissionais.

Art. 24.º – 1 – ....
2 – ....
3 – ....
a) ....
b) ....
c) Se não tiver decorrido o prazo de doze meses após a data da entrega para depósito da convenção ou da decisão arbitral que se visa alterar ou substituir;
d) Se a convenção não for acompanhada de declaração subscrita pelos outorgantes, indicando, em termos percentuais, o aumento das tabelas salariais e de outras prestações de natureza pecuniária, bem como, no caso de acordos colectivos ou de empresa, o aumento dos encargos resultantes da aplicação das referidas tabelas e prestações pecuniárias e, ainda, o aumento global dos encargos resultantes destes acordos.

4 – Tratando-se de empresas públicas ou de capitais exclusivamente públicos, a falta de autorização ou aprovação tutelar determina a provisoriedade do depósito, o qual só se converte em definitivo após a junção de documento comprovativo daqueles actos.

5 – No caso de o instrumento substituir ou alterar vários instrumentos de regulamentação colectiva, poderá ser depositado desde

que, em relação a um deles, tenha decorrido o prazo de doze meses referido na alínea c) do n.º 3 do presente artigo.

6 – (*Actual n.º 5.*)

Art. 25.º – 1 – ....

2 – ....

3 – No caso previsto no n.º 1 do presente artigo e nos casos de recusa de depósito dos instrumentos referidos no n.º 1 do artigo anterior, os efeitos previstos no presente diploma relativos à entrega para depósito passam a reportar-se à data da entrega que ocorrer, respectivamente, após a alteração ou a sanação dos vícios.

Art. 26.º – 1 – ....

2 – Os instrumentos referidos no número anterior são publicados no *Boletim do Trabalho e Emprego* nos quinze dias seguintes ao depósito definitivo.

Art. 2.º As referências feitas no Decreto-Lei n.º 519-C1/79, de 29 de Dezembro, a empresas de capitais públicos consideram-se feitas a empresas de capitais exclusivamente públicos.

Art. 3.º – 1 – São revogados o n.º 5 do artigo 1.º e o n.º 2 do artigo 36.º do Decreto-Lei n.º 519-C1/79, de 29 de Dezembro.

2 – São revogados os Decretos-Leis n.os 121/78 de 2 de Junho, e 490/79 de 19 de Dezembro.

Visto e aprovado em Conselho de Ministros de 2 de Fevereiro de 1989. – *Aníbal António Cavaco Silva – José Albino da Silva Peneda.*

Promulgado em 11 de Março de 1989.

Publique-se.

O Presidente da República, MÁRIO SOARES.

Referendado em 11 de Março de 1989.

O Primeiro-Ministro, *Aníbal António Cavaco Silva.*

(C) Lei n.º 11/92, de 15 de Julho[33]

Autoriza o Governo a legislar em matéria de regime jurídico das relações colectivas de trabalho, alterando o regime constante do Decreto-Lei n.º 519-C1/79, de 29 de Dezembro

A Assembleia da República decreta, nos termos dos artigos 164.º, alínea *e*), 168.º, n.º 1, alíneas *b*), *q*) e *x*), e 169.º, n.º 3, da Constituição, o seguinte:

Artigo 1.º Fica o Governo autorizado a legislar em matéria de regime jurídico das relações colectivas de trabalho, alterando o regime constante do Decreto-Lei n.º 519-C1/79, de 29 de Dezembro.

Art. 2.º A legislação a estabelecer terá o seguinte sentido e extensão:
a) Admissibilidade de as convenções colectivas poderem regular os processos de resolução dos litígios emergentes de contratos individuais de trabalho, designadamente através da criação de mecanismos de conciliação, mediação e arbitragem;
b) Previsão de as convenções colectivas poderem estabelecer e regular benefícios complementares de segurança social ou equivalentes, de acordo com os princípios e respeitando os limites da legislação vigente nesta matéria, bem como nos casos em que a responsabilidade pela atribuição de tais benefícios tenha sido transferida para instituições seguradoras;
c) Adstrição, em caso de cessão, total ou parcial, de uma empresa ou estabelecimento, da entidade cessionária à observância até ao termo do respectivo prazo de vigência, e no mínimo de 12 meses contados da cessão, do instrumento de regulamentação colectiva que vincula a entidade empregadora cedente, salvo se tiver sido substituído por outro;
d) Possibilidade de denúncia, a todo o tempo, de convenções colectivas quando as partes outorgantes pretenderem substituir a convenção colectiva aplicável, em caso de cessão total ou parcial de empresas, ou quando acordarem no princípio da negociação simultânea da redução da duração e da adaptação da organização do tempo de trabalho;

---

[33] *Diário da República*, de 15 de Julho de 1992, I série A, número 161, pp. 3316--3317.

e) Admissibilidade do depósito de convenção colectiva ou de decisão arbitral antes de decorrido o prazo mínimo legal obrigatório, nos casos referidos na alínea anterior;
f) Simplificação do processo de emissão de portarias de extensão, prevendo-se que sejam emitidas pelo Ministro do Emprego e da Segurança Social e, nos casos em que a oposição dos interessados se fundamente em motivos de ordem económica, por portaria conjunta do mesmo Ministro e do ministro responsável pelo sector de actividade;
g) Previsão de que as conciliações efectuadas pelos serviços competentes do Ministério do Emprego e da Segurança Social se possam traduzir na formulação de propostas que visem a solução dos diferendos;
h) Adequação do regime da decisão arbitral ao disposto no artigo 23.º da Lei n.º 31/86, de 29 de Agosto;
i) Instituição de um sistema de arbitragem obrigatória quando, tendo-se frustrado a conciliação ou a mediação, as partes não acordem, no prazo de dois meses a contar do termo daqueles processos, em submeter o conflito a arbitragem voluntária;
j) Possibilidade de a arbitragem obrigatória ser determinada por despacho do Ministro do Emprego e da Segurança Social mediante requerimento de qualquer das partes ou recomendação do Conselho Económico e Social, dispondo-se ainda que nos casos de empresas públicas ou de capitais exclusivamente públicos a arbitragem obrigatória só possa ser determinada mediante recomendação do Conselho Económico e Social;
l) Estabelecimento das regras processuais relativas à nomeação dos árbitros, prevendo-se que a falta de designação pelas partes ou a falta de acordo quanto à nomeação do terceiro árbitro sejam supridas, em sede do Conselho Económico e Social, por via de sorteio de entre árbitros constantes de uma lista acordada pelas partes;
m) Revogação dos preceitos do regime jurídico vigente relativos à possibilidade de determinação da autonomização do processo de negociação quanto às empresas públicas e de capitais exclusivamente públicos, bem como dos que se referem à exigência de autorização ou aprovação tutelar como requisito do depósito de convenções colectivas celebradas por essas empresas;
n) Revogação do Decreto-Lei n.º 380/78, de 5 de Dezembro, do Decreto-Lei n.º 505/74, de 1 de Outubro, da Resolução do Con-

selho de Ministros n.° 163/80, de 9 de Maio, e dos n.ᵒˢ 3, 7 e 8 do artigo 36.° do Decreto-Lei n.° 519-C1/79, de 29 de Dezembro.

Art. 3.° A presente autorização legislativa tem a duração de 90 dias.

Aprovada em 7 de Maio de 1992.

O Presidente da Assembleia da República, *António Moreira Barbosa de Melo*.

Promulgada em 17 de Junho de 1992.

Publique-se.

O Presidente da República, MÁRIO SOARES.

Referendada em 23 de Junho de 1992.

O Primeiro-Ministro, *Aníbal António Cavaco Silva*.

(D) Decreto-Lei n.° 209/92, de 2 de Outubro [34]

Altera o Decreto-Lei n.° 519-C/79, de 29 de Dezembro

O Decreto-Lei n.° 519-C1/79, de 29 de Dezembro, entrou em vigor numa época caracterizada por uma elevada expressão do sector público na economia e por uma reconhecida necessidade de intervenção da administração do trabalho na composição de interesses de empregadores e de trabalhadores.

Nos últimos anos, porém, as relações profissionais vêm-se desenvolvendo de forma que evidenciam grande maturidade e responsabilidade negocias, permitindo encarar de modo diferente a intervenção do Estado. E, nesta medida, impõe-se a introdução de algumas adaptações a esse diploma.

Assim, procede-se à revogação dos preceitos relativos à possibilidade de determinação da autonomização do processo de negociação quanto a essas empresas, bem como às de capitais exclusivamente públicos, e, do mesmo passo, deixa de se exigir a autorização ou aprovação tutelar como requisito do depósito.

---

[34] *Diário da República*, de 2 de Outubro de 1992, I série A, número 228, pp. 4653--4655.

Na esteira de legislação recente, prevê-se que as convenções colectivas possam regular os processos de resolução de conflitos individuais de trabalho, à semelhança do que já acontece quanto aos conflitos colectivos. Desta parte, no que toca à arbitragem voluntária, torna-se claro – e é desejável que as partes possam aproveitar as potencialidades do regime jurídico constante da Lei n.º 31/86, de 29 de Agosto, associando, também, a promoção da conciliação e da mediação, promovendo maior celeridade e eficácia à justiça do trabalho.

Por outro lado, prevê-se expressamente que as convenções colectivas também podem ser sede própria para os acordos respeitantes ao estabelecimento e disciplina de regimes profissionais complementares de segurança social ou de regimes equivalentes e, até, a sede natural, quando enquadrados em acordos de rendimentos em que se contratualiza a poupança de uma parte desses rendimentos.

Para além disso, reforçam-se os mecanismos que permitem proceder a ajustamentos atempados às modificações que a acelerada evolução económica-social impõe, nomeadamente pela possibilidade de denúncia, em certos casos, antes de decorrido o prazo de 10 meses sobre a data de entrega para depósito da convenção colectiva ou decisão arbitral que se pretende substituir. Dentro da mesma lógica, houve que adaptar os preceitos relativos à cessão da empresa ou estabelecimento e ao depósito.

De outra parte, no intuito de tornar mais célere a emissão de portarias de extensão e, deste modo, aproximar a sua vigência do momento em que entraram em vigor as convenções colectivas ou as decisões arbitrais estendidas, prevê-se que as portarias de extensão sejam da competência singular do Ministro do Emprego e da Segurança Social, salvo nos casos em que a oposição dos interessados se fundamente em motivos de ordem económica.

Ainda nesta linha, institui-se um novo modelo para a arbitragem obrigatória, com reforço da independência em relação ao Estado e em que as partes mantêm salvaguardado o núcleo essencial da sua vontade negocial.

Considerando que não se justifica já a existência de um regime privativo para as empresas publicas, aproveita-se, ainda, esta revisão do diploma para revogar as normas que, dizendo respeito ao inter-relacionamento entre os serviços da Administração Pública, são alheias ao regime substantivo e processual dos instrumentos convencionais e administrativos reguladores das relações colectivas de trabalho.

O presente diploma materializa compromissos assumidos no acordo económico e social celebrado a 19 de Outubro de 1990 em sede do

Conselho Permanente de Concertação Social, tendo as soluções nele vertidas sido também objecto de apreciação neste órgão, o mesmo sucedendo com a respectiva autorização legislativa.

Foram ouvidas as entidades representativas dos trabalhadores, nos termos da lei, sendo, porém, que na ponderação dos respectivos contributos houve de atender à circunstância de o objecto e o sentido do presente diploma se acharem já estabelecidos na Lei n.º 11/92, de 15 de Julho, este também objecto de audição dos representantes dos trabalhadores.

Assim:

No uso da autorização concedida pela Lei n.º 11/92, de 15 de Julho, e nos termos da alínea *b)* do n.º 1 do artigo 201 da Constituição, o Governo decreta o seguinte:

Artigo 1.º Os artigos 5.º, 6.º, 9.º 16.º, 24.º, 26.º, 29.º, 31.º, 34.º, 35.º e 36.º do Decreto-Lei n.º 519-C1/79, de 29 de Dezembro, na redacção que lhe foi dada pelo Decreto-Lei n.º 87/89, de 23 de Março, passam a ter a seguinte redacção:

Art. 5.º ....
a) ....
b) ....
c) Os processos de resolução dos litígios emergentes de contratos individuais de trabalho celebrados entre entidades empregadoras e trabalhadores, instituindo mecanismos de conciliação, mediação e arbitragem.

Art. 6.º – 1 – ....
a) ....
b) ....
c) ....
d) ....
e) Estabelecer e regular benefícios complementares dos assegurados pelo sistema de segurança social, salvo se ao abrigo e nos termos da legislação relativa aos regimes profissionais complementares de segurança social ou equivalentes, bem como aqueles em que a responsabilidade pela sua atribuição tenha sido transferida para instituições seguradoras;
f) ....
2 – ....

Art. 9.º Em caso de cessão, total ou parcial, de uma empresa ou estabelecimento, a entidade empregadora cessionária ficará obrigada a observar, até ao termo do respectivo prazo de vigência, e no mínimo de 12 meses, contados da cessão, o instrumento de regulamentação colectiva que vincula a entidade empregadora cedente, salvo se tiver sido substituído por outro.

Art. 16.º – 1 – ....
2 – ....
3 – A denúncia pode ser feita a todo o tempo quando:
  a) As partes outorgantes acordem no princípio da celebração da convenção substitutiva, em caso de cessão total ou parcial, de uma empresa ou estabelecimento;
  b) As partes outorgantes acordem na negociação simultânea da redução da duração e da adaptação da organização do tempo de trabalho.
4 – (*Anterior n.º 3.*)
5 – (*Anterior n.º 4.*)
6 – (*Anterior n.º 5.*)
Art. 24.º – 1 – ....
2 – ....
3 – ....
  a) ....
  b) ....
  c) Se não tiver decorrida o prazo de 12 meses após a data da entrega para depósito da convenção ou da decisão arbitral que se visa alterar ou substituir, salvo nos casos em que o instrumento entregue para depósito corresponda a uma das hipóteses previstas no n.º 3 do artigo 16.º;
  d) ....
4 – No caso de o instrumento substituir ou alterar vários instrumentos de regulamentação colectiva, poderá ser depositado desde que, em relação a um deles, tenha decorrido o prazo de 12 meses referido na alínea *c*) do número anterior.

5 – (*Anterior n.º 6.*)
Art. 26.º – 1 – ....
2 – Os instrumentos referidos no número anterior são publicados no *Boletim do Trabalho e Emprego* nos 15 dias seguintes ao depósito.

Art. 29.º – 1 – Ouvidas as associações sindicais e as associações ou entidades patronais interessadas, pode, por portaria do Ministro do Emprego e da Segurança Social, ser determinada a extensão, total ou parcial, das convenções colectivas ou decisões arbitras a entidades patronais do mesmo sector económico e a trabalhadores da mesma profissão ou profissão análoga, desde que exerçam a sua actividade na área e no âmbito naquelas fixados e não estejam filiados nas mesmas associações.

2 – Pode, por portaria do Ministro do Emprego e da Segurança Social, e sob sua iniciativa, ser determinada a extensão de convenções colectivas a empresas e a trabalhadores do sector económico e profissional regulado que exerçam a sua actividade em área diversa daquela em que a mesma convenção se aplica, quando não existam associações sindicais ou patronais e se verifique identidade ou semelhança económica e social.

3 – A portaria referida nos números anteriores será emitida conjuntamente com o ministro responsável pelo sector de actividade em causa quando a oposição a que se refere o n.º 6 do presente artigo se fundamentar em motivos de ordem económica.

4 – ....
5 – ....
6 – ....
7 – ....
Art. 31.º – 1 – ....

2 – A conciliação será efectuada pelos serviços de conciliação do Ministério do Emprego e da Segurança Social, assessorados, sempre que necessário, pelos serviços competentes do ministério responsável pelo sector de actividade, podendo traduzir-se na formulação de propostas que visem a solução do diferendo.

3 – ....
Art. 34.º – 1 – ....
2 – ....
3 – ....
4 – ....

5 – A decisão arbitral será tomada por maioria e obedecerá ao disposto no artigo 23.º da Lei n.º 31/86, de 29 de Agosto.

6 – ....
7 – ....
8 – ....

Art. 35.º – 1 – Nos conflitos que resultem da celebração ou revisão de uma convenção colectiva de trabalho pode ser tornada obrigatória a realização de arbitragem quando, tendo-se frustrado a conciliação ou a mediação, as partes não acordem, no prazo de dois meses a contar do termo daqueles processos, em submeter o conflito a arbitragem voluntária.

2 – A arbitragem obrigatória pode, ainda, ser determinada por despacho do Ministro do Emprego e da Segurança Social, mediante requerimento de qualquer das partes ou recomendação do Conselho Económico e Social.

3 – Tratando-se de empresas públicas ou de capitais exclusivamente públicos, a arbitragem obrigatória só pode ser determinada por recomendação do Conselho Económico e Social.

4 – Nas quarenta e oito horas subsequentes à notificação do despacho que determina a realização de arbitragem obrigatória as partes nomearão o respectivo árbitro, cuja identificação será comunicada, no prazo de vinte e quatro horas, à outra parte, ao Ministério do Emprego e da Segurança Social e ao secretário-geral do Conselho Económico e Social.

5 – No prazo de setenta e duas horas a contar da comunicação refe-rida na parte final do número anterior, os árbitros de parte procederão à escolha do terceiro árbitro, cuja identificação será comunicada, nas vinte e quatro horas subsequentes, às entidades referidas na parte final do número anterior.

6 – Sempre que falte a nomeação de qualquer árbitro de parte, o secretário-geral do Conselho Económico e Social designará o árbitro ou árbitros em falta no prazo de vinte e quatro horas, podendo cada uma das partes oferecer outro, em sua substituição, nas quarenta e oito horas seguintes, procedendo os árbitros de parte à escolha do terceiro árbitro, nos termos do número anterior.

7 – Na falta de acordo quanto à nomeação do terceiro árbitro, o secretário-geral do Conselho Económico e Social designa-lo-á no prazo de vinte e quatro horas.

8 – A designação prevista nos números anteriores é feita, mediante sorteio, de entre árbitros constantes de uma lista acordada pelas partes trabalhadora e empregadora do Conselho Económico e Social e publicada no *Boletim do Trabalho e Emprego*.

9 – O secretário-geral do Conselho Económico e Social notificará os representantes da parte trabalhadora e empregadora do Conselho Económico e Social do dia e hora do sorteio, realizando-se este à hora marcada na presença de todos os representantes, ou, na falta destes, uma hora depois com os que estiverem presentes.

Art. 36.º – 1 – ....

2 – A elaboração dos estudos preparatórios da portaria cabe a

uma comissão, constituída para o efeito por despacho do Ministro do Emprego e da Segurança Social.

3 – (Anterior n.° 5.)

4 – (Anterior n.° 6.)

Art. 2.° São revogados:

a) O n.° 3 do artigo 3.° do Decreto-Lei n.° 519-C1/79, de 29 de Dezembro;
b) O Decreto-Lei n.° 380/78, de 5 de Dezembro;
c) O Decreto-Lei n.° 505/74, de 1 de Outubro;
d) A Resolução do Conselho de Ministros n.° 163/80, de 9 de Maio.

Visto e aprovado em Conselho de Ministros de 23 de Julho de 1992. – *Aníbal António Cavaco Silva* – *Álvaro José Brilhante Laborinho Lúcio* – *José Albino da Silva Peneda.*

Promulgado em 16 de Setembro de 1992.

Publique-se.

Presidente da República, MÁRIO SOARES.

Referendado em 20 de Setembro de 1992.

Primeiro-Ministro, *Aníbal António Cavaco Silva.*

(E) Declaração de rectificação n.° 23/93, de 25 de Fevereiro [35]

Para os devidos efeitos se declara que o Decreto-Lei n.° 209/92, publicado no *Diário da República*, n.° 228, de 2 de Outubro de 1992, cujo original se encontra arquivado nesta Secretaria-Geral, saiu com a seguinte inexactidão, que assim se rectifica:

No decreto-lei, na parte em que dá nova redacção ao n.° 2 do artigo 35.° do Decreto-Lei n.° 519-C1/79, onde se lê «2 – A arbitragem obrigatória pode, ainda, ser determinada por despacho do Ministro do Emprego e da Segurança Social,» deve ler-se «2 – A arbitra-

---

[35] *Diário da República*, de 27 de Fevereiro de 1993, I série, número 49, p. 862(16).

gem obrigatória pode ser determinada por despacho do Ministro do Emprego e da Segurança Social,».

Secretaria-Geral da Presidência do Conselho de Ministros, 25 de Fevereiro de 1993. – O Secretário-Geral, *França Martins*.

(F) Lei n.º 118/99, de 1 de Agosto [36]

Desenvolve e concretiza o regime geral das contra-ordenações laborais, através da tipificação e classificação das contra-ordenações correspondentes à violação dos diplomas reguladores do regime geral dos contratos de trabalho

A Assembleia da República decreta, nos termos da alínea *c)* do artigo 161.º da Constituição, para valer como lei geral da República, o seguinte:

Artigo 1.º

1 – São revogados os artigos 129.º a 131.º do regime jurídico do contrato individual de trabalho, anexo ao Decreto-Lei n.º 49 408, de 24 de Novembro de 1969, na redacção dada pelos Decretos-Leis n.os 69/85, de 18 de Março, e 396/91, de 16 de Outubro, e pela Lei n.º 21/96, de 23 de Julho.

2 – Os artigos 19.º, 39.º, 94.º, 122.º, 127.º e 128.º do regime jurídico referido no número anterior passam a ter a seguinte redacção:

«Artigo 19.º
[...]
a) ....
b) ....
c) ....
d) ....

---

[36] *Diário da República*, de 11 de Agosto de 1999, I-A série, n.º 186, pp. 5224--5231.

e) ....
f) ....
g) ....
h) Manter permanentemente actualizado o registo do pessoal em cada um dos seus estabelecimentos, com indicação dos nomes, datas de nascimento e admissão, modalidades dos contratos, categorias, promoções, remunerações, datas de início e termo das férias e faltas que impliquem perda da retribuição ou desconto nas férias.

Artigo 39.º
[...]

1 – ....
2 – ....
3 – Os regulamentos internos serão submetidos à aprovação do organismo competente da administração do trabalho, ouvida a comissão de trabalhadores, caso exista, considerando-se aprovados se não for proferida decisão final nem solicitada a prestação de informações ou a apresentação de documentos, dentro do prazo de 30 dias a contar da apresentação do requerimento ou dos elementos solicitados.
4 – ....
5 – ....

Artigo 94.º
[...]

No acto do pagamento da retribuição a entidade patronal deve entregar ao trabalhador documento onde conste a identificação daquela e o nome completo deste, o número de inscrição na instituição de segurança social respectiva, a categoria profissional, o período a que respeita a retribuição, discriminando a retribuição base e as demais remunerações, os descontos e deduções efectuados e o montante líquido a receber.

Artigo 122.º
[...]

1 – ....
a) ....
b) ....

2 – ....
3 – A entidade patronal deve comunicar à Inspecção-Geral do Trabalho, nos oito dias subsequentes, a admissão de menores efectuada nos termos do número anterior.
4 – (*Anterior n.º 3.*)

Artigo 127.º
Contra-ordenações

1 – Constitui contra-ordenação muito grave a violação do n.º 1 do artigo 37.º, do n.º 1 do artigo 122.º, do n.º 1 do artigo 123.º e da imposição a menores de trabalhos proibidos pelo regime previsto no n.º 3 do artigo 124.º

2 – Constitui contra-ordenação grave a violação do n.º 1 do artigo 16.º, das alíneas *a*) a *g*) do n.º 1 do artigo 21.º, dos n.ºs 2 a 8 do artigo 22.º, dos artigos 28.º e 30.º, da primeira parte do n.º 3 do artigo 31.º, do n.º 4 do artigo 36.º, do n.º 3 do artigo 37.º, dos n.ºs 3 e 4 do artigo 39.º, do n.º 1 e da alínea *a*) do n.º 4 do artigo 91.º, do n.º 1 do artigo 95.º, do regime de trabalhos leves previsto no n.º 2, do n.º 4 do artigo 122.º, do n.º 6 do artigo 123.º, a imposição a menores de trabalhos condicionados pelo regime previsto no n.º 3 do artigo 124.º com desrespeito das correspondentes condições, bem como a violação dos n.ºs 1, 2 e 4 deste artigo.

3 – Constitui contra-ordenação leve a violação da alínea *h*) do artigo 19.º, do n.º 3 do artigo 24.º, do artigo 35.º, do artigo 94.º, do n.º 3 do artigo 122.º e do n.º 1 do artigo 125.º

Artigo 128.º
Crime de desobediência

1 – Quando a Inspecção-Geral do Trabalho verificar a violação do disposto no n.º 1 do artigo 122.º, e no n.º 1 do artigo 123.º ou das normas relativas a trabalhos proibidos a que se refere o n.º 3 do artigo 124.º, notifica, por escrito, o infractor para fazer cessar de imediato a actividade do menor, com a cominação de que, se o não fizer, incorre no crime de desobediência qualificada.

2 – A decisão da autoridade administrativa ou judicial que aplicar coima por violação das disposições legais referidas no número anterior incluirá a cominação de que a prática de infracção a estas disposições fará incorrer o arguido no crime de desobediência qualificada.

3 – As pessoas colectivas, sociedades e meras associações de facto são responsáveis pelos crimes previstos nos números anteriores quando cometidos pelos seus órgãos ou representantes em seu nome e no interesse colectivo, podendo ser-lhes aplicada, isolada ou cumulativamente, pena de multa, de interdição temporária do exercício de actividade de dois meses a dois anos ou de privação do direito a subsídios ou subvenções, outorgados por entidades ou serviços públicos, de um a cinco anos.»

Artigo 2.º

É revogado o n.º 1 do artigo 3.º do Decreto-Lei n.º 396/91, de 16 de Outubro, relativo ao trabalho de menores.

Artigo 3.º

O artigo 8.º do Decreto-Lei n.º 5/94, de 11 de Janeiro, relativo ao dever de informação de certos aspectos do contrato de trabalho, passa a ter a seguinte redacção:

«Artigo 8.º
Contra-ordenações

Constitui contra-ordenação leve a violação dos n.ºs 1, 2 e 3 do artigo 3.º, dos n.ºs 1, 2, 4 e 5 do artigo 4.º, do artigo 5.º, do n.º 1 do artigo 6.º e do artigo 7.º»

Artigo 4.º

O artigo 7.º da Lei n.º 20/98, de 12 de Maio, relativa ao trabalho de estrangeiros em território português, passa a ter a seguinte redacção:

«Artigo 7.º
Contra-ordenações

1 – Constitui contra-ordenação grave a violação do n.º 1 do artigo 3.º e do n.º 1 do artigo 4.º

2 – Constitui contra-ordenação leve a violação do n.º 3 do artigo 3.º, da parte final do n.º 2 e do n.º 4 do artigo 4.º, dos n.ºs 1 e 2 do artigo 5.º e do artigo 6.º.

3 – No caso da violação do n.º 1 do artigo 3.º ou do n.º 1 do artigo 4.º, pode ser aplicada à entidade patronal, conjuntamente com a coima e por um período de 6 a 12 meses, a sanção acessória de privação do direito de participar em arrematações ou concursos públicos que tenham por objecto a empreitada ou a concessão de obras públicas, o fornecimento de bens e serviços, a concessão de serviços públicos e a atribuição de licenças ou alvarás, bem como do direito a subsídio ou benefício outorgado por entidades públicas.»

Artigo 5.º

O artigo 6.º do Decreto-Lei n.º 358/84, de 13 de Novembro, relativo ao regime das carteiras profissionais, passa a ter a seguinte redacção:

«Artigo 6.º
[...]

1 – ....

2 – O exercício das referidas profissões por quem não possua carteira profissional ou certificado constitui contra-ordenação grave.

3 – No caso do exercício por conta de outrem das referidas profissões, pratica contra-ordenação grave a entidade patronal que nele consentir.»

Artigo 6.º

É aditado o artigo 8.º ao Decreto-Lei n.º 404/91, de 16 de Outubro, sobre o regime do trabalho em comissão de serviço, com a seguinte redacção:

«Artigo 8.º
Contra-ordenações

1 – Constitui contra-ordenação grave:

a) A falta de redução a escrito da menção referida na alínea *b*) do n.º 1 do artigo 3.º, se o trabalhador for admitido para exercer o cargo ou função em regime de comissão de serviço, salvo se a entidade patronal reconhecer expressamente e por escrito que o cargo ou função é exercido com carácter permanente;

b) A violação das alíneas *a*) e *c*) do n.º 3 do artigo 4.º

2 – Constitui contra-ordenação leve a falta da forma escrita prevista no n.º 1 do artigo 3.º e a violação das alíneas *a*) e *c*) do mesmo número.»

Artigo 7.º

O artigo 17.º do Decreto-Lei n.º 392/79, de 20 de Setembro, sobre a igualdade de oportunidades e de tratamento no trabalho e no emprego, passa a ter a seguinte redacção:

«Artigo 17.º
Contra-ordenações

Constitui contra-ordenação muito grave o impedimento do acesso de uma mulher a qualquer emprego, profissão ou posto de trabalho, com base em disposição referida no n.º 2 do artigo 4.º, a violação do artigo 6.º, dos n.ºs 1 e 2 do artigo 7.º, do n.º 1 do artigo 9.º e dos artigos 10.º e 11.º»

Artigo 8.º

1 – São revogados os artigos 10.º e 11.º da Lei n.º 105/97, de 13 de Setembro, sobre a igualdade de tratamento no trabalho e no emprego.
2 – Os artigos 8.º e 12.º do diploma referido no número anterior passam a ter a seguinte redacção:

«Artigo 8.º
Contra-ordenações

1 – Constitui contra-ordenação grave qualquer prática discriminatória, directa ou indirecta, em função do sexo.
2 – Constitui contra-ordenação leve a violação do artigo 6.º.

Artigo 12.º
[...]

Caso estejam em causa procedimentos no âmbito da Administração Pública, é aplicável o n.º 2 do artigo 12.º do Decreto-Lei n.º 426/88, de 18 de Novembro.»

Artigo 9.º

É aditado o artigo 25.º-A à Lei n.º 4/84, de 5 de Abril, na redacção dada pelas Leis n.ºs 17/95, de 9 de Junho, 102/97, de 13 de Setembro, e

18/98, de 28 de Abril, sobre a protecção da maternidade e da paternidade, com a seguinte redacção:

«Artigo 25.º-A
Contra-ordenações

1 – Constitui contra-ordenação muito grave a violação do artigo 9.º e dos n.ºs 2, 4 e 6 do artigo 16.º, de acordo com a regulamentação prevista no n.º 7 do mesmo artigo.

2 – Constitui contra-ordenação grave a violação do artigo 10.º, do artigo 10.º-A, dos n.ºs 1, 2 e 5 do artigo 11.º, dos n.ºs 1 e 2 do artigo 12.º e dos artigos 13.º, 13.º-A, 14.º, 14.º-A, 16.º, 17.º e 18.º-A.

3 – Constitui contra-ordenação leve a violação do artigo 23.º»

Artigo 10.º

É aditado o artigo 39.º ao Decreto-Lei n.º 136/85, de 3 de Maio, na redacção dada pelo Decreto-Lei n.º 154/88, de 29 de Abril, sobre a regulamentação do regime jurídico de protecção da maternidade e da paternidade, integrado no capítulo IV, com a seguinte redacção:

«Artigo 39.º
Contra-ordenações

Constitui contra-ordenação grave a violação dos artigos 17.º e 18.º, do n.º 2 do artigo 19.º, do n.º 1 do artigo 22.º, do artigo 24.º e da portaria prevista no artigo 27.º»

Artigo 11.º

1 – São revogados os artigos 49.º a 52.º do Decreto-Lei n.º 409/71, de 27 de Setembro, na redacção dada pelos Decretos-Leis n.ºs 421/83, de 2 de Dezembro, 65/87, de 6 de Fevereiro, e 398/91, de 16 de Outubro, e pela Lei n.º 21/96, de 23 de Julho, sobre a duração do trabalho e a organização do tempo de trabalho.

2 – No diploma referido no número anterior, a epígrafe do capítulo X é alterada para «Sanções» e o artigo 48.º passa a ter a seguinte redacção:

«Artigo 48.º
Contra-ordenações

1 – Constitui contra-ordenação grave a violação dos n.ºs 1, 2, 4 e 5 do artigo 5.º, do n.º 1 do artigo 10.º ou do intervalo de descanso

reduzido nos termos do n.º 3 do mesmo artigo, da alínea *b*) do n.º 3 do artigo 12.º, do n.º 2 do artigo 14.º, do n.º 1 do artigo 23.º, dos n.ºˢ 4 e 5 do artigo 27.º, dos artigos 30.º e 33.º, dos n.ºˢ 1 e 2 do artigo 34.º e do artigo 37.º

2 – Constitui ainda contra-ordenação grave a elaboração de horários de trabalho com violação dos n.ºˢ 2, 3 e 4 do artigo 26.º ou dos n.ºˢ 1 e 3 do artigo 35.º

3 – Constitui contra-ordenação leve a falta de publicidade dos horários de trabalho a que se refere o n.º 2 do artigo 44.º, a sua violação, o não preenchimento tempestivo dos livretes individuais de controlo dos horários móveis ou o seu preenchimento com fraude ou rasura não ressalvada, relativamente a trabalhadores afectos à circulação de veículos automóveis não abrangidos por regulamentação específica em matéria de duração do trabalho.

4 – Será igualmente punido por contra-ordenação leve o trabalhador responsável pelo não preenchimento tempestivo do livrete individual de controlo do horário móvel, ou pelo seu preenchimento com fraude ou rasura não ressalvada.

5 – Constitui contra-ordenação leve a violação das alíneas *c*) e *d*) do n.º 3 do artigo 12.º, do n.º 2 do artigo 28.º, do n.º 1 do artigo 44.º, do artigo 45.º e do n.º 1 do artigo 46.º e a falta de registo dos mapas de horário de trabalho ou das suas alterações, nos termos definidos com base no n.º 2 do artigo 46.º

6 – As coimas aplicáveis ao trabalhador, nos termos do n.º 4, são as correspondentes às infracções aos regimes jurídicos do serviço doméstico e do contrato individual de trabalho a bordo das embarcações de pesca.»

Artigo 12.º

Constitui contra-ordenação grave a violação dos n.ºˢ 1, 3 e 4 do artigo 1.º, do artigo 3.º e do n.º 2 do artigo 4.º da Lei n.º 21/96, de 23 de Julho, sobre a redução dos períodos normais de trabalho superiores a quarenta horas por semana.

Artigo 13.º

O artigo 14.º da Lei n.º 73/98, de 10 de Novembro, relativa a determinados aspectos da organização do tempo de trabalho, passa a ter a seguinte redacção:

«Artigo 14.º
[...]

1 – Constitui contra-ordenação grave a violação do n.º 1 do artigo 3.º, do artigo 5.º, do n.º 1 do artigo 6.º, dos n.ºs 1 e 3 do artigo 7.º, do artigo 8.º e da portaria referida no artigo 9.º.

2 – A violação do disposto no n.º 2 do artigo 10.º em relação a trabalhadores nocturnos e por turnos constitui contra-ordenação idêntica à que corresponda à falta dos mesmos meios de protecção e prevenção relativamente aos restantes trabalhadores.»

Artigo 14.º

Os artigos 10.º e 11.º do Decreto-Lei n.º 421/83, de 2 de Dezembro, na redacção dada pelo Decreto-Lei n.º 398/91, de 16 de Outubro, relativo ao regime do trabalho suplementar, passam a ter a seguinte redacção:

«Artigo 10.º
[...]

1 – ....
2 – ....
3 – ....

4 – O registo referido nos números anteriores deve ser preenchido sem rasuras, ou com ressalva adequada das que forem feitas.

5 – (*Anterior n.º 4.*)

6 – (*Anterior n.º 5.*)

Artigo 11.º
Contra-ordenações

1 – Constitui contra-ordenação muito grave a conduta do empregador que exerça coacção no sentido de forçar à prestação de trabalho suplementar o trabalhador dispensado de o efectuar, nos termos do n.º 2 do artigo 3.º, bem como a violação do artigo 4.º, do n.º 1 do artigo 5.º, dos n.ºs 1 e 2 do artigo 7.º e dos artigos 9.º e 10.º

2 – No caso de violação dos n.ºs 1 e 2 do artigo 7.º, a decisão que aplicar a coima deve conter a ordem de pagamento do quantitativo da remuneração em dívida a efectuar no prazo estabelecido para pagamento da coima.

3 – A violação do artigo 10.º confere ao trabalhador o direito à remuneração correspondente ao valor de duas horas de trabalho

suplementar, aplicando-se o disposto no número anterior quanto à ordem de pagamento.

4 – Em caso do não pagamento da remuneração em dívida, a decisão referida no n.º 2 pode servir de base à execução efectuada nos termos do artigo 89.º do Decreto-Lei n.º 433/82, de 27 de Outubro, na redacção do Decreto-Lei n.º 244/95, de 14 de Setembro, aplicando-se as normas do processo comum de execução para pagamento de quantia certa.»

Artigo 15.º

O artigo 10.º do Decreto-Lei n.º 69-A/87, de 9 de Fevereiro, na redacção dada pelos Decretos-Leis n.ºs 411/87, de 31 de Dezembro, 494/88, de 30 de Dezembro, 41/90, de 7 de Fevereiro, 14-B/91, de 9 de Janeiro, e 35/98, de 18 de Fevereiro, e pela Lei n.º 45/98, de 6 de Agosto, sobre a remuneração mínima mensal garantida, passa a ter a seguinte redacção:

«Artigo 10.º
Contra-ordenações

1 – Constitui contra-ordenação muito grave a violação dos n.ºs 1 a 4 do artigo 1.º, do artigo 3.º e do n.º 1 do artigo 4.º.

2 – Constitui contra-ordenação grave a violação do n.º 5 do artigo 4.º.

3 – A decisão que aplicar a coima deve conter a ordem de pagamento do quantitativo da remuneração em dívida ao trabalhador, a efectuar dentro do prazo estabelecido para pagamento da coima.

4 – Em caso de não pagamento da remuneração em dívida, a decisão referida no n.º 3 pode servir de base à execução efectuada nos termos do artigo 89.º do Decreto-Lei n.º 433/82, de 27 de Outubro, na redacção do Decreto-Lei n.º 244/95, de 14 de Setembro, aplicando-se as normas do processo comum de execução para pagamento de quantia certa.»

Artigo 16.º

É aditado o artigo 4.º ao Decreto-Lei n.º 88/96, de 3 de Julho, sobre o subsídio de Natal, com a seguinte redacção:

«Artigo 4.°
Contra-ordenação

Constitui contra-ordenação grave a violação do artigo 2.°, quando a falta de pagamento do subsídio de Natal se prolongue por mais de 30 dias.»

Artigo 17.°

O artigo 29.° da Lei n.° 17/86, de 14 de Junho, na redacção dada pelos Decretos-Leis n.ºs 221/89, de 5 de Julho, e 402/91, de 16 de Outubro, relativa aos efeitos especiais do não pagamento pontual da retribuição, passa a ter a seguinte redacção:

«Artigo 29.°
Contra-ordenações

1 – Constitui contra-ordenação grave a falta de pagamento pontual da retribuição que se prolongue pelo prazo referido no n.° 1 do artigo 3.°.

2 – Constitui contra-ordenação leve a violação do n.° 3 do artigo 3.°.

3 – No caso de contra-ordenação por violação do n.° 1 do artigo 3.°, a decisão que aplicar a coima deve conter a ordem de pagamento do quantitativo da retribuição em dívida ao trabalhador, a efectuar dentro do prazo estabelecido para pagamento da coima.

4 – Em caso de não pagamento da retribuição em dívida, a decisão referida no n.° 3 pode servir de base à execução efectuada nos termos do artigo 89.° do Decreto-Lei n.° 433/82, de 27 de Outubro, na redacção dada pelo Decreto-Lei n.° 244/95, de 14 de Setembro, aplicando-se as normas do processo comum de execução para pagamento de quantia certa.»

Artigo 18.°

Os artigos 8.° e 15.° do Decreto-Lei n.° 874/76, de 28 de Dezembro, na redacção dada pelo Decreto-Lei n.° 397/91, de 16 de Outubro, sobre o regime das férias, feriados e faltas, passam a ter a seguinte redacção:

«Artigo 8.°
[...]

1 – ....

2 – ....
3 – ....
4 – ....
5 – ....
6 – ....

7 – O mapa de férias, com indicação do início e termo dos períodos de férias de cada trabalhador, deve ser elaborado até 15 de Abril de cada ano e afixado nos locais de trabalho entre esta data e 31 de Outubro.

Artigo 15.º
Contra-ordenações

1 – Constitui contra-ordenação grave a violação dos n.os 1 e 4 do artigo 2.º, do n.º 3 do artigo 3.º, dos n.os 1 e 4 do artigo 4.º, do n.º 1 do artigo 5.º, do n.º 2 do artigo 6.º, dos n.os 3 e 4 do artigo 9.º, dos n.os 1 e 2 do artigo 10.º, dos n.os 1 e 2 do artigo 11.º, do n.º 1 do artigo 12.º e do artigo 13.º

2 – Em caso de violação dos n.os 1 e 4 do artigo 2.º, do n.º 3 do artigo 3.º, dos n.os 1 e 4 do artigo 4.º, do n.º 1 do artigo 5.º, dos n.os 3 e 4 do artigo 9.º, do n.º 2 do artigo 11.º e do n.º 1 do artigo 12.º, se o arguido tiver cumprido o disposto no artigo 13.º e proceder ao pagamento voluntário da coima, esta será liquidada pelo valor correspondente à contra-ordenação leve.

3 – Constitui contra-ordenação leve a violação dos n.os 1 e 3 do artigo 7.º, do artigo 8.º, dos n.os 1 e 2 do artigo 9.º, do n.º 3 do artigo 11.º, do n.º 2 do artigo 12.º e dos n.os 2 e 3 do artigo 16.º»

Artigo 19.º

É aditado o artigo 12.º-A à Lei n.º 116/97, de 4 de Novembro, relativo ao estatuto do trabalhador-estudante, com a seguinte redacção:

«Artigo 12.º-A
Contra-ordenações

1 – Constitui contra-ordenação grave a violação dos n.os 2, 5, 6 e 7 do artigo 3.º, do artigo 4.º e dos n.os 1 e 2 do artigo 5.º.

2 – Constitui contra-ordenação leve a violação do artigo 6.º e do n.º 2 do artigo 7.º»

Artigo 20.º

O artigo 21.º do Decreto-Lei n.º 398/83, de 2 de Novembro, na redacção dada pelos Decretos-Leis n.ºs 64-B/89, de 27 de Fevereiro, e 210/92, de 2 de Outubro, relativo ao regime jurídico da suspensão do contrato de trabalho e da redução temporária dos períodos normais de trabalho, passa a ter a seguinte redacção:

«Artigo 21.º
Contra-ordenações

Constitui contra-ordenação grave a violação do artigo 9.º, quando a falta de pagamento do subsídio de Natal se prolongue por mais de 30 dias, das alíneas *a*), *c*) e *d*) do n.º 1 e do n.º 2 do artigo 10.º, bem como a redução dos períodos normais de trabalho ou a suspensão dos contratos de trabalho com violação de regras de procedimento referidas nos artigos 14.º e 15.º»

Artigo 21.º

Os artigos 4.º e 14.º do Decreto-Lei n.º 261/91, de 25 de Julho, relativo ao regime jurídico da pré-reforma, passam a ter a seguinte redacção:

«Artigo 4.º
[...]

1 – ....
2 – ....
    a) ....
    b) ....
    c) ....
3 – ....
4 – Para efeitos da dedução prevista no n.º 2 do artigo 12.º, o trabalhador deve comunicar ao centro de emprego que o abranja o início de qualquer actividade profissional remunerada.

Artigo 14.º
Contra-ordenações

1 – ....
2 – Comete contra-ordenação leve o trabalhador que não informe o centro de emprego da área do seu domicílio, no prazo de 15 dias, de que iniciou outra actividade profissional, sendo a aplicação da coima da competência do director do referido centro.

3 – ....
4 – ....
5 – ....

Artigo 22.º

O artigo 60.º do regime jurídico da cessação do contrato individual de trabalho e da celebração e caducidade do contrato de trabalho a termo, aprovado pelo Decreto-Lei n.º 64-A/89, de 27 de Fevereiro, na redacção dada pela Lei n.º 32/99, de 18 de Maio, passa a ter a seguinte redacção:

«Artigo 60.º
Contra-ordenações
1 – Constitui contra-ordenação grave:

a) A violação do n.º 2 do artigo 6.º, do artigo 11.º, da alínea *b)* do n.º 1 do artigo 13.º, dos n.ºs 1, 3 e 4 do artigo 23.º, dos n.ºs 3 e 4 do artigo 46.º, do n.º 4 do artigo 50.º, da alínea *b)* do n.º 2 do artigo 52.º e do n.º 1 do artigo 54.º;

b) O despedimento do trabalhador com fundamento em justa causa com violação de uma ou mais normas dos n.ºs 1 a 10 do artigo 10.º ou do artigo 15.º;

c) O despedimento colectivo com violação de uma ou mais normas dos n.ºs 1, 2 e 4 do artigo 17.º, dos n.ºs 1 e 3 do artigo 18.º e do n.º 1 do artigo 20.º;

d) O despedimento com fundamento na extinção do posto de trabalho com violação de uma ou mais normas dos n.ºs 2 e 4 do artigo 27.º, do artigo 28.º e do n.º 1 do artigo 30.º;

e) A violação do n.º 1 do artigo 41.º conjugado com o n.º 1 do artigo 3.º da Lei n.º 38/96, de 31 de Agosto, salvo se a entidade patronal reconhecer expressamente e por escrito a existência de contrato de trabalho sem termo.

2 – Excluem-se do disposto nas alíneas *b)*, *c)* e *d)* do número anterior os casos em que, existindo fundamento para a ilicitude do despedimento, a entidade patronal assegure ao trabalhador os direitos previstos no artigo 13.º

3 – Constitui contra-ordenação leve a violação dos n.ºs 1 e 2 do artigo 8.º, do n.º 3 do artigo 17.º, dos n.ºs 2, 3 e 4 do artigo 20.º, dos n.ºs 1 e 2 do artigo 22.º, incluindo quando são aplicáveis em caso de despedimento por extinção do posto de trabalho ou inadaptação do trabalhador, do n.º 2 do artigo 30.º, do n.º 1 do artigo 53.º e do

artigo 57.º, bem como o impedimento à participação dos serviços competentes do Ministério do Trabalho e da Solidariedade no processo de negociação, referido no n.º 1 do artigo 19.º»

Artigo 23.º

O artigo 12.º do Decreto-Lei n.º 400/91, de 16 de Outubro, relativo ao regime jurídico do despedimento por inadaptação do trabalhador, passa a ter a seguinte redacção:

«Artigo 12.º
Contra-ordenações

1 – Constitui contra-ordenação grave:

a) A violação do n.º 4 do artigo 3.º e dos artigos 4.º, 10.º e 11.º;

b) A falta de fundamentação da comunicação de despedimento, nos termos do artigo 6.º;

c) A falta de pagamento da compensação por despedimento.

2 – Excluem-se do disposto no número anterior os casos em que, existindo fundamento para a ilicitude do despedimento, a entidade patronal assegure ao trabalhador os direitos previstos na disposição legal referida no n.º 5 do artigo 8.º.

3 – Constitui contra-ordenação leve a falta de comunicação do despedimento às outras entidades referidas no n.º 2 do artigo 6.º e a violação do direito ao crédito de horas previsto no artigo 7.º

4 – No caso de violação do disposto no artigo 10.º, o não cumprimento da obrigação no prazo fixado pela autoridade administrativa constitui uma nova infracção punida com o dobro da coima prevista na alínea *a)* do n.º 1 do presente artigo.»

Artigo 24.º

É aditado o artigo 24.º-A ao Decreto-Lei n.º 441/91, de 14 de Novembro, sobre os princípios de promoção da segurança, higiene e saúde no trabalho, com a seguinte redacção:

«Artigo 24.º-A
Contra-ordenações

A violação dos n.ºs 2 e 4 do artigo 8.º, do n.º 1 e das alíneas *c)*, *d)* e *e)* do n.º 3 do artigo 9.º, do artigo 14.º e do n.º 2 do artigo 15.º constitui contra-ordenação grave sujeita também à sanção acessória de publicidade nos termos da lei do regime geral das contra-ordenações laborais.»

Artigo 25.º

O artigo 28.º do Decreto-Lei n.º 26/94, de 1 de Fevereiro, na redacção dada pela Lei n.º 7/95, de 29 de Março, sobre o regime de organização e funcionamento dos serviços de segurança, higiene e saúde no trabalho, passa a ter a seguinte redacção:

«Artigo 28.º
Contra-ordenações

1 – Constitui contra-ordenação muito grave a violação do n.º 1 do artigo 10.º

2 – Constitui contra-ordenação grave a violação dos n.ºs 2 e 3 do artigo 3.º, do n.º 5 do artigo 4.º, do n.º 2 do artigo 6.º, do n.º 2 do artigo 8.º, dos n.ºs 2 e 4 do artigo 10.º, dos artigos 11.º, 13.º e 14.º, dos n.ºs 2 a 4 do artigo 15.º, do artigo 16.º, do n.º 1 do artigo 17.º, do n.º 1 e da primeira parte do n.º 2 do artigo 18.º e dos artigos 21.º e 22.º

3 – Constitui contra-ordenação leve a violação dos n.ºs 4 e 5 do artigo 6.º, do n.º 3 do artigo 8.º, do n.º 3 do artigo 17.º, do n.º 1 do artigo 24.º e do n.º 2 do artigo 25.º

4 – As contra-ordenações previstas nos n.ºs 1 e 2 estão sujeitas também à sanção acessória de publicidade nos termos da lei do regime geral das contra-ordenações laborais.»

Artigo 26.º

A falta de seguro de responsabilidade civil por acidente de trabalho constitui contra-ordenação muito grave sujeita também à sanção acessória de publicidade nos termos da lei do regime geral das contra-ordenações laborais.

Artigo 27.º

1 – É revogado o artigo 41.º do Decreto-Lei n.º 215-B/75, de 30 de Abril, relativo ao regime jurídico das associações sindicais.

2 – Os artigos 38.º, 39.º e 40.º do diploma referido no número anterior passam a ter a seguinte redacção:

«Artigo 38.º
Sanções

1 – As entidades ou organizações que violem o disposto no artigo anterior e nos n.ᵒˢ 1 e 2 do artigo 6.º serão punidas com pena de multa de 100 000$00 a 1 000 000$00.

2 – ....

3 – ....

4 – Sem prejuízo das sanções criminais previstas nos n.ᵒˢ 1, 2 e 3, constitui contra-ordenação muito grave a violação do n.º 1 do artigo 6.º e do artigo 37.º.

5 – Constitui contra-ordenação grave a violação do n.º 2 do artigo 22.º, dos artigos 23.º e 26.º, do n.º 1 do artigo 27.º, do n.º 2 do artigo 28.º, dos artigos 30.º e 31.º, dos n.ᵒˢ 1 e 2 do artigo 32.º e dos artigos 33.º e 34.º.

Artigo 39.º
Sanções à entidade empregadora por outras infracções

1 – A entidade empregadora que deixar de cumprir qualquer das obrigações que pelo presente diploma lhe são impostas ou que impedir ou dificultar o legítimo exercício da actividade sindical na respectiva empresa será punida com pena de multa de 50 000$00 a 500 000$00.

2 – Sem prejuízo da sanção criminal prevista no n.º 1, as infracções nele descritas constituem contra-ordenação muito grave.

Artigo 40.º
Sanções por infracções não especialmente previstas

As infracções a este diploma não especialmente previstas serão punidas com pena de multa de 50 000$00 a 500 000$00 e constituem contra-ordenação muito grave.»

Artigo 28.º

O artigo 5.º da Lei n.º 57/77, de 5 de Agosto, relativa aos sistemas de cobrança de quotização sindical, passa a ter a seguinte redacção:

«Artigo 5.º
Contra-ordenação

Constitui contra-ordenação grave a falta de cobrança da quotização sindical através de dedução na retribuição, regulada por acordo nos termos do artigo 1.º, relativamente a trabalhador que a haja autorizado.»

Artigo 29.º

O artigo 36.º da Lei n.º 46/79, de 12 de Setembro, relativa ao regime das comissões de trabalhadores, passa a ter a seguinte redacção:

«Artigo 36.º
Contra-ordenações

1 – Constitui contra-ordenação muito grave a violação dos n.ºs 1 e 2 do artigo 4.º e do n.º 1 do artigo 5.º.

2 – Constitui contra-ordenação grave a violação do n.º 3 do artigo 4.º, do artigo 16.º, do n.º 2 do artigo 18.º, do artigo 19.º, dos n.ºs 1, 2, 3 e 6 do artigo 20.º, dos n.ºs 1 e 2 do artigo 21.º, do artigo 22.º, do n.º 1 do artigo 23.º, do n.º 1 do artigo 24.º, do n.º 2 do artigo 25.º e dos artigos 28.º, 29.º e 33.º.

3 – Constitui contra-ordenação leve o impedimento à afixação do resultado da eleição, nos termos do n.º 1 do artigo 7.º»

Artigo 30.º

O artigo 44.º do Decreto-Lei n.º 519-C1/79, de 29 de Dezembro, na redacção dada pelos Decretos-Leis n.ºs 87/89, de 23 de Março, e 209/92, de 2 de Outubro, relativo ao regime das relações colectivas de trabalho, passa a ter a seguinte redacção:

«Artigo 44.º
Contra-ordenações

1 – A violação das normas dos instrumentos de regulamentação colectiva de trabalho respeitante a uma generalidade de trabalhadores constitui contra-ordenação grave.

2 – A violação das normas dos instrumentos de regulamentação colectiva de trabalho constitui contra-ordenação leve por cada trabalhador em relação ao qual se verificar a infracção.

3 – O disposto no n.º 1 não se aplica se, com base no n.º 2, forem aplicáveis à entidade patronal coimas em que o somatório dos valores mínimos seja igual ou superior ao quantitativo mínimo da coima aplicável de acordo com o n.º 1.

4 – Comete contra-ordenação grave a associação sindical, a associação patronal ou a entidade patronal que não se fizer representar em reunião convocada nos termos do n.º 1 do artigo 22.º ou do n.º 2 do artigo 31.º.

5 – A decisão que aplicar a coima referida no n.º 2 deve conter, sendo caso disso, a ordem de pagamento de quantitativos em dívida ao trabalhador, a efectuar dentro do prazo estabelecido para pagamento da coima.

6 – Em caso de não pagamento dos quantitativos em dívida, a decisão referida no n.º 5 pode servir de base à execução efectuada nos termos do artigo 89.º do Decreto-Lei n.º 433/82, de 27 de Outubro, na redacção dada pelo Decreto-Lei n.º 244/95, de 14 de Setembro, aplicando-se as normas do processo comum de execução para pagamento de quantia certa.»

Artigo 31.º

O artigo 15.º da Lei n.º 65/77, de 26 de Agosto, na redacção dada pela Lei n.º 30/92, de 20 de Outubro, relativa ao regime jurídico da greve, passa a ter a seguinte redacção:

«Artigo 15.º
[...]

1 – A violação do disposto nos artigos 6.º e 10.º é punida com pena de multa de 100 000$00 a 1 000 000$00.

2 – A violação do disposto no artigo 14.º é punida com pena de prisão até 2 anos e com pena de multa de 100 000$00 a 1 000 000$00.

3 – Sem prejuízo das sanções criminais previstas nos n.ºs 1 e 2, constitui contra-ordenação muito grave todo o acto da entidade empregadora que implique coacção sobre o trabalhador no sentido de não aderir à greve ou que o prejudique ou discrimine por motivo de aderir ou não à greve, bem como a violação do disposto nos artigos 6.º e 14.º».

Artigo 32.º

O artigo 6.º da Lei n.º 141/85, de 14 de Novembro, na redacção dada pelo Decreto-Lei n.º 9/92, de 22 de Janeiro, relativo ao regime do balanço social, passa a ter a seguinte redacção:

«Artigo 6.º
Contra-ordenações

1 – Constitui contra-ordenação leve a violação dos artigos 1.º, 2.º e 3.º, dos n.ᵒˢ 1 e 2 do artigo 4.º e do artigo 5.º.

2 – O disposto no número anterior não isenta a entidade patronal do cumprimento, no mesmo ano, das disposições desrespeitadas.

3 – O Instituto de Desenvolvimento e Inspecção das Condições de Trabalho pode, em qualquer caso, notificar a empresa para que proceda ao cumprimento das obrigações em falta, no prazo de 30 dias.

4 – O incumprimento da notificação prevista no número anterior constitui contra-ordenação grave.»

Artigo 33.º

O artigo 8.º do Decreto-Lei n.º 332/93, de 25 de Setembro, sobre o regime dos quadros de pessoal, passa a ter a seguinte redacção:

«Artigo 8.º
[...]

1 – Constitui contra-ordenação leve:

a) ....
b) ....
c) ....
d) ....
e) ....
f) ....
g) A falta de conservação dos mapas de quadro de pessoal durante cinco anos.

2 – (*Anterior n.º 3.*)

3 – O Instituto de Desenvolvimento e Inspecção das Condições de Trabalho pode, em qualquer caso, notificar a entidade patronal infractora para que proceda ao preenchimento, à afixação ou ao envio do mapa do quadro de pessoal, no prazo de 30 dias.

4 – Constitui contra-ordenação grave o incumprimento da notificação prevista no número anterior.»

Artigo 34.º
Entrada em vigor

A presente lei entra em vigor no 1.º dia do 4.º mês posterior à sua publicação.

Aprovada em 17 de Junho de 1999.

O Presidente da Assembleia da República, *António de Almeida Santos.*

Promulgada em 28 de Julho de 1999.

Publique-se.

O Presidente da República, JORGE SAMPAIO.

Referendada em 28 de Julho de 1999.

O Primeiro-Ministro, *António Manuel de Oliveira Guterres.*

XXI. Resolução n.º 163/80, 9 de Maio de 1980 [37]

Determina que os conselhos de gerência das empresas públicas remetam aos Ministérios ou departamentos da tutela, das Finanças e do Plano e do Trabalho cópias das propostas de celebração ou revisão de convenções colectivas de que sejam destinatários

As empresas públicas estão sujeitas ao regime tutelar consagrado no Decreto-Lei n.º 260/76, de 8 de Abril, com as alterações introduzidas pelo Decreto-Lei n.º 25/79, de 19 de Fevereiro.

O regime jurídico das relações colectivas de trabalho contido no Decreto-Lei n.º 519-C1/79, de 29 de Dezembro, postula, por seu turno, a adopção de mecanismos expeditos e eficazes de adequação do regime tutelar destas empresas à sua intervenção nos processos de regulamentação colectiva de trabalho.

Por outro lado, a inserção das empresas públicas no âmbito de interferência de vários Ministérios ou departamentos governamentais justifica que representantes destes devam acompanhar, em simultâneo, os respectivos processos de regulamentação colectiva de trabalho.

---
[37] *Diário da República*, de 9 de Maio de 1980, I série, número 107, pp. 926-927.

Acresce ainda que, sendo vocação específica do Ministério do Trabalho o acompanhamento e tentativa de superação dos problemas sócio-laborais, é manifesta a vantagem da sua participação efectiva em todos os momentos do processo negocial de regulamentação colectiva de trabalho respeitante às empresas públicas.

Nestes termos, considera-se justificada – se não mesmo indispensável – a definição de trâmites e esquemas que, exprimindo a particular valoração da sensibilidade e papel reconhecidos ao Ministério do Trabalho, assegurem não só uma eficaz articulação e coordenação das perspectivas específicas dos Ministérios ou departamentos da tutela, das Finanças e do Plano e do Trabalho, como ainda a necessária agulhagem da diversa documentação e directivas tutelares com este último Ministério, permitindo-lhe uma actuação tempestiva e eficaz sempre que o desenvolvimento dos respectivos processos o justifique.

Tendo-se ainda por oportuno rever o teor da Resolução do Conselho de Ministros n.º 374/79, de 31 de Dezembro, a fim de viabilizar e adequar à realidade a criação e funcionamento de comissões permanentes para os assuntos laborais junto dos departamentos governamentais responsáveis por sectores de actividade abrangidos por instrumentos de regulamentação colectiva de trabalho, julga-se poder ser esta a sede e altura apropriadas para reformulação das directivas constantes da referida resolução.

Assim:

O Conselho de Ministros, reunido em 15 de Abril de 1980, resolveu aprovar as seguintes medidas:

1 – Os conselhos de gerência das empresas públicas remeterão aos Ministérios ou departamentos da tutela, das Finanças e do Plano e do Trabalho, imediatamente após a sua recepção, cópias das propostas de celebração ou revisão de convenções colectivas de que sejam destinatários, acompanhadas da respectiva fundamentação.

2 – Os conselhos de gerência das empresas públicas deverão ainda apresentar ao Ministro ou membro do Governo responsável pela tutela, no prazo de quinze dias a contar da data da recepção de qualquer proposta de celebração ou revisão de convenção colectiva, os elementos necessários para a definição dos parâmetros a que deve obedecer a negociação colectiva por parte de respectiva empresa pública.

3 – Os parâmetros a que se refere o número anterior serão definidos pelo Ministério ou departamento da tutela, em coordenação com os Ministérios das Finanças e do Plano e do Trabalho, devendo ser rigorosamente respeitados na negociação, por referência a todos os aumentos de encargos, e não apenas aos aumentos das tabelas salariais.

4 – Após a celebração e previamente à entrega do texto da convenção colectiva no Ministério do Trabalho, para depósito e publicação, deverão os conselhos de gerência proceder à remessa desse texto ao Ministério ou departamento da tutela, no prazo de dez dias, para efeito da necessária aprovação tutelar, acompanhado de um relatório circunstanciado de que constem:

a) Descrição sucinta do processo negocial, com eventual especificação dos aspectos cujo conhecimento seja útil ou indispensável à apreciação final do resultado das negociações;

b) Estimativa dos encargos globais resultantes da aplicação da convenção colectiva de trabalho celebrada, o seu acréscimo absoluto e percentual relativamente à convenção colectiva anterior e às condições de trabalho efectivamente praticadas e o respectivo enquadramento no orçamento de exploração da empresa, com indicação, designadamente, das contrapartidas – quantificadas sempre que possível – ou formas de financiamento do volume total de encargos assumidos;

c) Demonstração de que o resultado da negociação se comporta nos parâmetros definidos e de que os encargos assumidos se enquadram nos objectivos económico-financeiros de médio prazo da empresa.

5 – O Ministério ou departamento da tutela articulará com os demais Ministérios competentes no sentido da obtenção da necessária aprovação tutelar, a qual deverá acompanhar a convenção colectiva no momento da entrega desta no Ministério do Trabalho, para efeitos de depósito.

6 – Sempre que, posteriormente à aprovação tutelar, venham a revelar-se por deficiência de informação ou cálculo, agravamentos de custos nas empresas públicas superiores aos apresentados pelo conselho de gerência, os Ministros da tutela e das Finanças e do Plano, por despacho conjunto, poderão determinar que tal acréscimo de encargos, na parte excedente, não seja considerado custo para efeito da remuneração do capital estatutário da empresa.

7 – É vedado aos conselhos de gerência proceder a aumentos genéricos de remunerações nas empresas públicas abrangidas por instrumento de regulamentação colectiva, salvo através de novo instrumento.

8 – Nos casos em que se achem pendentes processos de negociação colectiva envolvendo empresas públicas, o prazo fixado no n.º 2 contar-se-á a partir da data da publicação da presente resolução.

9 – O Ministério do Trabalho acompanhará desde o início os processos de contratação colectiva das empresas públicas, podendo, para o efeito, designar um representante seu nas reuniões realizadas na fase de negociações directas e desenvolver todas as diligências ou contactos

necessários, quer com os departamentos governamentais, quer com quaisquer outras entidades interessadas.

10 – Sempre que tal se justifique, o Ministério do Trabalho deverá, no âmbito dos processos de contratação colectiva com empresas públicas, desenvolver actuações junto das partes ou entidades intervenientes e interessadas, e particularmente dos conselhos de gerência, no sentido da sua sensibilização para a especificidade da problemática laboral, para a perspectiva social dos conflitos e para os termos adequados do respectivo tratamento e superação.

11 – Nos Ministérios com responsabilidade por sectores de actividade em que vigorem instrumentos de regulamentação colectiva de trabalho deverão ser definidas, no prazo de trinta dias, as formas mais adequadas para assegurar a prestação de apoio técnico, informativo e consultivo específico sobre a caracterização sócio-económica dos referidos sectores, no âmbito das respectivas relações colectivas de trabalho, bem como para garantir, nesse domínio, a articulação com o Ministério do Trabalho.

12 – O referido apoio técnico, informativo e consultivo consistirá, entre outras, nas seguintes acções:

a) Coligir e analisar toda a informação sobre a situação económico-financeira dos respectivos sectores de actividade, com vista à definição dos parâmetros a que devem obedecer as decisões de política laboral a eles respeitantes;

b) Elaborar pareceres sobre a política económica do sector, pressuposta, inerente ou decorrente da política laboral geral ou sectorial;

c) Acompanhar, quando necessário, o procedimento conciliatório dos conflitos colectivos de trabalho emergentes no sector, designadamente no âmbito dos processos de contratação colectiva;

d) Participar nas comissões técnicas encarregadas de proceder aos estudos preparatórios de portarias de regulamentação do trabalho para o sector;

e) Emitir parecer, numa perspectiva económico-laboral, sobre a viabilidade de portarias de extensão, após publicação do respectivo aviso, e enviá-lo, em tempo oportuno, ao Ministério do Trabalho;

f) Dar parecer sobre os pedidos de declaração em situação económica difícil apresentados por empresas do sector;

g) Assegurar as diligências necessárias à aprovação tutelar conjunta das convenções colectivas, decisões arbitrais, acordos de adesão e regulamentos internos, que dela careçam.

13 – São revogadas as Resoluções n.os 354-A/79 e 374/79, de 18 e 31 de Dezembro, respectivamente Presidência do Conselho de Ministros, 15 de Abril de 1980. – O Primeiro-Ministro, *Francisco Sá Carneiro*.

XXII. Despacho do Secretário de Estado, de 16 de Julho de 1986 [38]

Caracterização do âmbito patronal e profissional dos instrumentos de regulamentação colectiva de trabalho

O artigo 51.º da lei sindical (Decreto-Lei n.º 215-B/75, de 30 de Abril) determina que «número de trabalhadores de qualquer categoria profissional ou ramo de actividade será o constante das estatísticas do Ministério do Trabalho [...]».
Por seu turno, o artigo 12.º, n.º 2, do Decreto-Lei n.º 215-C/75, de 30 de Abril, obriga as associações patronais a enviar ao Ministério do Trabalho, anualmente, indicação do número de associados e do número de trabalhadores ao seu serviço na actividade representada.
O regime legal de quadros de pessoal (Decreto-Lei n.º 380/80, de 17 de Setembro) obriga ainda as empresas a remeter anualmente ao Departamento de Estatística do Ministério do Trabalho e da Solidariedade Social o seu quadro de pessoal, discriminado por estabelecimentos e, dentro destes, por instrumentos de regulamentação colectiva de trabalho.
Em troca destas obrigações de natureza estatística os obrigados têm o direito de acesso a determinadas informações decorrentes do respectivo tratamento (artigo 7.º, n.º 4, do Decreto-Lei n.º 380/80 e artigo 20.º do Decreto-Lei n.º 519-C/79).
O aperfeiçoamento do tratamento estatístico e o rigor e fidelidade dos dados assim obtidos dependem do cumprimento exacto das obrigações acima assumidas e ainda de outras também legalmente exigíveis, como a estabelecida no n.º 1 do artigo 18.º do citado Decreto-lei n.º 519-C/79.
Por outro lado, sendo os instrumentos de regulamentação colectiva de trabalho um importante factor de progresso social, com relevante impacte na política económica e no planeamento, os mesmos instrumentos são objecto de estudos especializados pela Direcção-Geral do Trabalho, designadamente (artigos 59.º, 60.º e 65.º do Decreto-Lei n.º 47/78, de 21 de Março).

---

[38] *Boletim do Trabalho e Emprego*, de 8 de Setembro de 1986, 1.ª série, número 33, p. 2103.

Esses estudos serão tanto mais fiáveis quanto mais rigorosos foram os dados em que assentam, sendo certo que entre estes dados são de grande relevância os relativos à população abrangida por cada instrumento de regulamentação colectiva de trabalho e à sua distribuição por níveis salariais.

Para se assegurar esse rigor e permitir uma correcta caracterização do universo respeitante a cada instrumento de regulamentação colectiva de trabalho, determino:

1.º As convenções colectivas de trabalho, acordos de adesão e decisões arbitrais serão apresentados na Direcção-Geral do Trabalho, para o depósito a que se refere o artigo 24.º, n.º 1, do Decreto-Lei n.º 519-C1/79, de 29 de Dezembro, por requerimento subscrito pelos outorgantes ou pelos árbitros que identificará:

a) Sector económico abrangido (classificação CAE, a cinco dígitos);
b) Âmbito geográfico do instrumento;
c) Âmbito pessoal:
   1. Número de trabalhadores abrangidos;
   2. Sua distribuição por níveis salariais;
   3. Número de empresas:
      1. Com 1 a 5 trabalhadores;
      2. Com 6 a 20 trabalhadores;
      3. Com 21 a 50 trabalhadores;
      4. Com 51 a 100 trabalhadores;
      5. Com 101 a 500 trabalhadores;
      6. Com mais de 500 trabalhadores;
      3.7) Total de empresas.

2.º As propostas de emissão de portaria de extensão incluirão idêntica informação.

3.º A adaptação dos pedidos de depósito de convenções colectivas, acordos de adesão e decisões arbitrais e das propostas de emissão de portarias de extensão ao estabelecido n.ºs 1 e 2 deverá estar concluída até 31 de Dezembro de 1986.

16 de Julho de 1986. – Secretário de Estado do Emprego e Formação Profissional, *Joaquim Fernandes Marques.*

XXIII. Despacho do Secretário de Estado Adjunto, de 5 de Março de 1990 [39]

Integração em níveis de qualificação das profissões previstas nas convenções colectivas de trabalho

O enquadramento das profissões em níveis de qualificação nos diversos instrumentos de regulamentação colectiva de trabalho revelou-se um instrumento de significativo interesse para o estudo, recolha e normalização de elementos sobre aspectos profissionais, nomeadamente remunerações, previsões de emprego, mobilidade e estratificação social e profissional.

O Decreto-Lei n.º 49-A/77, de 12 de Fevereiro, tinha estabelecido para os outorgantes de convenções colectivas de trabalho a obrigação de enquadramento das profissões em níveis de qualificação, constituindo a sua eventual omissão fundamento de recusa de depósito.

O carácter excessivo desta sanção levou a que, em alterações legislativas posteriores introduzidas pelos Decretos-Leis n.ᵒˢ 121/78, de 2 de Junho, 409/78, de 19 de Dezembro, e 490/79, de 19 de Dezembro, embora se mantivesse tal obrigação, em vez de se sancionar o seu não cumprimento, incumbiram-se os serviços competentes do Ministério do Emprego e da Segurança Social de, nesse caso, procederem à elaboração e publicação da classificação e integração das profissões abrangidas em níveis de qualificação.

O Decreto-Lei n.º 87/89, de 21 de Março, revogou os aludidos diplomas, não tendo reposto a obrigação respeitante aos outorgantes de convenções colectivas de trabalho, na medida em que o objecto de tal obrigação em nada releva, do ponto de vista substantivo e processual, para a definição dos direitos e deveres dos mesmos.

Porém, a manifesta utilidade do enquadramento das profissões em níveis de qualificação justifica que tal objectivo continue a ser prosseguido pelos serviços competentes do Ministério do Emprego e da Segurança Social, deste modo se aproveitando a experiência já adquirida.

Assim, determino:

1 – A Direcção-Geral do Trabalho assegurará em relação a todos os instrumentos de regulamentação colectiva de trabalho a classificação

---

[39] *Boletim do Trabalho e Emprego*, de 22 de Março de 1990, 1.ª série, número 11, p. 503.

e integração das categorias profissionais nos níveis de qualificação, segundo o sistema já praticado e promoverá a respectiva publicação.

2 – A publicação será feita na 1.ª série do *Boletim do Trabalho e Emprego* e identificará sempre o instrumento de regulamentação de trabalho a que respeita.

Ministério do Emprego e da Segurança Social, 5 de Março de 1990 – O Secretário de Estado Adjunto do Ministro, *Jorge H. Almeida Seabra.*

ÍNDICE BIBLIOGRÁFICO

ABRANTES, M. Costa – "A Transmissão do Estabelecimento Comercial e a Responsabilidade pelas Dívidas Laborais", *Questões Laborais*, ano V, n.º 11, 1998, pp. 1-35.
ABRANTES, J. J. Nunes – *O Direito do Trabalho e a Constituição*, Associação Académica da Faculdade de Direito de Lisboa, 1990.
– *Legislação do Trabalho – Introdução*, Aequitas, Lisboa, 1994.
– "Contrato de Trabalho e Direitos Fundamentais", AAVV, *II Congresso Nacional de Direito do Trabalho – Memórias*, coordenação de António Moreira, Almedina, Coimbra, 1999, pp. 103-114.
ABREU, Coutinho de – "A Empresa e o Empregador em Direito do Trabalho", *Estudos em Homenagem ao Prof. Doutor J. J. Teixeira Ribeiro*, volume III, número especial, Boletim da Faculdade de Direito da Universidade de Coimbra Iuridica», 1983, pp. 257-314.
– "Poder Empresarial: Fundamento, Conteúdo, Limites", AAVV, *Temas de Direito do Trabalho – Direito do Trabalho na Crise, Poder Empresarial, Greves Atípicas*, IV Jornadas Luso-Hispano-Brasileiras de Direito do Trabalho, Coimbra Editora, 1990, pp. 311-331.
– "Limites Constitucionais à Iniciativa Económica Privada", *Estudos em Homenagem ao Prof. Doutor Ferrer Correia*, Boletim da Faculdade de Direito da Universidade de Coimbra, número especial, volume III, Coimbra, 1991, pp. 411-425 (previamente publicado, com o mesmo título, em AAVV, *Temas de Direito ao Trabalho – Direito do Trabalho na Crise, Poder Empresarial, Greves Atípicas*, IV Jornadas Luso-Hispano-Brasileiras de Direito do Trabalho. Coimbra Editora, 1990, pp. 423-434).
AGRIA, F. P. M. F. Nunes – "O Problema da Liberdade Sindical (Princípios e Realidades)", *Estudos Sociais a Corporativos*, ano IV. n.º 16, 1965, pp. 11-35.
ALARCÓN CARACUEL – "La Autonomia: Concepto, Legitimacion para Negociar y Eficacia de los Acuerdos", AAVV, *La Reforma de la Negociacion Colectiva*, coordinadores Manuel R. Alarcon – Salvador Del Rey. Marcial Pons. Madrid. 1995, pp. 51-86.
ALIPRANTIS, Nikitas – *La Place de la Convention Collective dans la Hierarchie des Normes*, «Bibliothèque d'Ouvrages de Droit Social», Tome XXII, Librarie Generale de Droit et de Jurisprudence, Paris, 1980.
ALMEIDA, Carlos Fernandes de – "O Sindicalismo nos Países Industriais", *Análise Social*, volume II, 1964, n.º 5, pp. 66-89.
ALMEIDA, F. J. Coutinho de – "O Papel a as Funções do Sindicato nos Diversos Países Europeus", *Questões Laborais*, ano III, n.º 7, 1996, pp. 31-44.

ALONSO OLEA – *Las Fuentes del Derecho – En Especial del Derecho del Trabajo Segun la Constitucion*, segunda edicion, Civitas, Madrid, 1990.
– com CASAS BAAMONDE, *Derecho del Trabajo*, decimoquinta edicion, Civitas, Madrid, 1997.
AMARAL, A. Coelho do – "O Contrato Colectivo de Trabalho no Direito Corporativo Português", *Boletim da Faculdade de Direito da Universidade de Coimbra*, suplemento XI, 1953, pp. 328-448.
AMARAL, D. Freitas do – *História das Ideias Políticas – Apontamentos*, volume II, Pedro Ferreira Editor, Lisboa, 1998.
AMORIM, C. Alberto – *Direito do Trabalho – Da Convenção Colectiva do Trabalho*, policopiado, Coimbra, 1978.
ANDRADE, J. C. Vieira de – "Grupos de Interesse, Pluralismo a Unidade Política", *Boletim da Faculdade de Direito da Universidade de Coimbra*, suplemento XX, 1973, pp. 1-138.
– *Os Direitos Fundamentais na Constituição Portuguesa de 1976*, Almedina, Coimbra, reimpressão, 1987.
– *A Justiça Administrativa (Lições)*, 2.ª edição, Almedina, 1999.
ANDRADE, M. A. Domingues – "Fontes de Direito – Vigência, Interpretação e Aplicação da Lei", *Boletim do Ministério da lvstiça*, n.º 102 (Janeiro), 1961, pp. 141-152.
ARAÚJO, António de – "Princípio «Pro Operario» a Interpretação de Normas Juslaborais", *Revista Jurídica*, número temático – Direito do Trabalho, n.º 15 (nova série), 1991, pp. 29-48.
ASCENSÃO, J. de Oliveira – "Norma", *Dicionário Jurídico da Administração Pública*, volume VI, Lisboa, 1994, pp. 140-156.
– *O Direito, Introdução a Teoria Geral*, 10.ª edição, Almedina, Coimbra, 1997.
BARRETO, José – "Sobre a Implantação da Contratação Colectiva na Europa e em Portugal", *Análise Social*, volume XVI, n.º 64, 2.' série, 1980, 4.º, pp. 699711.
BASTO, N. Cabral – "A Natureza da Convenção Colectiva de Trabalho: Supostos Epistemológicos da sua Indagação", *Estudos Sociais e Corporativos*, ano VIII, n.º 30, 1969, pp. 60-87.
BORRAJO DA CRUZ, "La Regulacion de las Condiciones de Trabajo en España: Poderes Normativos y Autonomia Individual", AAVV, *La Reforma del Mercado de Trabajo*, dir. Borrajo Dacruz, Actualidad Editorial, Madrid, 1993, pp. 1063-1987.
BRITO, Mário – "Fontes do Direito do Trabalho" AAVV, *Direito do Trabalho – Curso Promovido pela Procuradoria-Geral da República e Integrado nas Actividades de Formação Permanente dos Magistrados*, Boletim do Ministério da Justiça (suplemento), Lisboa, 1979, pp. 115-138.
CAETANO, Marcello – *O Sistema Corporativo*, s.e., Lisboa, 1938.
– *Tratado Elementar de Direito Administrativo – Introdução – Teoria Geral da Relação Jurídico-Administrativa*, volume I, Coimbra Editora, 1943.
– *A Constituição de 1933 – Estudos de Direito Político*, Coimbra Editora, 1956.
CANOTILHO, J. J. Gomes – *Direito Constitucional a Teoria da Constituição*, Almedina, Coimbra, 1998.
– com MOREIRA, Vital – *Fundamentos da Constituição*, Coimbra Editora, 1991.
– *Constituição da República Portuguesa Anotada*, 3.ª edição, Coimbra Editora, 1993.
CARNELUTTI, Francesco – *Teoria del Regolamento Collettivo dei Rapporti di Lavoro*, Cedam, Padova, 1930.

CARVALHO, A. Nunes de – "Primeiras Notas sobre a Contratação Colectiva Atípica", *Revista de Direito e de Estudos Sociais*, ano XXXX (XIII da 2.ª série), 1999, n.° 4, pp. 353-404.
– *Vide* PINTO, Mário.
CARVALHO, Martins de – "O Que São e o Que Deveriam Ser as Convenções Colectivas de Trabalho para Empregados a Operários", *O Direito*, ano 126.°, 1994, n.os I-II, pp. 341-380.
CAUPERS, João – *Os Direitos Fundamentais dos Trabalhadores e a Constituição*, Almedina, Coimbra, 1985.
– "Direitos dos Trabalhadores em Geral e Direito de Contratação Colectiva em Especial", AAVV, *Nos Dez Anos da Constituição*, organização de Jorge Miranda. Imprensa Nacional Casa da Moeda, Lisboa, 1986, pp. 39-54.
– com MAGALHAES, Pedro – *Relações Colectivas de Trabalho*, Empresa Literária Fluminense, s.l., 1979.
CERDEIRA, M. da Conceição – A Evolução da Sindicalização Portuguesa de 1974 a 1995, «Colecção Estudos», *Ministério para a Qualificação e o Emprego*, Lisboa, 1997.
CHORÃO, Bigotte – *Direito do Trabalho (Apontamentos das Lições Proferidas pelo Dr. Mário Bigotte Chorão, aos alunos do 2.° ano)*, Instituto de Estudos Sociais, Lisboa, 1965/66.
– *Direito do Trabalho (Apontamentos das Lições Proferidas pelo Dr. Mário Bigotte Chorão, aos alunos do 2.° ano)*, Institutos de Estudos Sociais. Lisboa, 1968/69.
– "Notas para um Curso de Direito do Trabalho – Sobre o Objecto e Plano do Curso", *O Direito*, ano 102.°, 1970, pp. 175-188.
– "As Fontes do Direito no Código Civil Português e no Código Civil Espanhol", *Temas Fundamentais de Direito*, Almedina, Coimbra, 1991. pp. 197-222.
– "Autonomia", *Temas Fundamentais de Direito*, Almedina, Coimbra, 1991, pp. 251-264 (previamente publicado no *Dicionário Jurídico da Administração Pública*, volume I, s.e., Coimbra, 1965, pp. 606-613).
COIMBRA, A. Dias – "A Convenção Colectiva de Âmbito Europeu: Eficácia Jurídica", *Questões Laborais*, ano I, n.° 3, 1994, pp. 144-153.
– "A Negociação Colectiva Europeia: o Trabalho a Tempo Parcial", *Questões Laborais*, ano VI, n.° 13, 1999, pp. 60-89.
CORDEIRO, A. Menezes – "Da Situação Jurídica Laboral; Perspectivas Dogmáticas do Direito do Trabalho", *Revista da Ordem dos Advogados*, ano 42, 1982, pp. 89-149.
– "O Princípio do Tratamento Mais Favorável no Direito do Trabalho Actual", *Direito e Justiça*, Revista da Faculdade de Ciências Humanas -Universidade Católica Portuguesa, volume de Homenagem ao Prof. Doutor Manuel Gonçalves Cavaleiro de Ferreira, volume III, 1987-1988, pp. 11 1-139.
– "Ciência do Direito e Metodologia Jurídica nos Finais do Século XX", *Revista da Ordem dos Advogados*, ano 48, Dezembro, 1988, pp. 697-772.
– "Representatividade e Maior Representatividade dos Sindicatos – a Experiência Portuguesa", *Tribuna da Justiça*, n.° 39, 1988, pp. 1-4.
– "Da Aplicação da Lei no Tempo e das Disposições Transitórias", *Legislação. Cadernos de Ciência de Legislação*, n.° 7, 1993, pp. 7-29.
– "Contratacion Laboral: Libertad de Empresa y Accion Administrativa. La Experíencia Portuguesa", AAVV, *La Reforma del Mercado de Trabajo,* dir. de *Efrén Borrajo Dacruz*, Actualidad Editorial, Madrid, 1993, pp. 275-283.

- *Direito das Obrigações*, 1.º volume, Associação Académica da Faculdade de Direito de Lisboa, reimpressão, 1994.
- *Direito das Obrigações*, 2.º volume, Associação Académica da Faculdade de Direito de Lisboa, reimpressão, 1994.
- *Manual de Direito do Trabalho*, Almedina, Coimbra, reimpressão, 1994.
- *Convenções Colectivas de Trabalho e Alteração de Circunstâncias*, Lex, Lisboa, 1995.
- "Dos Conflitos Temporais de Instrumentos de Regulamentação Colectiva de Trabalho", AAVV, *Estudos em Memória do Professor Doutor João de Castro Mendes*, Lex, Lisboa, s.d., pp. 457-473.
- *Tratado de Direito Civil Português – Parte Geral*, volume I, tomo I, Lex, Lisboa, 1999,

CORREA CARRASCO, M. – *La Negociación Colectiva como Fuente del Derecho del Trabajo*, «Colección Monografias», Universidad Carlos III de Madrid – Boletín Oficial del Estado, Madrid, 1997.
- "La eficacia Jurídica del Convenio Colectivo como Fuente (Formal) del Derecho del Trabajo", *Revista Española de Derecho del Trabajo*, n.º 88, 1998, pp. 225-252.

COSTA, M. J. Almeida – *Direito das Obrigações*, 8.ª edição, Almedina, Coimbra, 2000.

DÄUBLER, Wolfgang – *Derecho del Trabajo*, Ministerio de Trabajo y Seguridad Social, Madrid, 1994 (tradução castelhana de M.ª Paz Acero Serna e Pío Acero Lópes, *Das Arbeitsrecht*, "rororo aktuell", 1 e 2, Rowohlt Taschenbuch Verlag GmbH, Hamburg, 1990).

DESPAX, Michel – "La Mesure de l' Application de la Loi sur les Conventions Collectives à la Négociation d' Entreprise: les Accordes en Marge de la Loi", *Droit Social*, 1982, n.º 11, pp. 672-674.
- *Négotions, Conventions et Accords Collectifs, Droit du Travail*, tome 7, dirigido por G. H. Camerlinck, deuxième édition, Dalloz, Paris. 1989.

ESCRIBANO GUTIÉRREZ – "Autonomia Individual y Colectiva ante el Cambio de Funciones de la Negociacion Colectiva en el Derecho Francés", *Revista Española de Derecho del Trabajo*, n.º 90, 1998, pp. 637-651.
- *Autonomia Individual y Colectiva en el Sistema de Fuentes del Derecho del Trabajo*, «Colección Estudios», número 84, Consejo Económico y Social, Madrid, 2000.

FERNANDES, A. Monteiro – "Princípio do Tratamento Mais Favorável ao Trabalhador – sua Função", *Estudos de Direito do Trabalho*, Almedina Coimbra, 1972, pp. 7-27 (previamente publicado em Estudos Sociais e Corporativos, ano VI, n.º 21, 1967, pp. 73-93).
- "Sobre o Objecto do Contrato de Trabalho", *Estudos e Sociais Corporativos*, ano VII, n.º 25, 1968, pp. 13-35.
- *Noções Fundamentais de Direito do Trabalho*, Almedina, Coimbra, 1977.
- "As Relações Colectivas de Trabalho no Direito Português", AAVV, *Direito do Trabalho – Curso Promovido pela Procuradoria-Geral da República e Integrado nas Actividades de Formação Permanente dos Magistrados*, Boletim do Ministério da Justiça (suplemento), Lisboa, 1979, pp. 139-165.
- "A Evolução das Relações de Trabalho desde 1974: Algumas Tendências Gerais", *Temas Laborais*, Almedina, Coimbra, 1984, pp. 7-21.

- "A Recente Evolução do Direito do Trabalho em Portugal. Tendências e Perspectivas", *Revista Jurídica*, n.º 3, 1984. pp. 11-20.
- "Sobre o Objecto do Direito do Trabalho", *Temas Laborais*, Almedina, Coimbra, 1984, pp. 34-47.
- "Tendências Actuais da Negociação Colectiva", *Temas Laborais*, Almedina, Coimbra, 1984, pp. 115-126 (previamente publicado, com o mesmo título, AAVV, *Anais das I Jornadas Luso-Hispano-Brasileiras de Direito do Trabalho*, s.e., Lisboa, 1982, pp. 135-142).
- "Aspectos Jurídicos da Concertação Social", AAVV, Os Acordos de Concertação Social em Portugal – Estudos, volume I, *Conselho Económico e Social*, Lisboa. 1993, pp. 91-1 16.
- *Direito do Trabalho*, 10.ª edição, Almedina, Coimbra, 1998.
- *Direito do Trabalho*, 11ª edição, Almedina, Coimbra, 1999.
- com POLICARPO, J. F. Almeida – *Lei do Contrato de Trabalho Anotada*, Almedina, Coimbra, 1970.

FERNANDES, F. Liberal – *Autonomia Colectiva dos Trabalhadores da Administração. Crise do Modelo Clássico de Emprego Público*, «Stvdia Ivridica», Coimbra Editora, 1995.
- "Transferência de Trabalhadores a Denúncia da Convenção Colectiva – O Problema da Aplicação do Art. 9.º do DL 519-C1/79. de 29-12", *Questões Laborais*, ano III, n.º 7, 1996, pp. 95-114.
- "Transmissão do Estabelecimento e Oposição do Trabalhador à Transferência do Contrato: Uma Leitura do art. 37.º da LCT Conforme o Direito Comunitário", *Questões Laborais*, ano VI, n.º 14, 1999, pp. 213-240.

FIDALGO, Manuel – *Convenções Internacionais de Trabalho – Ratificadas por Portugal (1928-1985)*, Rei dos Livros, Lisboa, 1988.

FRAGA IRIBARNE, M. – "La Concertacion en una Sociedad Democratica" AAVV, *La Reforma del Mercado de Trabajo*, direcção de Efrén Borrajo Dacruz, Actualidad Editorial, Madrid, 1993, pp. 1097-1111.

GARILLI, Alessandro – "La Negociación Colectiva en las Relaciones Industriaies de la Europa de la Union Monetaria", AAVV, *La Negaciación Colectiva en el Escenario del Ano 2000 – XII Jornadas de Estudio sobre la Negociación Colectiva*, «Coleccion Informes y Estudios», serie Relaciones Laborales. número 27, Ministerio de Trabajo y Asuntos Sociales, Madrid, 1999, pp. 67-90.

GHERA, Edoardo (com a collaborazione dei Roberta Bortone e Umberto Carabelli) – *Diritto del Lavoro*, Cacucci Editore, Bari, 1995.

GIUGNI, Gino – *Autonomia e Autotutela Colectiva no Direito do Trabalho*, Associação Académica da Faculdade de Direito de Lisboa, 1983.
- "Direito do Trabalho", *Revista de Direito e de Estudos Sociais*, ano XXVIII (I da 2.ª série), 1986, n.º 3, pp. 305-365 (tradução de João Cortez, revista por Mário Pinto, *Diritto del Lavoro – Voce per una Enclipedia –*, Institute dell Enciclopedia Italiana, Treccani).
- *Derecho Sindical*, Ministerio de Trabajo y Seguridad Social, Madrid. 1983 (traducción – *Diritto Sindicale*, Cacucci Editrice, Bari, 1980 – y Estudio Preliminar de José Vija Soria – Jaime Montalvo Correa).
- Diritto Sindicale. IX edizione, Cacucci Editore, Bari, 1992.

GOMES, Orlando; GOTTSCHALK, Elson – *Curso de Direito do Trabalho*, 14.ª edição, Editora Forense, Rio de Janeiro, 1995.

GONÇALVES, L. Cunha – *A Evolução do Movimento Operario em Portugal*, Adolpho de Mendonça, Lisboa, 1905.
GONZÁLEZ ORTEGA, S. – "Concurrencia y Sucesión de Convenios y Estrutura de la Negociación Colectiva", *Revista Española de Derecho del Trabajo*, 1987, n.º 30, pp. 187-205.
HUECK, Alfred; NIPPERDEY, H. C. – *Compendio de Derecho del Trabajo*, Editorial Revista de Derecho Privado, Madrid, 1963 (tradução castelhana de Miguel Rodriguéz Pinero e Luis Enrique de la Villa, *Grundriss des Arbeitsrecht*, s.e., 1962).
JAVILLIER, Jean-Claude – *Manuel Droit du Travail*, 5 édition, Libraire General Droit et Jurisprudence, Paris, 1996.
JORGE, F. Pessoa – *Direito das Obrigações*, 2.º volume, Associação Académica da Faculdade de Direito de Lisboa, 1968-1969.
KAUPPINEN, Timo – "La Negociación Colectiva en las Relaciones Industriales de la Europa de la Union Monetaria", AAVV, *La Negaciación Colectiva en el Escenario del Año 2000 – XII Jornadas de Estudio sobre la Negociación Colectiva*, «Coleccion Informes y Estudios», serie Relaciones Laborales, número 27, Ministerio de Trabajo y Asuntos Sociales, Madrid, 1999, pp. 19-65.
KROTOSCHIN, Ernesto – *Instituciones de Derecho del Trabajo*, segunda edición, Depalma, Buenos Aires, 1968.
LACOMBA PÉREZ, *La Negociación del Convenio Colectivo Estatutario*, «Colección Laboral», n.º 84, tirant to blanch, Valencia, 1999.
LEITE, Jorge – "Notas para uma Introdução ao Direito do Trabalho", AAVV, *Estudos em Homenagem ao Prof. Doutor J. J. Teixeira Ribeiro*, Boletim da Faculdade de Direito da Universidade de Coimbra, volume III, 1983, pp. 181-195.
– *Direito do Trabalho*, volume I, Serviços de Acção Social da Universidade de Coimbra, 1998.
– com ALMEIDA, Coutinho – *Colectânea de Leis do Trabalho*, Coimbra Editora. 1985.
LIZARDO, J. Palla – "A Aplicação do Direito do Trabalho face às Autonomias Regionais – o Caso da Região Autónoma da Madeira", *Revista do Ministério Público*, ano 14.º, n.º 55, 1993, pp. 55-70.
LOBO, João – "A Negociação Colectiva Informal na Ordem Jurídica Portuguesa", *Questões Laborais*, ano II, n.º 4, 1995, pp. 14-34.
LOPES, F. Ribeiro – *Direito do Trabalho* (Sumários Desenvolvidos das Aulas), policopiado, Lisboa, 1977/78.
– "Contratação Colectiva", AAVV, *I Congresso Nacional de Direito do Trabalho – Memórias*, coordenação de António Moreira, Almedina, Coimbra, 1998, pp. 47-65.
LOURENÇO, J. Acácio – "O Princípio do Tratamento Mais Favorável", *Estudos sobre Temas de Direito do Trabalho*, Perspectivas a Realidades, Lisboa, 1979, pp. 91-110.
LYON-CAEN, G.; PÉLISSIER, Jean; SUPIOT, Alain – *Droit du Travail*, 18 édition, Dalloz, Paris, 1996.
MACHADO, J. Baptista – *Sobre a Aplicação no Tempo do Novo Código Civil*, Coimbra, 1968.
– *Participação e Descentralização, Democratização e Neutralidade na Constituição de 76*, Almedina, Coimbra, 1982.
– *Introdução ao Direito e ao Discurso Legitimador*, Almedina, Coimbra, 7.ª reimpressão, 1994.

– *Âmbito de Eficácia e Âmbito de Competência das Leis*, «Colecção Teses», Almedina, Coimbra, reimpressão, 1998.
MARIUCCI, Luigi – *La Contrattazione Colletiva*, Mulino, Bologna, 1985.
MARQUES, J. Dias – *Introdução ao Estudo do Direito*, 2.ª edição, Pedro Ferreira Editor, Lisboa, 1994.
MARTINEZ, P. Romano – *Direito do Trabalho*, volume II, s.e., Lisboa, 1994/1995.
– *Direito do Trabalho – Parte Geral*, I volume, 3.ª edição, Pedro Ferreira Editor, Lisboa, 1998.
– *Direito do Trabalho – Contrato de Trabalho*, II volume, 2.º tomo, 3ª edição, Pedro Ferreira – Editor, Lisboa, 1999.
– *Direito do Trabalho – Relatório sobre o Programa, o Conteúdo e os Métodos do Ensino Teórico e Prático da Cadeira de Direito do Trabalho*, Separata da Revista da Faculdade de Direito da Universidade de Lisboa, Coimbra Editora, 1999.
– "As Razões de Ser do Direito do Trabalho", AAVV, *II Congresso Nacional de Direito do Trabalho – Memórias*, coordenação de António Moreira, Almedina, Coimbra, 1999, pp. 127-144.
– "Relações Empregador – Empregado", AAVV, *Direito da Sociedade na Informação*, volume I, Coimbra Editora, 1999, pp. 185-200.
MARTINS, P. Furtado – "O Acordo Económico e Social e a Evolução do Direito do Trabalho Português", AAVV, *Os Acordos de Concertação Social em Portugal – Estudos*, volume I, Conselho Económico e Social, Lisboa, 1993, pp. 117-153.
– "Algumas Observações sobre o Regime da Transmissão do Estabelecimento do Direito do Trabalho Português", *Revista de Direito e de Estudos Sociais*, ano XXXVI (IX da 2.ª série), 1994, n.º 4, pp. 357-366.
– "Aplicação ao Trabalhador Temporário da Convenção Colectiva de Trabalho em Vigor na Empresa Utilizadora", *Revista de Direito e de Estudos Sociais*, ano XXXVII (X da 2.ª série), 1995, n.ºs 1-2-3, pp. 251-263.
MAZZONI, Giuliano – "Notazione sui «Rapporti Collettivi» di Lavoro", AAVV, *Scritti in Memoria di Antonino Giuffrè*, II, Giuffrè, Milano, 1967, pp. 525-532.
– *Manuale di Diritto del Lavoro*, volume I, Giuffrè, Milano, 1988.
MELO, A. Barbosa de – "Introdução às Formas de Concertação Social", *Boletim da Faculdade de Direito da Universidade de Coimbra*, volume LIX, 1983, pp. 65-127.
MESQUITA, J. António – "Regulamentação Colectiva do Trabalho – Retroactividade dos Aumentos Salariais – Aplicabilidade a Contratos Extintos", *Revista do Ministério Público*, ano 1, volume 2, (s. d.), pp. 27-33.
MIRANDA, Jorge – "Iniciativa Económica", AAVV, *Nos Dez Anos da Constituição*, organização de Jorge Miranda, Imprensa Nacional Casa da Moeda, Lisboa, 1986, pp. 67-80.
– *Funções, Órgãos e Actos do Estado*, s.e., Lisboa, 1990.
– *Manual de Direito Constitucional – Direitos Fundamentais*, tomo IV, 2.ª edição, Coimbra Editora, 1993.
– "A Actividade do Tribunal Constitucional em 1994", *O Direito*, ano 127.º, 1995, III-IV, pp. 401-436.
MONEREO PÉREZ, J. L. – "La Intervención de la Administración Laboral en la Tramitación y en el Control de Legalidad de los Convenios Colectivos «Erga Omnes»", *Revista Española de Derecho del Trabajo*, 1987, n.º 32, pp. 519-565.
MONTEIRO, Cláudio – *Suspensão da Eficácia de Actos Administrativos de Conteúdo Negativo*, Associação Académica da Faculdade de Direito de Lisboa, 1990.

MONTOYA MELGAR, A. – *Derecho y Trabajo*, «Cuadernos Civitas», Civitas, Madrid, 1997.
MOREIRA, Vital – *Direito Corporativo – (Tópicos das Lições do Ano Lectivo de 1971-72 na Faculdade de Direito da Universidade de Coimbra)*, Unitas, Coimbra, 1972.
— *Auto-Regulação Profissional e Administração Pública*, Almedina, Coimbra, 1997.
MOURA, J. Barros – *Direito do Trabalho (Notas de Estudo)*, policopiado, Lisboa, 1979/1980.
— *Compilação de Direito do Trabalho – Sistematizada e Anotada*, Almedina, Coimbra, 1980.
— *A Convenção Colectiva entre as Fontes de Direito do Trabalho*, Almedina, Coimbra, 1984.
— "A Constituição Portuguesa e os Trabalhadores – Da Revolução à Integração na CEE", AAVV, *Portugal e o Sistema Político e Constitucional. 1974/1987*, coordenação de Mário Baptista Coelho, Instituto de Ciências Sociais da Universidade de Lisboa, Lisboa, 1989, pp. 813-860.
— "Direito do Trabalho e Integração Económica", *Questões Laborais*, ano II, n.° 5, 1995, pp. 88-108.
NEVES, Castanheira, "As Fontes do Direito e o Problema da Positividacie Jurídica", *Boletim da Faculdade de Direito da Universidade de Coimbra*, volume LI, 1975, pp. 115-204, e volume LII, 1976, pp. 95-240.
OLLIER; Pierre – "L' Accord d' Entreprise dans ses Rapports avec les Autres Sources de Droit dans l' Entreprise", *Droit Social*, 1982, n.° 11, pp. 681-683
OTERO, Paulo – *Lições de Introdução ao Estudo do Direito*, I volume, 1.° tomo, Pedro Ferreira, Lisboa, 1998.
PERA, Giuseppe – "VERSO il Contratto Collettivo Generalmente Obbligatorio?" *Rivista Italiana di Diritto del Lavoro*, anno XIX, 2000, n.° 1, pp. 97-107.
PERSIANI, Mattia – *Diritto Sindicale*, quarta edizione, Cedam, Padova, 1994.
PINTO. C. A. Mota – *Cessão da Posição Contratual*, Atlântida Editora, Coimbra, 1970.
PINTO, Mário – "Relações Colectivas de Trabalho", *Revista do Gabinete de Estudos Corporativos*, ano XI I, n.° 46, 1961, pp. 203-222 .
— "Das Concepções da Liberdade Sindical às Concepções sobre o Homem e a Sociedade", *Direito a Justiça*, volume I, 1980, n.° 1, pp. 25-39.
— "A Função do Direito do Trabalho e a Crise Actual", *Revista de Direito e de Estudos Sociais*, ano I (2.ª série), 1986, n.° 1, pp. 33-63.
— *Direito do Trabalho – Introdução, Relações Colectivas de Trabalho*, Universidade Católica Editora, Lisboa, 1996.
— com MARTINS, P. Furtado – *As Fontes do Direito do Trabalho*, Universidade Católica Portuguesa, policopiado, 1986/1987.
— com MARTINS, P. Furtado; CARVALHO, A. Nunes – *Comentário as Leis do Trabalho*, volume I, Lex, Lisboa, 1994.
PRATA, Ana – *A Tutela Constitucional da Autonomia Privada*, Almedina, Coimbra, 1982.
PRAZERES, M. de F. Rodrigues – "Enquadramento Legal do Sistema de Negociação Colectiva de Trabalho em Portugal desde 1974", *Sociedade e Trabalho*, 1999, n.° 4, pp. 21-28.
QUEIRÓ, Afonso – "O Estatuto do Trabalho Nacional Antes de 1933", *1.° Colóquio Nacional do Trabalho da Organização Corporativa e da Previdência Social*, sessões plenárias, s.e., Lisboa, 1961, pp. 37-64.

REI, Raquel – "Da Expectativa Jurídica", *Revista da Ordem dos Advogados*, ano 54, 1994, I, pp. 150-180.

RIVERO LAMAS – "Estructura y Funciones de la Negociación Colectiva tras la Reforma Laboral de 1997", *Revista Española de Derecho del Trabajo*, n.º 8, 1998, pp. 381-410.

RODRIGUES, Nascimento – *Regime Jurídico das Relações Colectivas de Trabalho – Anotado*, Atlântida Editora, Coimbra, 1971.

– "Função Pública: que Direito de Negociação Colectiva?", *Revista de Direito e de Estados Sociais*, ano XXVIII (I da 2.ª série), 1986, n.º 2, pp. 281288.

RODRIGUEZ SAÑUDO, F. – "Tendências Actuais da Negociação Colectiva", AAVV, *Anais das I Jornadas Luso-Hispano-Brasileiras de Direito do Trabalho*, s.e., Lisboa, 1982, pp. 143-157.

ROSA, Agostinho – "A Negociação das Convenções Colectivas do Trabalho", *I Colóquio Nacional do Trabalho da Organização Corporativa e da Previdência Social*, Comunicações, volume II, s.e., Lisboa, 1961, p. 21-38.

RUSCIANO, Mario – *Contratto Collettivo e Autonomia Sindicale*, Utet Libreria, Torino, 1986 (extraído do *Tratatto di Diritto Privato*, volume XV/1.º, dirigido por Pietro Rescigno, 1986).

RUSSOMANO, Victor – "Tendências Actuais da Negociação Colectiva", AAVV, *Anais das I Jornadas Luso-Hispano-Brasileiras de Direito do Trabalho*, s.e., Lisboa, 1982, pp. 67-133.

SALA FRANCO – ALBIOL MONTESINOS, *Derecho Sindical*, 5.ª edición, Tirant to Blanch, Valencia, 1998.

SANCHEZ TORRES – *El Deber de Negociar y la Buena Fe en la Negociacion Colectiva*, «Colección Estudios», número 78, Consejo Económico y Social, Madrid, 1999.

SANTORO-PASSARELLI, "Autonomia", *Enciclopedia del Diritto*, volume IV (Atto-Bana), Giuffrè, Varese, 1959, pp. 349-375.

SEABRA, Fernando de – "O Corporativismo e o Problema do Salário", *Boletim da Faculdade de Direito da Universidade de Coimbra*, suplemento V, 1945, pp. 1-98.

SCOGNAMIGLIO, Renato – *Diritto del Lavoro*, terza edizione, Jovene Editore, Napoli, 1994.

SILVA, L. Gonçalves da – *Contributo para o Estudo da Portaria de Extensão*, Dissertação de Mestrado, policopiado, Lisboa, 1999.

SILVA, M. C. Tavares da – *Direito do Trabalho*, Instituto de Estudos Sociais, policopiado, Lisboa, 1964-65.

SILVA, Vasco Pereira da – *Para um Contencioso Administrativo dos Particulares – Esboço de uma Teoria Subjectivista do Recurso Directo de Anulação*, Almedina, Coimbra, 1989.

SIMI, Valente – Diritto Sindicale – Il Contratto Collettivo di Lavoro, *Enciclopedia Giuridica del Lavoro*, diretta del Giuliano Mazzoni, Cedam, Padova, 1980.

SÖLLNER, Alfred – *Grundrib des Arbeitsrechts*, Verlag Vahlen, Munchen, 1994.

SOUZA, Marnouco e – "Caracteres da Legislação Operária", *Boletim da Faculdade de Direito da Universidade de Coimbra*, ano I, 1914, n.º 3, pp. 95-109.

SUPIOT, Alain – *Crítica del Derecho del Trabajo*, «Informe y Estudios», número 11, Ministerio de Trabajo y Asuntos Sociales, Madrid, 1996, pp. 43-50 (tradução de José Luis Gil y Gil, *Critique du Droit du Travail*, Presses Universitaires de France, s.l., 1994).

TELLES, I. Galvão – "Expectativa Jurídica (Algumas Notas)", *O Direito*, ano XC, 1958, pp. 2-6.
THUR, A. Von – *Derecho Civil – Los Derechos Subjectivos y el Patrimonio*, volumen I (1), «Clásicos del Pensamiento Jurídico», Marcial Pons, Madrid, 1998. (traducción de Tito Ravá, del *Der Allgemeine Teil des Dèustchen Bürgerlichen Rechts*, s.e., s.d.).
ULRICH, Ruy Ennnes – *Legislação Operaria Portugueza (Exposição e Critica)*, «Estudos de Economia Nacional», França Amado – Editor, Coimbra, 1906.
VALDÉS DAL-RÉ – "La Adhesion y la Extensión de los Convenios Colectivos", *Revista Española de Derecho del Trabajo*, n.º 36, 1988, pp. 499-543.
VAZ, Afonso – *Direito Económico – A Ordem Económica Portuguesa*, 4.ª edição, Coimbra Editora, 1998.
VEIGA. Motta – *A Regulamentação do Salário*, Imprensa da Universidade, Pôrto, 1944.
– *Lições de Direito do Trabalho*, 8.ª edição, Universidade Lusíada, Lisboa, 2000.
VENTURA, Raúl – *Teoria da Relação Jurídica do Trabalho – Estudo de Direito Privado*, volume I, Imprensa Portuguesa, Pôrto, 1944.
– "O Cumulo e a Conglobação na Disciplina das Relações de Trabalho", *O Direito*, ano 94.º, 1962, pp. 201-221.
– "Conflitos de Trabalho. Conceito a Classificações, Tendo em Vista um Novo Código de Processo de Trabalho", AAVV, *Curso de Direito do Trabalho*, suplemento da Revista da Faculdade de Direito da Universidade de Lisboa, Lisboa, 1964, pp. 7-29.
VERDIER, Jean-Maurice – *Droit du Travail – Syndicats et Droit Syndical*, direction de G. H. CamerlyncK, tome 5, volume I, deuxiéme édition, Dalloz, Paris, 1987.
VITAL, D. Fézas – *Curso de Direito Corporativo*, s.e., Lisboa, 1940.
– "Hierarquia das Fontes de Direito", *Boletim Oficial do Ministério da Justiça*, ano III, 1943, n.º– 15, pp. VI-XVII (também publicado com o mesmo título, *Revista da Ordem dos Advogados*, ano 3.º, 1943, n.ºs 1 e 2, pp. 12-35).
XAVIER, B. Lobo – *Regime Jurídico do Contrato de trabalho Anotado*, 2.ª edição, Biblioteca Jurídica Atlântida, Coimbra, 1972.
– "O Papel dos Sindicatos nos Países em Desenvolvimento – Monopólio e Pluralismo Sindicais", *Revista de Direito e de Estudos Sociais*, ano XXV, 1978, n.ºs 3-4, pp. 296-303.
– "Convenção Colectiva de Trabalho", *Polis – Enciclopédia Verbo da Sociedade e do Estado*, volume I, Verbo, Viseu, 1983, pp. 1304-1311.
– "Substituição da Empresa Fornecedora de Refeições e Situação Jurídica do Pessoal Utilizado no Local: Inaplicabilidade do art. 37.º da LRCT", *Revista de Direito e de Estudos Sociais*, ano XXVIII (I da 2.ª série), 1986, n.º 3, pp. 443-459.
– "Sucessão no Tempo de Instrumentos de Regulamentação Colectiva e Princípio do Tratamento Mais Favorável", *Revista de Direito e de Estudos Sociais*, ano XXIX (II da 2.ª série), 1987, n.º 4, pp. 465-512.
– "A Empresa e o Direito do Trabalho", AAVV, *Temas de Direito do Trabalho – Direito do Trabalho na Crise, Poder Empresarial, Greves Atípicas, IV Jornadas Luso-Hispano-Brasileiras de Direito do Trabalho*, Coimbra Editora. 1990, pp. 101-138 (previamente publicado sob o título "A Crise e Alguns Institutos de Direito do Trabalho", *Revista de Direito e de Estudos Sociais*, ano XXVIII (I da 2.ª série), n.º 4, 1986, pp. 517-569).

- *Curso de Direito do Trabalho*, Verbo, Lisboa, 2.ª edição, 1993.
- "Articulacion de la Autonomia Individual, de la Autonomia Colectiva de la Norma Estatal en la Regulacion de las Condiciones de Trabajo (Portugal)". AAVV, *La Reforma del Mercado de Trabajo*, dir. de Efrén Borrajo Dacruz, Actualidad Editorial, Madrid, 1993, pp. 1037-1061.
- "A Sobrevigência das Convenções Colectivas no Caso das Transmissões de Empresas. O Problema dos Direitos Adquiridos", *Revista de Direito e de Estudos Sociais*, ano XXXVI (IX da 2.ª série), 1994, n.os 1-2-3, pp 123-134.
- "A Realização do Direito do Trabalho Europeu em Portugal", *Revista de Direito e de Estudos Sociais*, ano XXXVI (IX da 2.ª série), 1994, n.os 1-2-3, pp. 225-251.
- "Ainda o Problema da Constitucionalidade das Prestações Complementares de Segurança Social Estabelecidas em Convenção Colectiva", *Revista de Direito e de Estudos Sociais*, ano XXXX (XIII da 2.ª série), 1999, n.º 4, pp. 405-443.
- "Alguns Pontos Críticos das Convenções Colectivas de Trabalho", AAVV, *II Congresso Nacional de Direito do Trabalho – Memórias*, coordenação de António Moreira, Almedina, Coimbra, 1999, pp. 329-344.
- com CARVALHO, A. Nunes de – "Princípio da Igualdade: a Trabalho Igual, Salário Igual", *Revista de Direito e de Estudos Sociais*, ano XXXIX (XII da 2.ª série), 1997, n.º 4, pp. 401-450.
- com MARTINS, P. Furtado – "Cessão de Posição Contratual Laboral. Relevância dos Grupos Económicos. Regras de Contagem da Antiguidade", *Revista de Direito e de Estudos Sociais*, ano XXXVI (IX da 2.ª série), 1994. n.º 4, pp. 369-427.

XAVIER, Vasco da Gama; XAVIER, Rita Lobo – "Substituição de Empresa Fornecedora de Refeições – art. 37.º– da LCT", *Revista de Direito e de Estudos Sociais*, ano XXXVII (X da 2.ª série), 1995, n.º 5, pp. 384-407.

ZAGREBELSKY. G. – *Manuale di Diritto Costituzionale*, volume primo, Utet, Torino, 1988.

ÍNDICE DE ASSUNTOS [1]

Associações - 11
Autonomia - 8 e ss.
Cessão da posição contratual - 57 e ss.
Cláusulas convencionais
– efeito coactivo - 49 e ss.
– eficácia imediata - 16 e ss, 48 e ss.
– eficácia diferida - 16 e ss.
– imperativas de conteúdo fixo - 52
– imperativas-permissivas - 52
– imperatividade - 49 e ss.
– normativas (ou regulativas) - 15 e ss, 46 e ss.
– obrigacionais - 15 e ss.
– substituição automática - 50 e ss.
– supletivas - 52
Convenções colectivas de trabalho
– atípicas - 39 e ss.
– caducidade - 73 e ss.
– cessação - 68 e ss.
– conteúdo - 15 e ss.
– controlo formal - 11 n. 14
– denúncia - 73
– depósito - 11 e ss n. 14
– Direito alemão - 18 n. 23
– Direito espanhol - 18 n. 23
– Direito francês - 19 n. 23
– Direito italiano - 19 n. 23
– eficácia espacial - 53 e ss.
– eficácia diferida - 61
– eficácia pessoal - 54 e ss.
– eficácia temporal - 60 e ss.
– entrada em vigor - 12, 60 e ss.
– evolução - 22 e ss.
– fonte de Direito - 12 e ss.
– inderrogabilidade - 50 e ss.
– natureza - 13 n. 16
– negociações - 55 n. 137
– publicação - 11 e ss.
– retroactividade - 61 e ss.
– retrospectividade - 62 e ss.
– vigência - 68 e ss.

Desfiliação - 55 e ss.
Direito de contratação colectiva - 8 n. 5, 10 n. 8
Direito subjectivo - 76

Expectativas - 76

Filiação - 17 e ss, 54 e ss.

Garantia - 77

Liberdade de iniciativa económica - 9 e ss. n. 6, 55

Ónus da prova - 20 n. 25

Princípio da dupla filiação - 20, 54 e ss.
Princípio da proibição do retrocesso social - 74
Princípio do trabalho igual salário igual - 17 n. 22

Teoria da recepção automática - 46 e ss.
Teoria da eficácia invalidante (ou do condicionamento externo) - 46 e ss.
Textos internacionais - 9 n. 6 e 7
Transmissão legal da posição contratual - 58 e ss.

---

[1] Este índice é meramente exemplificativo. Os números indicam as páginas onde os assuntos têm o seu principal tratamento.

ÍNDICE GERAL

§ 1.º INTRODUÇÃO	7
1.1. CONSIDERAÇOES PRÉVIAS	7
1.2. DELIMITAÇÃO DO OBJECTO	21
§ 2.º BREVE RESENHA HISTÓRICA	22
2.1. ANTES DO PERÍODO CORPORATIVO	22
2.2. DO PERÍODO CORPORATIVO A 1974	29
2.3. PERÍODO PÓS-REVOLUÇÃO	38
§ 3.º EFICÁCIA NORMATIVA DAS CLÁUSULAS CONVENCIONAIS NOS CONTRATOS INDIVIDUAIS DE TRABALHO	46
§ 4.º EFICÁCIA ESPACIAL	53
§ 5.º EFICÁCIA PESSOAL	54
§ 6.º EFICÁCIA TEMPORAL	60
APÊNDICE	79
ÍNDICE BIBLIOGRÁFICO	265
ÍNDICE DE ASSUNTOS	277
ÍNDICE GERAL	279